明日、ぼくは店の棚からヘイト本を外せるだろうか

福嶋 聡

dZERO

まえがき

昨年（二〇二三年）三月二十一日、MoMoBooks《モモブックス》という小さな書店が開店した。

大阪メトロ中央線の九条《くじょう》駅（阪神電車の九条駅も隣接）を出て、限りなく昭和を感じさせる細長い商店街をしばらく直進し、右折して市場に入り通り抜けると、風景は一転、やはり昭和を感じさせる静かな住宅街となる。左折するとお店はもうすぐ近くなのだが、道に置かれた「本」とだけ書いてある白い看板がなければ、決して辿《たど》り着けない。看板のところの路地を入ると、左手の長屋の二軒目が、MoMoBooksである。

「昭和」を通り抜けて辿り着いた、産声《うぶごえ》を上げたばかりのその書店は、「令和の書店」だった。住宅街の中の長屋の一角に溶け込んだ、軒先に置かれた二つ目の看板がなければそこが書店であることにすらすぐには気づかないその出《い》で立《た》ちは、昭和の書店にはなかったものだ。ナショナルチェーンや大型店が跋扈《ばっこ》する以前の昭和の書店は、規模こそ小さくとも、多くは駅前や商店街の好位置にあり、店先に突き出た雑誌売り場が、すぐにそこが書店であると知らせてくれた。

『創《つくる》』二〇二三年十二月号は、三度目の「街の書店が消えてゆく」特集を立てた。

出版界は1990年代半ばを頂点に右肩下がりの縮小を続けているし、書店が次々と姿を消しているのは多くの人が実際に目にしている光景だ。（19頁）

一昨年（二〇二二年）の「三省堂書店神保町《さんせいどうじんぼうちょう》本店」（東京都千代田区）に続き、昨年（二〇二三年）には、「八重洲《やえす》ブックセンター本店」（東京都中央区）、「MARUZEN《マルゼン》&ジュンク堂書店渋谷店」（東京都渋谷区）などの大型店、「ちくさ正文館《しょうぶんかん》書店」（名古屋市）、「定有堂《ていゆうどう》書店」（鳥取市）などの有名店が姿を消した（ビルの建て替えや再開発に伴う一時閉店、移転もあるが、同じような形で復活できる保証はない）。

『創』の報告は、次のように続く。

その一方で、この何年か注目されているのは、「独立系書店」と呼ばれる個性的な書店が増えていることだ。（19頁）

二十一世紀に入って誕生し、話題をさらった「独立系書店」には「誠光社《せいこうしゃ》」（京都市上京区）、「Title《タイトル》」（東京都杉並区）、「Readin' Writin' BOOK STORE《リーディンライティンブックストア》」（東京都台東区）などがある。

どれもMoMoBooks同様、最初からそこを目指し予め場所を確認しておかないと辿り着けない店だ。

それらの店に共通しているのは、小さな店舗に並んでいるのが、一冊一冊店主が選んだ本であること。そして本の販売に並行して、展示やトークイベントを開催していること。

MoMoBooksも、入店してすぐに、店主おすすめ、こだわりの本が目に飛び込んでくる。書棚に並んでいる本からも、店主の思いが強烈に伝わってくる。階段を上がると二階は展示、イベントスペース。最初に訪れたときには、「ころから」「共《きょう》和《わ》国《こく》」といった、ぼくも社主をよく知り、その出版姿勢に共感している「ひとり出版社」のフェアをやっていた。二度目に訪れたときは、「パレスチナ戦争抗議ポスター展」を開催中で、併設のブックフェアに並ぶ本は、ほとんどが出版社に直接掛け合って直取引で仕入れたものらしい。

MoMoBooksの店主は、松《まつ》井《い》良《りょう》太《た》。

「本屋はワンダーランドだ！」(日刊ゲンダイ)という連載の取材で訪れたノンフィクションライターの井《いの》上《うえ》理《り》津《つ》子《こ》に「開業動機」を訊《たず》ねられ、松井は「ライブハウスでイベント企画を長くやってきたのですが、敷居の低い形で〝文化的なこと〟を発信したくて」と答えている。

「発信」、それがカギである。カギとは、閉《へい》塞《そく》空間を脱出するアイテムをいう。

『創』が言うとおり、「出版界は１９９０年代半ばを頂点に右肩下がりの縮小を続けている」。書店は、この世紀に入って、ほぼ半減した。

出版＝書店業界は、原因究明＝「犯人」探しに躍起になる。インターネット時代の到来には、確かに大きな影響を受けた。凋落《ちょうらく》が、インターネット接続を著しく容易にしたWindows95《ウィンドウズ》の登場の翌年から始まったことからも明らかだ。インターネット上の安価な（あるいは無料の）情報へのアクセスは、本の購入という行為に代替《だいたい》し、一部の出版ジャンル（情報誌など）を駆逐《くちく》した。

「犯人」探しはさらに続き、「若者の活字離れ」を論《あげつら》い、あろうことか、長年大事な顧客だった図書館の存在にも及んだ。

だが、本当の「犯人」は、わが内にあったのではないか？　出版＝書店業界がもっとも大切なカギを手放したことではないか？　すなわち、「発信」へのこだわり、「発信」への情熱の減退、さらには喪失が「真犯人」ではなかったか？

「街の書店が消えてゆく」特集で、出版業界紙編集長時代から書店ウォッチを続けてきたフリーライターの石橋毅史《いしばしたけふみ》が、「東京の本屋さん」を廻《まわ》って感じたことを次のように書いている。

> 印象的だったのは、多くの売場に小さな個性があること。昔ながらの街の書店というと、取次《とりつぎ》から送られてきた雑誌と文庫と漫画、あとは一昔前のベストセラーだけ、というイメージで〝金太郎飴《きんたろうあめ》書店〟などと揶揄《やゆ》された時代もあったが、いまも続いている店

は長い営業をへて長所が確立されており、本にせよ文具などの併売品にせよ、一見すると特徴のない店でも必ず発見があった。(『創』二〇二三年十二月号、28頁)

選書やレイアウトにおける店主の個性、センスが立地の悪さをカバーする「独立系書店」はもちろんのこと、昔ながらの「街の書店」も、「個性」が存続を担保しているのだ。「個性」とは、即《すなわ》ち「発信力」ではないか。裏返せば、立地の良さや敷地面積の広さに胡座《あぐら》をかき「発信」する意欲と努力を持たない書店が、淘汰《とうた》されてきたのだと思う。おそらく、そのような書店は、窮状《きゅうじょう》をつねに「他人のせい」にしてきたに違いない。「発信」する意欲と努力というカギ、それを手放した者が早々に退場し、退場者が多くなってきたことが、出版＝書店業界の「危機」ではないだろうか。

松井良太は、二〇二一年から約一年間、ぼくが店長をしていたジュンク堂書店難波《なんば》店で働いていた。面接時、「ロフトプラスワンウエスト(大阪市中央区)でイベント企画をしていました」と聞いて、ぼくは即座に採用を決めたのだった。

荷受けや返品作業を主とする「商品課」という部署での採用だったので、仕事中にゆっくりと話したことはなかった。だが、彼は、ぼくが店頭で行うトークイベントを、熱心に聞きに来ていた。

「発信」への意欲と努力、それは書店の大きさとは関係がない。この本に収めた長い思索《しさく》と議論の序奏となるのは、十年前にぼくが八十センチ×六十センチの小さな平台《ひらだい》で行ったミニ・ブックフェアであった。それから十年に亘《わた》る物語は、二〇一四年末に開催されたロフトプラスワンウエストでの一つのイベントで第一幕を開ける。

ずっとあとになって知ったことだが、松井良太もまたその場に居たのである。

目次◉明日、ぼくは店の棚からヘイト本を外せるだろうか

II ただ嘆くだけで、終わってしまったのではないだろうか

Ⅳ 「わからない」は、何を意味するのだろうか

Ⅵ　弱者攻撃の動機は、どこから来るのだろうか

Ⅶ　ヘイトスピーチ・クライムの厳罰化は、なぜ進まないのだろうか

Ⅷ 書店は、「言論のアリーナ」になりうるのだろうか

明日、ぼくは店の棚からヘイト本を外せるだろうか

【凡例】

＊文中の敬称は省略しています。
＊文中の肩書は当時のものです。
＊引用文は原典のままですが、適宜ルビを付しています。
＊引用文中の〈中略〉〈注〉、補足文など、山かっこ〈　〉で示したものは、本書執筆時に付したものです。

I

明日、ぼくは店の棚から
ヘイト本を外せるだろうか

第1章
「アリーナ論」の発端

「ヘイト本を返品できるか」という自問

はじまりは「苦し紛《まぎ》れの理屈」だった。

人がある主張を掲げ、それがその人の思想として認知されるほどに醸成されるには、他の人たちと何度も議論を重ね、自ら練り直していくための一定のプロセスが必要である。そのプロセスの時間的始まりは漠として定められぬ場合が多いが、ときに明確に日時を指定しうる場合もある。ぼくの「書店＝言論のアリーナ」論は、その稀《まれ》な後者のケースであった。明確に「はじまりの日時」を指定できるのは、それがあるイベント会場で始まったからだ。

はじまりの日時は、二〇一四年十二月十四日（日曜日）、午後九時〜十時である。

その夜、大阪は宗右衛門町《そうえもんちょう》のロフトプラスワンウエストで、「日本の出版業界どないやねん!?物書きと出版社出て来いや！スペシャル」という、長いタイトルのイベントが開催された。ぼん、どぅーどぅるという二人がパーソナリティを務めるインターネットラジオ「凡どラジオ」の公開中継である。ゲストとして、安田浩一《やすだこういち》、木瀬貴吉《きせたかよし》が登壇し、「嫌韓嫌中《けんかんけんちゅう》本」「ヘイト本」の氾濫《はんらん》を批判するイベントであった。

安田浩一は、『ネットと愛国』（講談社、二〇一二年。のちに講談社+α《プラスアルファ》文庫所収）で在特会《ざいとくかい》（在日特権を許さない市民の会）など、いわゆるネトウヨを取材、その心情や実態をルポし、木瀬貴吉は「ヘイト本」を量産し販売する出版・書店業界の人間の考えや悩みを一冊の本に結晶させた『ＮＯヘイト！――出版の製造者責任を考える』（ヘイトスピーチと排外主義に加担しない出版関係者の会編）を出した、出版社「ころから」の代表である。

刊行前から『ＮＯヘイト！』に注目し、刊行記念フェアを企画したぼくは、木瀬とメールで連絡を取り合う中でその日のイベントのことを知り、一観客として参加していた。

イベントは、開始早々から、壇上と観客席が一体となって、在特会やヘイト本の糾弾で盛り上がった。司会の二人は、朝鮮学校の生徒たちにまで暴言を浴びせる在特会のヘイトデモに対抗し、それを追放しようとするカウンターデモを、臨場感あふれる語りで報告し、木瀬は、出版者の製造者責任を言い、在日の人たちに大きな心の傷を与える「嫌韓本」はヘイトクライムであり、規制して当然と語った。安田は、在日の人たちの「表現の自由」をあらかじめ奪い、沈黙を強《し》いる者たちの言説は、「表現の自由」には値しないと断言した。

会場全体が熱気を帯びた前半部が終了した幕間《まくあい》に、客席の最前列にいたぼくは、木瀬、ぼん、どぅーどぅるのお二人、そしてすでに面識のあった安田に挨拶《あいさつ》をした。そのとき、木瀬から「あとで一言しゃべってください」と言われた。

後半が始まって五十分ほどが経《た》ったとき、木瀬が「今日は会場に書店の人が来られています。一言お願いしましょう」といきなり客席のぼくにマイクを回した。ぼくは、急な指名にやや戸惑《とまど》いながら立ち上がり、「ジュンク堂書店難波《なんば》店の福嶋です」と名乗った。

「このイベントに参加できて、とてもうれしく思っています。壇上の方々が語られたことに、心から共感し、これまでやってこられたことに心から敬意を表します」

それは、本心だった。ヘイトスピーチやヘイトデモ、ヘイト本を糾弾する会場に、ぼくは完全に一体化していた。異論はなかった。しかし、否《いな》だからこそ、書店人として次の一言を続けないわけにはいかなかった。

「しかし、それでも、書店の人間として『ヘイト本』を書棚から外《はず》すという選択はしません」

それは、裏切りの言葉だった。会場の参加者は皆、「アンチ・ヘイト」で、一体化していたのだから。そして、『NOヘイト！』に大いに賛同して参加していたぼくも、その一人だったからである。しかしそうであったからこそ、「このイベントに参加できて、とてもうれしく思って」いたからこそ、嘘《うそ》はつけなかったのだ。

発言を求められたとき、反射的に「明日、店に出て、ヘイト本をすべて棚から外して返品できるか？」と自問した。答えは「NO」だった。

頭の中を駆け巡った「棚から外す」困難

明らかに在特会と同じスタンスの出版社、青林堂《せいりんどう》の本を抜くだけなら難しくはない。だが、「呆韓」「恥韓」「嫌韓」や、それに類した言葉がタイトルに冠《かん》されている本は、文庫・新書レーベルを持つ大手出版社からも出されている。ものによっては、よく売れている。朝礼で返品を指示しても、「でも、店長。この本、売れているんですよ！」と反論が返ってくることは目に見えている。

「売れる本が、良い本だ」「売れるのなら、何を売ってもよい」というわけではない。しかし、書店もあくまで商売である限り、「売れる」ことは、唯一ではないにしても大きな価値を身にまとう。「売れている本を切らすな」とは、日ごろからスタッフに言い続けている言葉である。

「売れるなら、何を売ってもよい」わけではないことは、スタッフとも共有しているつもりだ。だが、だとしても、今度は「どこまで外したらよいか」が決められない。

前述のように、一部の出版社の書籍を抜くだけでは「ヘイト本をすべて棚から外して返品」したことにはならない。ヘイト本に類する本、ヘイト本に連なる本まで入れると膨大な量になり、ケント・ギルバートや百田尚樹《ひゃくたなおき》の著書を含むと、四十万部超のベストセラーが何点もある。他にも、ヘイト本に連なると言える本を書く人気の著者を数え始めたら、すぐに十指に余る。そして、売れ部数や、巧妙な書きぶりを鑑《かんが》みれば、「純粋な」ヘイト本よりも、それらの本のほうが影響力は大きく、危険度は高いと思われるのだ。雑誌で言えば、『WiLL《ウィル》』（ワック）は明らかに『世界』（岩波書店）よりも売れている。

そして、それらの書籍・雑誌の著者、出版社は、決して自らの出版物を「ヘイト本」とは呼ばせない。うかつに「ヘイト本」呼ばわりすると、「そういうレッテルを貼《は》るお前のほうこそ偏見に満ちている」と逆襲される。

「ヘイト本をすべて棚から外す」ことへの、それらの困難が頭の中を駆《か》け巡《めぐ》った。しかし、それを書棚からヘイト本を外さない理由にはできない。そのときの会場の雰囲気からは、そうした困難は書店が克服すべきものであり、まして売上のためにヘイト本を売り続けるなど許せない、という意見が大勢を占めていることは明らかだったからだ。そうした、書店サイドの都合による受動的・ネガティブな理由ではなく、問題の解決に向かう能動的・ポジティブな理由を提示する必要がある、と思った。そして、次のように続けた。

「現にそこにある事実を覆《おお》い隠しても、それがなくなるわけでもなく、見えなくするのは結局良い結果を生まないと思うのです。むしろ、そうした批判すべき本を、実際に読んでみる必要があると思います」

つまり、書店の書棚から本を外すことによって、ヘイト本が現に存在していることを覆い隠すことは表面的に駆逐《くちく》するに過《す》ぎない、むしろそうした本が存在することを「見える化」し、実際に読んでみて「ヘイト」の動機と「論理」を掘り出し、批判することで真に駆逐することが大切だ、という理屈である。

この理由付けは、実は「ヘイト本を書棚から外す」という書店員の行為の問題を、「ヘイト本を読んで批判する」という批判者の行為の問題にすり替えている。書店サイドの人間の、やや無理のある理由付け＝言い訳にすぎないと言わざるを得ない。ただ、内容的には、この理由付けは間違っていないと思っていた。

産声を上げた「書店アリーナ論」

その思いを支えてくれたのは、その年（二〇一四年）の六月に開催した『歴史に学ぶな』（dZERO《ディーゼロ》）刊行記念トークイベントでの、著者鈴木邦男《すずきくにお》（一水会《いっすいかい》名誉顧問）の発言だった。

「最近、本は月に一冊しか読まない大学生が四割もいる、と新聞で読んだ。そんなの大学生じゃないだろう、大学生は本を読むのが『商売』だろう、読まないのなら大学生なんてやめちまえ、と思う」

と嘆いたあとで、鈴木は若き右翼活動家として左翼学生たちと対峙《たいじ》したころのことを述懐した。

「かつては、いろんな思想全集があった。筑摩《ちくま》とか、河出《かわで》とか。最初は必要なものから読んだのです。『国家神道』や『保守主義』とか。でもそのうち欲が出てきて、せっかくだから全巻読んでみようと欲が出てきて、『反戦の思想』とか『平和の思想』とか。そのときはわからなくても、考えて、悩んで。それがよかったと思いますね」

そして、次のように続けた。

「自分の考えが崩される、自分の思い込みが崩れると、うれしい。ああ、そうだったのか、と。そういう異質なものに出会うために本というものはあるんですよ。自分と違う考え、自分とはまったく反対の、自分には理解できない考えが、なぜそうなるのかを知るために、本というものは読む必要がある」

読書によって、鈴木の右翼的な思想が揺らいだわけではない。獲得した知識は、自身と同じ方向の考えを持つ著者の本を読むよりもずっと大きな糧《かて》となり、むしろ鈴木の右翼思想をより強靭《きょうじん》なものにしていったのだ。

イベント当日、本好きの鈴木は約束の時間よりも早く来店し、店内を見回り、『呆韓論』（室谷克実《むろたにかつみ》著、産経新聞出版）、『マンガ嫌韓流』（山野車輪《やまのしゃりん》著、晋遊舎《しんゆうしゃ》）、『恥韓論』（シンシアリー著、扶桑社《ふそうしゃ》）などというタイトルを目にした上での発言であった。

そんな鈴木に倣《なら》うかたちで、ぼくは話を続けた。

「一水会の鈴木邦男さんが、トークイベントで言われていました。『自分の考えを強めるためにする読書は、実はあまり重要ではない。むしろ、なぜこいつはこんな考え方をするのか信じられないと言いたい人の書いた本を読むことが、勉強になった』と。だから、ぼくが今最も読みたい本は『大嫌韓時代』（桜井《さくらい》誠《まこと》著、青林堂）かもしれません。もちろん、そうした本に感化されない自信があって言うのですが、実際に『大嫌韓時代』を読んでみたいと思っています。それは、『NOヘイト！』フェアのラインナップに『大嫌韓時代』を加えるためです」

そう、ぼくはヘイト本の代表格である『大嫌韓時代』を『NOヘイト！』フェアに並べることを宣言したのだ。その瞬間、ぼくの「書店アリーナ論」は、産声《うぶごえ》を上げたと言っていい。『大嫌韓時代』を加えたのは、『NOヘイト！』ならびに他のヘイト本批判書が糾弾するターゲットがどのような本かを、実際に確かめていただくためである。決して両論併記やバランス感覚のためではない。『大嫌韓時代』を読みたいと言ったのは、それが批判されるべき本であることをぼく自身が確信し、店頭での質問に答えるためだ。自分が読みもしないで、「ヘイト本」の烙印《らくいん》を押したくはなかった。だから、約二十点のフェアの中で、ヘイト本は『大嫌韓時代』一冊だった。あきらかに戦力不均衡だが、旗幟鮮明《きしせんめい》にはなった。

のちに『NOヘイト！』フェアにクレームをつけてきた男性が、「アンタは、『この野菜は腐っている』という札をつけて、それを売ろうとしてるんやな！」と言ったが、確かにその通りである。「上手《うま》いこと言うなあ」と思い、「そうです！」と即答した。

アウェーにいると気づかされて

「ぼくは明日、『大嫌韓時代』を読みます」と宣言して話を終えたとき、予期せぬことに、会場から拍手が湧《わ》き起こった。決して共感の拍手ではなかったはずだ。それまで壇上の四人が熱弁を振るい、会場が一体となった議論の方向とは真逆のものだからだ。「この会場で、よくそのようなことを言った」と蛮勇《ばんゆう》を褒《ほ》める拍手だったのだろうか？

壇上から、木瀬が次の言葉で引き取ってくれた。

「完全にアウェーであるこうした場に、書店の人が来てくれ、そして話してくれたことが、とてもありがたい」

実を言うと、ぼくはこの言葉に虚《きょ》を突かれたのだ。うかつにも、ぼくはそのときまで自分がアウェーにいるなどとは、まったく気づいていなかった。考えてみれば、イベントのタイトルには「物書きと出版社出て来いや！」とあるが、書店は「出て来い」と言われていない。書店は、ヘイト本の乱立という事件が起きている場であるが、書店の人間は蚊帳の外か、議論の相手にはならないと思われているのか……。

書店の人間も当事者であり、ときに加害者であるのだ。そのことに思い悩み、葛藤《かっとう》しながら、本を並べているのである。その一端が示されていることが、『NOヘイト！』に惹《ひ》かれた理由のひとつでもある。

それでも、木瀬の言葉は、本当にありがたかった。それは、書店の人間を当事者として迎え入れる言葉であったから、そして何よりもぼくが今アウェーにいるのだということを気づかせてくれたからだ。不思議と、そのことがぼくには嫌でなかった。雰囲気に呑《の》まれて完全に同化することはなかったし、嘘をついたりごまかしで逃げることなく済んだからか。

あとから考えると、アウェーである場に出向く人間がいることは、「アリーナ」が成立するための必要条件なのだ。皆がホームの人間であれば、闘技＝討議は、起こりようがない。

ぼくの「書店＝アリーナ論」は、こうして、ときに大きく荒れる海へと、船出したのである。

第2章
『NOヘイト!』フェア顚末記《てんまつき》

順風とクレーム

船出は、順調だった。

二〇一四年十二月末から始めた、ブックフェア「店長本気の一押し!『NOヘイト!』」が大きな反響を得ていることを、出版社ころからの代表・木瀬貴吉が知らせてくれた。

「フェアの反響はすごいです。ツイッターでは七百以上もリツイートされ、フェイスブックは二千五百人以上に閲覧されています。いずれも破格の数字で、注目されていることを改めて感じました」

その数字がどれくらい「破格」なのか、当時SNSに接することのなかったぼくにはわからなかった。だが、告げられた数字は、ブックフェアがまずは順風に乗ったことを示唆《しさ》していた。その数字が示唆するもう一つの意味を、ぼくはかすかに気づいていたかもしれない。

あるいは、今そう思うのは、その後に起こった出来事による後知恵《あとぢえ》かもしれない。いずれにせよ、さほどの時間を要せず、反響の一部が「彼ら彼女ら」からのものであったことが明らかになる。波が、少し高くなった。

律儀《りちぎ》に正月休み明けを待っていたかのように、クレームの電話が難波店に三件、他支店や営業本部にも数件かかってきた。最初は静かに語りかけてくる人、端《はな》から喧嘩腰《けんかごし》の人とさまざまだったが、共通するのは、「あなたは、ある主張を持った本を『ヘイト本』と名付けて排除しようとしている。それこそ、差別ではないのか?」という批判だった。

それに対してぼくは、「確かに私は、いわゆる『ヘイト本』に決して看過《かんか》できない差別意識を感じている。しかし、そのことを表明しはするが、本を排除はしない。当店に来ていただければわかる。むしろ、あなた方が評価するであろう本のほうがたくさん、棚には並んでいる。今回の小さなブックフェアにも、『大嫌韓時代』を含めている」。すると、攻撃の矛先《ほこさき》が少し変わって、たいてい次の言葉が来る。

「あなたは、韓国や中国が、日本を侵略しようとしていることを知らないのか?」

ぼくは、「そのようなことは知らないし、想像できない。その危険があるというなら、むしろ余計に、近隣国に敵意を見せるのではなく、同意を形成し、共感を育《はぐく》んだほうがよいと考える」と答えた。

さらに、繰り返し言われたのは、「書店の人間が自分の思想を客に押し付けていいと思っているのか？」という台詞《セリフ》だ。ぼくは即座に「ぼくは、いいと思っています」と答えた。クレームを受けたときに社会の批判や上司の叱責《しっせき》を気にして言葉が淀《よど》めば、相手につけ入るすきを与える。だが立場と意見を明確にすれば、相手が堀を埋めるのは容易な作業ではない。三十余年の書店員生活で、ぼくにはそのことが身にしみてわかっていた。

案《あん》の定《じょう》、クレーマーたちは、自らの主張を一方的に述べたあと、「お前には、いくら言うてもしゃあないな」と電話を切った。

何回か相手を務めているうちに、クレームをつけてくる人に対応することが、ぼくは徐々に嫌ではなくなってきた。彼ら彼女らは、ともかくもぼくのフェアに最初に反応してくれた人たちであり、また、彼らと話すときには、自分の考え、立場をはっきりと述べることができたからである。

テレビカメラも入った。二〇一五年一月十六日（金）、朝日放送報道局ニュース情報センターが、「店長、本気の一押し！『NOヘイト！』」フェアと店内の嫌韓嫌中本が所狭《ところせま》しと並ぶ書棚を撮影し、ぼくへのインタビューを収録していった。どこまで反響があるのかな……、期待と心ならずも不安が混じったぼくの表情に気づいた記者は、こう言った。

「テレビでオンエアされただけなら、大丈夫だと思います。『彼ら』はテレビはあまり見ないですから。ユーチューブに流れたら、大きな反響があるかもしれませんが」

『ネットと愛国』で安田浩一が示唆しているとおり、彼ら彼女らにとっては、ネットの情報がすべてなのだ。

「正義」──「無辜」──「悪」

フェアに『大嫌韓時代』を置いたことへの「左」からの批判もあった。

「あなたの文章も読んでいるし、あなたがどういう考えでこのフェアをやっているか、自分はよくわかっているし、大いに共感する。ただ、そのフェアの中に、なぜ『大嫌韓時代』が入っているのかが、理解できない」

それに対してぼくは、「ぼくには、意見をまったく異《こと》にする書き手の本も排除することはできない、まして、このフェアは『ヘイトスピーチ』や『ヘイト本』を批判するフェアだ。こちらがそれらの本を排除するのは、結局相手と同じ型となってしまう。それは、したくなかった」と意図を説明した。

「だが、こうした本を売ることによって、間違った歴史観を持ってしまう読者が出てきたら、どう責任を取るつもりか？」

「左」の人たちに多いそうした物言いが、ぼくを頑《かたく》なにしている部分がある。彼らが、「物事がわかっている自分たちは大丈夫だが、そうした本はちゃんと理解していない人たちを誤らせるかもしれない」と言うときに帯びる上から目線、選民意識がどうにも嫌なのである。

「いや、あなたが特別によくわかっているわけではない。一方、あなた方よりも『わかっていない人たち』が多く存在するわけではない」、そう言いたくなってしまうのである。

「嫌韓嫌中派」も、「反ヘイト派」も、自分たちが「正義」で、対極に「悪」がいて、その中間に誤った情報から守ってあげなければならない罪もなき一般大衆がいるという、「正義」―「無辜《むこ》」―「悪」といった三項図式を取る点では共通している。「正義」と「悪」の担《にな》い手《て》が入れ替わっているだけだ。双方どちらにも加担しないとすれば、「正義」―「無辜」―「正義」となる。世の中をこんなに単純に図式化することができないことは、書店の店頭にいればよくわかる。そして、こうした図式の単純化こそが、多くの対立と悲劇を生み出しているということが。

「正義」ほど始末に悪いものはないと、ぼくは思う。

二〇一五年新年早々のいくつかのクレームをくぐり抜けると、その後は穏やかな海路だった。NHKの放映は一月末の、ちょうど棚卸《たなおろし》・徹夜作業の日。徹夜明けで帰路に着いたとたん、どこからか銃弾か矢が飛んでくるかと妄想したが、それもなし。

ブックフェア「店長本気の一押し！『NOヘイト！』」は、予想以上の反響とぼく自身の思い入れによって通常よりは長かったものの、二月の終わりに終了した。

皮肉な話

同年、二〇一五年五月のある日、「今でも、時々『NOヘイト！』フェアがネットの話題になっている」という噂《うわさ》を聞いた。

ネットの情報は、いつまでも残る。一度アップされた情報、写真などはいつまでも検索に引っかかって利用者の眼前に現れる。それは、ときに迷惑だが、いまだに二か月以上前に終わったブックフェアのことを話題にしてくれるのはありがたく、そうした話題に触れて関心を持ち来店してくださった人たちを失望させるわけにはいかない、「もう一度コーナーをつくろう」と思い立った。

おりしも『NOヘイト！』の第二弾、『さらば、ヘイト本！――嫌韓反中本《けんかんはんちゅうぼん》ブームの裏側』（大泉実成《おおいずみみつなり》・加藤直樹《かとうなおき》・木村元彦《きむらゆきひこ》、ころから）が刊行された時期であった。この年に起こった「イスラム国」による湯川遥菜《ゆかわはるな》、後藤健二《ごとうけんじ》殺害、シャルリー・エブド（フランスの風刺新聞）襲撃事件も念頭に起き、「イスラム・ヘイト」に関する本もラインナップに加えた。世界中のあらゆる「ヘイト」に「NO！」を言うコーナーにと、テーマを拡充していったのだ。

七月八日、朝日新聞が、夕刊の一面で大きく取り上げてくれた。地域限定とはいえ、一面である。多くの人から、激励の言葉をいただいた。だが、「反ヘイト」フェアに批判的な人たちからは、なんの反応もなかった。

七月二十二日の午後、朝日の記事を見たと言って、東亜日報《とうあにっぽう》（韓国の日刊新聞）の東京支局から電話取材があった。ぼくは慎重に言葉を選びながら、できるだけ丁寧に説明した。記者の日本語は上手だったが、母語ではない。また、マスコミの取材は、たいてい用意したシナリオに誘導しようとする。ぼくは、ぼくの思いを正確に伝えてほしく、決して利用されたくはなかった。ネット配信後に確認したが、小さな誤解と拡大解釈はあったが、おおむね話したとおりのことが記事にされていた。

「彼ら彼女ら」の反応は、速かった。翌日、さっそく電話があった。

「東亜日報の記事を見たか？　あなたは本当に、彼らの取材に答えて、あんなことを言ったのか？」

その翌日、別の人からかかってきた電話では、ぼくが勤める書店がソウルの教保文庫《キョボムンコ》の四〇パーセントの大きさであるという部分を指摘され、「あいつらはそんなふうに自分たちのことを自慢したいのだ。そんなことに利用されるのだから、余計な取材に答えたりするな！」と叱責《しっせき》された。

「そこ……？」と思った。完全にピントがずれている。

翌々日には、また別の人から、穏やかな口調で、自分もかつては韓国に期待していたが、今の韓国はもう信用できない、取材への応答は慎《つつし》むように、と言われた。

他支店や本部あての電話、メールによるクレームもいくつかあったが、ぼくに直接釈明を求めるものはなく、「炎上」というほどのこともなかった。匿名掲示板「2ちゃんねる」などで、ネット上ではもっときつい言葉もあったと聞くが、ぼくにはそうしたものを見る習慣はないので、まったく平気だった。

むしろ驚いたのは、東亜日報への反応の速さである。朝日の一面をスルーした彼らは、日本の新聞は見ないのだが、（憎むべき）韓国の新聞記事は熱心に読んでいるのである。考えてみれば、皮肉な話であった。

現に存在している「ヘイト本」をどうするか

二〇一六年七月二十九日、東京・本郷の出版労連（日本出版労働組合連合会）会議室で、シンポジウム『『ヘイト本』と表現の自由』が開催された。

最初の登壇者は、『ＮＯヘイト！』のもととなった『『嫌中嫌韓』本とヘイトスピーチ」という学習会を開催した「ヘイトスピーチと排外主義に加担しない出版関係者の会（ＢＬＡＲ）」の中心メンバーである大月書店の岩下結《いわしたゆう》。彼は、ヘイトスピーチ解消法の成立を評価する一方、出版業界の反応の鈍さを批判した。

「言論の自由」という理念が「ヘイト本」撲滅の障壁となっているが、被差別者の「言論の自由」を暴力的な言葉や行動で予め破壊している「ヘイトスピーチ」「ヘイト本」に、「言論の自由」を主張する資格はない、と断じる。

二番目の発言者であるぼくは、『ＮＯヘイト！』フェア以降の経過を話しながら、書店人として、「排除の原理」を持つ「ヘイト本」を書棚から相手と同じように「排除」するのではなく、「ヘイト本」の存在を明らかにしながら、「ヘイト本」と同じ志向を持つさまざまな書物も含めて、批判・反論していくべき、という持論を述べた。

次に、小学館編集部の川辺一雅《かわべかずまさ》が、いわゆる「ヘイト本」にいかに事実の誤認があるかを具体的に示し、編集の杜撰《ずさん》さを指摘し、編集者としては、よりグレードの高い編集作業によってクオリティの高い本を仕上げて、そうした言説に対抗していきたい、と語った。

最後に弁護士の水口洋介《みなぐちようすけ》が、「ヘイトスピーチ解消法」には、今のところ罰則規定はない。厳罰主義的な声もあるが、刑事罰については慎重になったほうがよい。法律は、元の意図とは正反対の方向で権力に利用されやすく、刑事罰を伴う法律制定には、慎重であるべきだと話した。法曹の現場に生きる人ならではの話は大変参考になり、自らが信じる「正義」だけで立ち向かっていっても、戦いは容易ではないことを再認識させてくれた。

四人とも、「ヘイトスピーチ」を許さず、「ヘイト本」の内容を認めないという点では一致している。相違は、現に存在している「ヘイト本」をどうするか、であった。

そうして、『NOヘイト！』フェアで船出したぼくは、批判すべき「ヘイト本」を書店の店頭から見えなくするのではなく、書店店頭を本同士が戦う「言論のアリーナ」に見立て、自らも立場を旗幟鮮明《きしせんめい》にするという方向性を固めていったのである。

「日本人にどう見られているかを知りたくて」

実は一度だけ、ぼくの信念が揺らいだことがある。

ある在日三世の青年が、「自分が日本人にどう見られているのか知りたくて、書店でこういう本を見かけると、買って読まずにはいられないのです」と、ヘイト本を次々に買って読んでいるという話を伝え聞いたときである。

正直ぼくは、少し怯《ひる》んだ。

そのような人たちのために、「ヘイト本」をこの世から絶滅させる必要があるのではないか？　そういう本が書店に並んでいることそのものが、彼ら彼女らに大きな苦痛を与えているのだから。ぼくの考えは、やはり書店の人間の言い訳にすぎないのではないか、『ヘイト本』はすみやかに駆逐《くちく》すべし」とする岩下や安田の主張が正しいのではないか？

だが、ぼくはすぐに思い直した。くだんの在日三世の青年は、「ヘイト本」から目を背《そむ》けるのではなく、勇気をもって真正面から立ち向かっている。ならば、われわれも、偏見に満ちた差別感情を持った人が少なからず存在するということを隠すのではなく、そのことを明らかにし、しっかりと受け止め、批判し、議論していくべきなのだ、と。

「自分が日本人にどう見られているかを知りたくて」という言葉を通して、青年の勇気がぼくに突き刺さった。

「知りたい」という思いは、人間に生来備わった本能であり、生き残りのための武器である。だが、多くの場合、人が知りたいのは、自分にとって有利な事実、得ることによって快を得る事実である。だが、青年は、知ることによって間違いなく不快を感じるであろう自らへの差別感情を知ろうとする。その事実を「知りたい」と思うのは、それが社会に立ち向かっていく出発点であることを彼が知っているからで、そしてそのために受ける傷を恐れない勇気を彼が持っているからである。

一方、もっぱら自らの快、利益に資することのみを「知りたい」と考える人たちは、曇り歪《ゆが》んだレンズを通して、歪められた「事実」を「知る」ことになるだろう。

第３章
「歴史の抹消《まっしょう》」の抹消

ある大学生の来店

「私は、世の中にこれほど多くの嫌韓嫌中本が出ていることを、今まで知りませんでした。私の大学の図書館には、そのような本は並んでいないからです」

店のバックヤードのパイプ椅子《いす》に座ると同時に、彼女は言った。

二〇一五年の夏、一人の立命館大学の学生が、ジュンク堂書店難波店を訪れてくれた。国際政治を専攻しているという彼女は、数日前、朝日新聞に載った嫌韓嫌中本、いわゆる「ヘイト本」に関するインタビュー記事を見て、ぼくに面会を申し込んできたのだ。国際政治を専攻し、新聞記事を頼りにレポートのための取材を申し込んでくるような大学生でも、世に「ヘイト本」が氾濫《はんらん》していることを知らなかったのである。ぼくはいささかの驚きを感じ、そして、すぐに納得した。

立命館大学図書館の司書が、「ヘイト本」を選書から外したのは不思議ではない。しかし大型店でなくとも今の書店には、ベストセラー、ロングセラーとして多くの「ヘイト本」が並んでいる。残念なことに、彼女は書店に通うという習慣を持っていないのだ。

ぼくは、自分もまた彼女同様、店内を歩いていたときに「ヘイト本」の増殖に気づき、驚きと不快を感じたこと、同時期に『NOヘイト！』の刊行予定を知って、その本を中心としたフェアを企画したこと、その後の経緯などを、順を追って話した（第1章、第2章）。彼女は熱心にメモを取り、質問を挟み、二時間程度、ぼくの話を聞いてくれた。前章で書いた在日三世の青年のように、彼女も「知りたかった」のだ。知らなかったがゆえに、「知りたかった」のだ。

人間は、「知りたがる」生き物である。「知りたがる」がゆえに、相互に伝えたがる。言語は、知るための、知ったことを保存するための、そしてそれを伝達するためのツールである。人間が「知りたがる」のは、人間が知らなければ生きられない生き物だからだ。

丸山圭三郎《まるやまけいざぶろう》（言語学者、哲学者）は、人間だけが言語を持つのは、人間が「本能の壊れた動物」であるがゆえであると言う。他の生物は、本能で生きることができる。馬は、生まれ落ちた瞬間から立ち上がることができる。二足歩行は人間の特性だが、そのやり方を知るまでに、つまり立って歩き出すまでに平均一年前後かかる。馬は生まれたときに本能が完成しているが、人間はそうではないのだ。それは、人間の子供が母親の胎内にいる期間が短すぎるからであるという。すべての人間は、未熟児として生まれてくるのだ。そして、そうであるがゆえに、生後も、知らなかったことを知って発達することができ、またその衝動を持つのである。

「真実を知ってしまったんですよ」

「知りたい」という衝動は、一部の人のものではなく、知らなければ生きていけない人間みなに備わっている。ヘイトスピーチを繰り広げ、「ヘイト本」を擁護する人びとも例外ではない。

「ネットの情報などで、だんだんと本当のことを知るようになりましたからね」（安田浩一『ネットと愛国』講談社+α《プラスアルファ》文庫、58頁）

「僕は拉致《らち》事件がどうしても許せなかったんです。いったい北朝鮮とはどんな国なのか。ネットで検索を重ねるなかでヒットしたのが在特会の動画。これによって北朝鮮のことだけでなく在日の存在もまた、日本を危機に追いやっているのだと理解することができました。真実を知ってしまったんですよ」（同94頁）

在特会会員が、安田浩一の取材に答えた言葉である。安田は言う。

真実――在特会に関係する者の多くが好んで使う言葉の一つだ。「真実に目覚めた」「真実を知った」。リソースとなったのは、いずれもネットである。新聞、雑誌、テレビによって隠蔽されてきた真実が、ネットの力によってはじめて世の中に知られることになった。（同94頁）

だが、それは真実ではない「真実」である。

彼らは「知ってしまった」のである。そして「知ってしまった」ことが、その行動、活動の原動力となっているのだ。彼らが知ってしまった「真実」こそが、「在日特権」なのだ。

事実と誤謬推理

桜井誠が、「在特会」＝「在日特権を許さない市民の会」を設立したのは、二〇〇七年一月二十日である。

「在特会をつくろうと私が考えましたのは、在日による無年金訴訟がきっかけとなっています。私はこれに大変な憤りを覚えた。冗談じゃない！〈中略〉１円も掛け金を払っていない在日が、カネ寄こせと言ってるわけです。多くの日本国民は歯を食いしばって、

少ない給料のなかから掛け金を払っている。こんな訴訟、許せるわけがありません！」（『ネットと愛国』64頁）

そして、在特会の綱領ともいうべき「七つの約束」の冒頭に、「在日による差別をふりかざしての特権要求を断じて許さない」を掲げた。在特会の名前の由来である「在日特権」は、次のように列挙される（同70頁）。

●彼らは特別永住資格によって、ほぼ無条件に日本に永住できる。滞在資格による条件がなく、たとえば他の外国人であれば犯罪を起こせば強制送還されても、在日コリアンにはそれがない

●彼らは通名（本名以外の氏名）使用が認められている

●彼らは外国籍でありながら生活保護の受給が認められている

●一部自治体では、在日コリアンや、在日団体の関連施設に対し税制面で優遇措置をしている

これらの「在日特権」について、安田は、次のように述べている。

いずれも事実だ。事実ではあるが、はたしてこれが本当に「特権」と呼べるものなのか。〈中略〉彼らの物言いには日本が朝鮮半島を植民地支配したという歴史認識も、旧宗主国としての責任も、すっぽり抜け落ちているように思える。（同70頁）

在特会の会員たちは、安田も認める事実を知った。しかし、それは今日の在日の人たちの表層的なありようであり、真実と呼べるものではない。真実を語るためには、そうした表層的なあり方をもたらした歴史的経緯をも、知らなければならない。

彼らの「知る」ことへの情熱は、そこまで掘り下げるほど強くはない。だから、同会の米田広報局長の次のような発言が飛び出す。

「いまの時代、日本人の多くが貧困に苦しんでいる。ホームレスになったり、自殺したりする人も少なくない。年間3万人もの人が自ら命を絶っているんですよ。なのに在日は外国籍でありながら生活保護を優先的に受け取り、しかも日本への悪口ばかり言ってるではないですか」（同71頁）

安田は、彼らに「うしろめたさ」はないと言う。

むしろ彼らは自らが「被害者」であることを強調する。若者の「職が奪われる」のも、生活保護が打ち切られるのも、在日コリアンといった外国籍住民が、福祉や雇用政策に〝ただ乗り〟しているからだと思い込んでいる。（同74頁）

米田の言葉の前半は、事実だ。いま日本人の多くが貧困に苦しみ、ホームレスになったり、多くの人が自殺している。だがそれは、在日朝鮮人が「生活保護を優先的に受け取り、しかも日本への悪口ばかり言ってる」からではない。それは、表層的な事実だけを知り、それを盾に因果関係を創り上げるがゆえの誤謬《ごびゅう》推理というべきである。

「初めて知った真実」の増幅

なぜ彼らは表層的な事実に留まるのか？　その事実に至った歴史的経緯を知り、真実を知るところにまで至らないのか？

そうした問いにぶち当たったとき、ふと、ネオテニー（幼形成熟《ようけいせいじゅく》）という言葉が頭に浮かんだ。

他の動物と違って、人間は巨大な脳を持っているため、誕生時に母体を傷つけないために、母親の胎内で十分発育する前に生まれるのだという。それゆえ、生きていくためには誕生後も発達していく必要があり、すなわち、人間は生まれながらに「知る」ことへの欲求を持つ。巨大な脳は、今度はそのために役立ち、最初未熟だった人間は失敗することによって学び、知り、成長していくのだ。つまり、「未熟」と「知る」は相補的なセットなのである。

子供の順調な成長の前提であるそのセットは、すなわち、「未熟」が「知る」につねに随伴していることは、時に大きなリスクともなるのではないか？　それぞれの発達段階で適度な失敗と学習を繰り返し、やがて自分が「知った」ことを疑い検証するようになるというプロセスを踏まずに来てしまい、然《しか》るべき成熟に到達できないこともあり得るのではないか？　そうして、自分の「知」を疑うことなく大人になった人は、初めて知った「真実」に、過度に引き付けられるのではないか？　自身の未熟さと知との落差が引き起こす磁場が、初めて知った「真実」が持つ磁場と重なって、増幅する。

在特会に引き付けられた人たちにとって、「在日特権」とはそのような知であったように感じる。「真実」を知り、闘うべき相手を発見した彼ら彼女らには、もはやその「真実」を疑う余地はないのだ。

安田に「在日特権」を発見したことの興奮を語るさまを見る限り、彼ら彼女らが、少年期から青年期を通じて十分な葛藤《かっとう》を経験してこなかったとしか思えないのである。その結果、「在日特権」の歴史的経緯を知ることで、物事が今見えているのとは別の本質を持つことに気づく深みには、進めなかったのだ。

在特会を立ち上げ、今、その先頭に立って「ゴキブリ朝鮮人を日本から叩き出せ！」とカン高い声で絶叫する桜井誠の高校時代について、同級生たちは一様に「無口で目立たない」「物静か」な存在だったと証言、あるいはその存在さえも忘れている。彼が通っていた北九州市の高校は、近所に朝鮮学校があり、生徒同士の喧嘩沙汰《けんかざた》が日常茶飯事であったが、その当事者であった桜井の同級生は、大人になってからはかつての喧嘩相手と「普通に酒飲んでます」と言う。「じゅうぶん殴りあったんだから、いまは別に争う理由なんて何もないしね」。彼が、桜井誠をつぎのように評しているのが、印象的だった。

「この高田君（桜井の本名）とかって人も、高校時代に喧嘩でもしておけばよかったのにね。俺にはよくわからないですよ。いまどき朝鮮人がどうのこうのとムキになるのは」（『ネットと愛国』36頁）

青年期に通過すべきゲートは、自省や知的葛藤の類《たぐい》だけではないのかもしれない。少なくともこの同級生にとっては、喧嘩もまた、経るべき道程の一つだったに違いない。

日本型レイシズムの成立

梁英聖《リャンヨンソン》（レイシズム研究者）は、日本型のレイシズムが、戦前戦後を通じて保存されながら、その形が大きく変わっていくターニングポイントとして一九五二年発効のサンフランシスコ講和条約に注目、その結果成立したサンフランシスコ体制が、現在に至る在日朝鮮人差別の構造を決定・温存してきたと見る。

日本政府は、一九五二年体制の成立時に、旧植民地出身者である朝鮮人・台湾人の日本国籍を、即日はく奪した。在日は、一夜にして「無国籍」者あつかいにされ、入管法・外登法で全面的に管理されることで、治安弾圧の対象とされるようになった。

第三の柱である「法一二六」とは、国籍をはく奪された旧植民地出身者を、入管法制上の特別あつかいにし、条件つきながら当分の間は日本に在留してもよいとする法律のことである。

この一九五二年体制によって、植民地時代のレイシズム法制が戦後も継続可能となった。このことは、戦後日本のレイシズム政策を理解するうえで極めて大きな意味をもつ。（梁英聖『日本型ヘイトスピーチとは何か――社会を破壊するレイシズムの登場』影書房、116頁）

一九一〇年の韓国併合条約によって朝鮮を植民地化して「日本国籍の壁」によって朝鮮人を囲いこんだ日本政府が、サンフランシスコ条約が「朝鮮の独立を認めている、だから原状復帰が必要で、そのため日本国籍も『喪失した』のだ」と言い、国籍はく奪によって約六十万といわれる旧植民地出身者が、日本国籍の壁の内から外へ放り出されたのだ（同117頁、123頁）。

六十万人の日本在住者が一瞬にして無国籍者となる。しかも、時期が戦後の東西冷戦の始まりともいえる故郷朝鮮半島内の熱戦下であったという悪条件が重なった。朝鮮戦争は、半島の分断をもたらす。日本政府の背後にあるＧＨＱは、その熱戦と分断の当事者である。安定した故郷を持たぬ人々は、行き場を失くした。

そうした国籍はく奪の暴力性を感じたのか、あるいは六十万人もの日本在住者を国外に追放することの非現実性をわかってのことか、いわゆる「法一二六」が在日朝鮮人を「入管法制上の特別あつかい」にし、「当分の間」の日本在留を認めた。

それが、「在日特権」の成立史である。

安田が「はたしてこれが本当に『特権』と呼べるものなのか」というのがよくわかる。この「特権」は、在日の人たちに故《ゆえ》なき差別と苦しみを与え続け、あるいは北朝鮮への帰国事業における多くの悲劇につながっていった。在特会が、そうした歴史的背景に言及することはない。「彼らの物言いには日本が朝鮮半島を植民地支配したという歴史認識も、旧宗主国としての責任も、すっぽり抜け落ちている」のである（『ネットと愛国』70頁）。

そもそも、日本政府の悲願であった入管令の全面適用、すなわち、「かつて『帝国臣民』たることを強制した者を一般外国人とまったく同じ条件で帰化審査に付す」という決定は、かつての侵略・植民地政策の、みごとな〝歴史の抹消〟だったのである（『日本型ヘイトスピーチとは何か』125頁）。

そうした〝歴史の抹消〟自体を「抹消」しようとする動きが、在特会の成立の十年余り前に立ち上がり、影響力を拡大していた。

「自虐史観《じぎゃくしかん》」の打破を掲げる、「歴史修正主義」である。

第4章
歴史修正主義とベストセラー

発端となった「つくる会」

日本の歴史修正主義が、具体的な形をとって姿を現すのは、（歴史教科書の記述を自虐史観ではないものに改める）新しい歴史教科書をつくることを活動目標とした「新しい歴史教科書をつくる会」（以下「つくる会」）が、初代会長西尾《にしお》幹二《かんじ》・副会長藤岡《ふじおか》信勝《のぶかつ》で、一九九七年に設立されたときであったと言っていいだろう。

藤岡は、「冷戦時代の東京裁判史観とコミンテルン史観から脱却し、イデオロギー色のない新しい歴史観をつくる」と宣言している。

「つくる会」は、二年後の一九九九年の十月、西尾幹二著『国民の歴史』（産経新聞ニュースサービス）を刊行し、二〇〇〇年四月には『新しい歴史教科書』『新しい公民教科書』（ともに扶桑社）を文部省に検定申請した。

あわせて二百三十六箇所の検定意見や修正項目がつけられるも、二点の教科書は、翌二〇〇一年四月に、修正の上、検定に合格、韓国や中国から激しい抗議を受けた。

理事や事務局長など、構成メンバーは目まぐるしく入れ替わるが、「つくる会」は精力的に活動を進め、教科書も採択されはじめた。書店で一般読者に販売する市販版『新しい歴史教科書』『新しい公民教科書』は、『国民の歴史』とともに、各七十万部以上のベストセラーとなる。

のちに「つくる会」は、同じ年に立ち上がった日本会議《にっぽんかいぎ》とともに、在特会など「行動する保守」の後ろ盾《うしだて》となった。

「世紀末」と「本離れ」、そこに「戦記」

「一九九九年、七の月に世界は滅びる」というノストラダムスの予言がまだ大きな影響力を持っていて、五島勉《ごとうべん》の一連の「ノストラダムス」本が、刊行時の勢いを取り戻して売れていた。二年前には、未曾有《みぞう》の震災が阪神・淡路《あわじ》を襲い、首都東京ではオウム真理教による未曾有の無差別殺人＝「地下鉄サリン事件」が起きた。多くの人たちが、「世紀末」を感じていた。

出版・書店業界も、決定的な「世紀末」を迎えていた。日本の出版物の総売上は一九九六年にピークを迎え、一九九七年以降はずっと落ち続けていく。

ターニングポイントが一九九六年だったことを忘れないのは、「Windows95」というソフトウェアの名のおかげだ。一九九五年に発売されたこのソフトは、インターネットへの接続を劇的に容易にし、ネット利用者を急増させた。さまざまな情報を素早く、容易に、そして無料で入手できるインターネット情報は、出版物の役割を代行し、人々の「本離れ」を促進した。

時期的な符合から、排外主義的な「保守」勢力の増加とインターネットの普及には、強い相関関係を指摘されることが多い。「ネット右翼」という呼び名が、まさにそのことを表している。実際、「在特会」の人々の多くは、「ネットで知った真実」が自らを立ち上がらせたという。

無限の情報の海であるインターネットでは、その情報量の膨大さゆえに、かえって狭い世界しか見えないことが多い。情報検索の容易さが、検索者の志向を検索行為とその結果に強く反映させてしまうためだ。

二〇一〇年に『電子書籍の衝撃――本はいかに崩壊し、いかに復活するか？』（ディスカバー21）を書いた佐々木俊尚《ささきとしなお》は、翌年『キュレーションの時代』（筑摩書房）で、インターネットに形成される「ビオトープ」について書いている。

「ビオトープ」とは生物生息空間のことで、デジタル推進派の佐々木は、たとえばギター同好者が互いに出会いやすい場としての「ビオトープ」を称揚《しょうよう》する。

確かに、趣味の同好者の出会いや交流において、インターネットには抜群の利便性がある。だが、「ビオトープ」に安住するのは、多様に広がり、出会えたかもしれない世界の一部にとどまり続けるということであり、同じ志向の人たちとしか出会えず、行動の選択肢は狭まる。

同じ志向・思想の人たちとだけ交わっていれば、その志向・思想は検証や反省の機会を得ることなく、とどまるところなく亢進《こうしん》していくだろう。行きつくところが、聞くに堪《た》えないヘイトスピーチであり、開くのもおぞましいヘイト本であったとしても……。

だが、歴史修正主義誕生の揺籃《ようらん》は、同時期に普及し始めたインターネットではありえない。「ネット右翼」を調査・研究してきた社会学者の倉橋耕平《くらはしこうへい》も、『ネットと愛国』の著者安田浩一との対談本『歪《ゆが》む社会――歴史修正主義の台頭と虚妄の愛国に抗《あらが》う』（論創社《ろんそうしゃ》）で次のように指摘している。

調査によると、ネット右翼であったり、オンライン排外主義の人というのは、四〇代から五〇代に多いという数字が出ています。三〇代より下の若者は、ほとんど統計に出てきません。（『歪む社会』17頁）

いまの四〇代や五〇代のネット右翼は、雑誌や本から情報を得ている〈中略〉それ以外の情報収集の手段はネット。受動的に情報を得られるようなテレビのニュース番組や新聞はほとんど見ないし読まない。

〈中略〉自分から積極的に情報を取りにいっています。本は書店に行って、自分で選んで買っている。そういう人たちは、小林の本やムックが流行した時代に若者時代を過ごしていました。

このように、最初は細々と展開していた保守言説が、雑誌の創刊や小林の活躍などによってすこしずつ大衆に可視化していった。つづいてネットメディアが登場し、保守言説は世間に広がっていったのだと思います。（『歪む社会』40頁）

小林とは、小林よしのりのこと。一九九八年に刊行された『新ゴーマニズム宣言special　戦争論』（幻冬舎）はベストセラーとなり、大きな影響力を持った。

倉橋は、他に、檜山良昭《ひやまよしあき》『日本本土決戦』（光文社）や、荒巻義雄《あらまきよしお》『紺碧《こんぺき》の艦隊』シリーズ（徳間書店）、『旭日《きょくじつ》の艦隊』シリーズ（中央公論社）などに代表される架空の戦記がもっとも盛り上がったのは一九八〇年〜九〇年代だと指摘している。

架空の戦記は決して歴史事実に裏打ちされたものではなく、読者もそのことを承知の上で楽しんでいるはずだが、エンターテインメントであっても、量産されれば錯覚と誤認を生みやすくなる。

「日本は悪くなかった」という潜在意識を生み出し、育《はぐく》む。それはやがて排外意識、外国や外国人へのヘイト感情へと進んでいく。

「コストパフォーマンスがよい」

雑誌と書籍の中間形態であるムック（mook: magazine+book）は、雑誌的な情報の不確かさを担いながら、長く書店店頭に置かれることによって読者との接触機会を増やし、不確かな情報の影響力を増大させた。

また、「一冊でわかる」をタイトルに含ませたムックも多く、労苦なく学問や情勢を知ることができるメディアとして、多くの読者に受け入れられた。

倉橋は言う。

九〇年代は知識を安直に手に入れるためのツールが大量に提供され、それで得た薄っぺらい知識とサブカルチャーが融合し、歴史修正主義的な言説が主流のものとは一線を画していて、かつ斜に構えてものを見る雰囲気がかっこいいという風潮が醸しだされた……。（『歪む社会』161頁）

つまり、出版業界は（そしてその産物の普及を担う書店業界も）、今日の排外主義や外国人へイトの責をインターネットの普及（と自分たちの業界の漸進的かつ不可逆的な凋落《ちょうらく》）に押し付けることは、決してできないのである。むしろ、初期においては、主犯と名指しされてもおかしくない。

さらに時代とともにインターネットが普及し、空気のような存在となっていくのに並行し、出版・書店業界も、それに抗《あらが》うどころか追随していったと言える。生産され販売される商品の一部は、かつて自分たちが生み出した「怪物」の下僕《げぼく》と化していった。安田浩一がある編集者に歴史修正主義的な本、嫌韓本、反中本を出す理由を質《ただ》したところ、「コストパフォーマンスがよい」（同２０９頁）という答えだった。

一九六〇年代に伝説的漫画雑誌『月刊ガロ』を創刊し、自民党保守政権の日米安保条約更新に激しく反発した全共闘世代に強い支持を受けた青林堂は、長い不遇の時代を経て二〇一〇年頃から右傾書籍・雑誌やスピリチュアル本に経営の活路を見出しました。現社長の蟹江幹彦《かにえみきひこ》氏は、二〇一五年一月の東京新聞のインタビューで「（路線変更は）経営上の問題」と説明しています。（『教養としての歴史問題』東洋経済新報社、52頁）

一九九七年から売上が右肩下がりとなり、デジタル・ＩＴ機器の進化を横目で見ながら、

V字回復などまず期待できない状況下、徐々に体力を落としてきた出版社としては、コストパフォーマンスの重視や経営路線の見直しは、当然のことかもしれない。

しかし、そのことがよろしくない思想の醸成《じょうせい》と社会関係の悪化をもたらしたとすれば、西谷能雄《にしたによしお》（未來社《みらいしゃ》創業者）が「志の業」と呼んだ出版業はどこへ行ってしまったのかと思う。

そうした出版社が量産する、右傾化した書物群は、もちろん「売れるから」「需要があるから」つくられたのであるが、同時にそうした需要を煽《あお》り増大しつつ、自らの首を締めている。濫造《らんぞう》は明らかに品質の低下をもたらし、中身はますますインターネット上の無責任な言説に似てくるからである。

冷笑と放任

業界全体の売上が右肩下がりになったからといって、出版社の多くが右傾化したわけではもちろんない。書き手や編集者の志向が突然百八十度変わったわけでもない。

むしろ、企業存続のために売上や利益に引きずられないわけにはいかない旧来の出版社から独立し、一人もしくは少人数の小さな出版社が、二十一世紀に入って次々と生まれるようになる。そうした志ある出版人やブレない書き手たちは、出版物やそれに携わるものの右傾化傾向をどう見ていたのか？

一九九〇年代に『週刊宝石』（光文社）編集部にいた安田浩一の述懐から、そのころの全体的な雰囲気を読み取ることができる。

マルコポーロ事件の当時は、歴史修正主義などたいした勢力にならないだろうというシニカルな思いが僕にはあった。そして、メディアの規模が大きいほど、歴史修正主義者をなめてかかっていたと思う。

マルコポーロ事件の翌年に「つくる会」が設立されますが、当時の僕らはそれを笑って見ていました。「どうせ、トンデモな教科書を作るんだろう」と言いながら。（『歪む社会』１２６〜１２７頁）

ナチスがユダヤ人を大量虐殺した「ガス室」などなかったというとんでもない主張が『マルコポーロ』（文藝春秋）を廃刊に追い込んだ事件（一九九五年）も、大きな危機感を呼ぶことはなかった。世代の意識が、戦争の記憶の風化とともに少しずつ変化していくことの危険は、まだ十分に理解されていなかった。

元左翼の幹部連中が一斉に退職し、僕らの世代がデスクとかキャップになり、小林よしのりを評価する記者たちが取材の現場を歩く。そして、幹部連中に嫌な思いをさせられた僕らの世代の編集者が、自分の部下にはそういう思いをさせまいと、部下に対して放任になる。

結果として、小林よしのりを評価し、僕らに放任された人たちが、いまの大出版社で幹部になっているんですね。だからこそ、思慮もなくヘイト本が刊行されるなど、大出版社が保守的、というかネット右翼的な本を出すことについては、少なくともその回路だけは理解できます。(同115頁)

歴史修正主義の言説を「笑ってみていた」安田らは、発言や行動に違和感を覚える部下たちを「放任」していた。

自閉的な唯我独尊主義に守られて

同じ姿勢を、歴史学の分野で指弾するのが、『教養としての歴史問題』(東洋経済新報社)である。

「歴史学がこつこつと積み重ねてきた研究成果や、歴史の授業で教えられてきた知識〈中略〉をそのまま口にするだけで執拗《しつよう》に罵倒《ばとう》」(2頁)する歴史修正主義を今日蔓延《はびこ》らせ、一般の人たちにも大きな影響を与えている事の責任は歴史学界にもあると編著者の前川《まえかわ》一郎《いちろう》は言い、次のように総括・批判する。

じつは、学者や専門家たちの反応は、これまで決して鈍くはありませんでした。歴史修正主義の言動には、学術的見地から詳細なファクトチェックが行われてきました。しかし、誤解を恐れずに言えば、それらはともすれば学術誌や専門書に書き連ねるだけの内弁慶《うちべんけい》的なモノローグに留《とど》まり、歴史修正主義が現実に巣食う大衆文化にはまるで突き刺さらなかったのです。

つまり、学知《がくち》と社会のあいだには、いつの間にか深い溝が生まれていたわけです。

（『教養としての歴史問題』６頁）

いわば、学術の世界は、自らを社会的対立の蚊帳《かや》の外に追いやってしまったのだ。実は、歴史学界がまともに議論をぶつけ合おうとしないのは、歴史修正主義に対してだけではない。歴史学内部においても、新説・異論には耳を傾けない傾向があるという。

そのあたりの消息に関して、ベストセラー『応仁の乱』（中公新書）の著者、呉座勇一《ござゆういち》が、『教養としての歴史問題』の「第四章『自虐史観』批判と対峙《たいじ》する」で、「網野史学《あみのしがく》」（網野善彦《よしひこ》は日本中世史を専門とする歴史家）に対する歴史学界主流派の姿勢を取り上げている。

網野さんは天皇制反対論者なのですが、天皇制を解体するには、〝敵〟である天皇制の本質を知る必要があります。特に「日本史上、天皇は政治的権力をたびたび失っているにもかかわらず、長く現在まで天皇制が存続しているのは何故か？」という問いは日本史研究における最大の問題でもあります。周知のように網野さんは、「無縁」の思想や非農業民が天皇と深く結びついていたことにその理由を求めましたが、これは「天皇はすごい」という議論に受け取られかねない。「天皇の権威は太古から現代に至るまで民衆の意識深くに根を下ろしている」と言えば言うほど天皇制擁護論と批判されてしまう。（同157頁）

こういう条件反射的な反応を、「教条主義」というのではないか。

呉座は言う。

「相手の土俵に上がらない」と言えば聞こえは良いですが、それはアカデミズムの内側に閉じこもるということと同義です。そして「相手の土俵に上がらない」という戦略が有効でないことは、現状が証明しています。（同168頁）

世紀末にその姿を現した歴史修正主義は、周囲の冷笑や無視、放任、アカデミズムの自閉的唯我独尊《ゆいがどくそん》主義に守られて育ち、版図《はんと》を広げてきたのである。

Ⅱ

ただ嘆くだけで、
終わってしまったのではないだろうか

第5章
討議と敵対

敵対する「彼ら」あっての「私たち」

『世界』二〇二〇年一月号に掲載された山本圭《やまもとけい》の「批判なき時代の民主主義――なぜアンタゴニズムが問題なのか」の一文を読んだとき、ぼくは思わず、「そう、そう。そういうことなんだ……」と、小さく叫んでいた。

「ネット右翼」に「非合理」のレッテルを貼り、対話から排除するようなリベラルの態度は、ヘゲモニー戦略のうえでは得策ではない。(108〜109頁)

この論文が(ささやかに)告知していたのが、山本が翌二月に上梓《じょうし》する『アンタゴニズムス――ポピュリズム〈以後〉の民主主義』(共和国)である。

　この本で山本は「相手を正統な対抗者とみなしたうえで批判を戦わせるアゴニズム（討議）」と「異論や反対、議論を受け付けず、ただにらみ合うだけで、議論によって自らの主張を変化させる、あるいは鍛えあげることはないアンタゴニズムス（敵対）」をはっきりと対置し、今日アゴニズムがどんどん困難になっていき、アンタゴニズムスが勢いを増している趨勢《すうせい》を指摘し、そうした情勢にあらがって、いかにして対立（アンタゴニズムス）を討議（アゴニズム）へと収斂《しゅうれん》させることができるか、を追求している。

　現代政治理論、政治思想史を専門とする山本は、エルネスト・ラクラウ（政治理論家）とシャンタル・ムフ（政治学者）の「眼前の敵対的な諸要求に鼻をつまんでそれらを迂回《うかい》するのではなく、むしろそれらに正面から向き合い、民主主義を深化するための一個の好機とする政治戦略」（『アンタゴニズムス』17頁）を、画期的なものと評価する。

　ムフは、言う。

　重要なことは抗争が生じたとして、それが「敵対性《アンタゴニズム》」（敵同士の闘争）ではなく、「闘技《アゴニズム》」（対抗者同士の闘争）という形式をとることである。（『左派ポピュリズムのために』明石書店、１２１頁）

　じつのところ、根本的な問題は、いかにして排除なしにコンセンサスに到達できるかということではない。というのも、これは、「私たち」の構築を求めるにもかかわらず、それに付随して生じる「彼ら」の存在を視野に入れていないからだ。これが不可能であるのは、「私たち」の構成条件が「彼ら」との区別であるほかないからである。（同120頁）

ムフのテーゼに、山本も次のように応える。

私たちのアイデンティティは敵対する相手によって阻害されているのだが、そのアイデンティティはそうした外部なしには成立しないということだ。（『アンタゴニズムス』14頁）

「私たち」は、敵対する「彼ら」あっての「私たち」なのだ。

討議は困難か

こうした見方は、ハンス・ケルゼン（法哲学者）が挙げた、次のような原則に通底すると言える。

多数決原理は、まさにこの階級支配を阻止するためにこそ適している。そのことは、この原理が経験上少数者保護と親和的であることにすでに示されている。なぜなら、多数派ということは概念上少数派の存在を前提としており、それゆえ多数者の権利は少数者の存在権を前提としているからである。（『民主主義の本質と価値』岩波文庫、73頁）

彼らにとって民主主義とは、敵対する政治姿勢、言説に対しても、それらを拒否するのではなく、討議＝闘技の場に持ち込んで対峙《たいじ》するシステムなのである。

だが、敵対する言説を討議＝闘技の場に持ち込み、対話を通じて相手を説得するのは容易なことではなく、多くの場合困難である。二十一世紀に入って、ネオコン（ネオコンサバティズムの略。新保守主義）、ネオリベ（ネオリベラリズムの略。新自由主義）、排外主義者、民族主義者の勢いが増し、左派を追い込んでいった状況を考えると、そんなことは不可能と思われるかもしれない。

ムフその人が、かような状況にあって、多様な意見の存在を認め、あくまで議論によってその差を埋めていく「アゴニズム」よりも、「左派」が政治的優位を獲得するために、いかに大衆動員を可能にするかを追求することにシフトしているようにも感じられる。『左派ポピュリズムのために』という書名が端的にそのことを表しているようでもあるし、強大な敵に対峙するために、ジェレミー・コービン（英国の政治家）、バーニー・サンダース（米国の政治家）らの個人名に期待を寄せているようにも見える。

個人名に期待を寄せるというのは、その人に多数の意見を代表させることだ。代表させることによって、元の多様性は犠牲になる。が、ムフは、そのことを忌避《きひ》してはいないのである。

多元主義的な民主社会は、多元主義を調和させるような反─政治的な形式によっては構想できず、絶え間ない敵対性の可能性を承認する。そして、そのような社会は、代表なしには存在しえないのだ。(『左派ポピュリズムのために』80頁)

現行の代表制度のおもな問題は、それが異なる社会的プロジェクトのあいだの闘技的な対立を認めないことである。この闘技的な対立こそ、活力あるデモクラシーの条件そのものなのだ。市民から声を奪っているのは、代表という事実ではなく、闘技的な対立の欠如にほかならない。(同80頁)

多様な意見が存在しても、それらが「闘技場」に上がれないと、闘技=討議は始まらない。闘技を始めるためには、闘技場に上がる選手がいなくてはならない、というわけだ。今日においては、ネオコン、ネオリベ、排外主義者、民族主義者と闘う選手が存在しなくてはならない。

さしあたり、コービンやサンダースという個人名、ポデモス（スペインの左派ポピュリズム政党）やシリザ（ギリシャの「急進左派連合」の略称）などの政党名が、その選手たちであるのだろうか？

書店はバトルロイヤル

山本も、そうした状況判断は共有している。

> 本書のテーゼのひとつは、現代民主主義の差し迫った問題は熟議でも闘技でもなく、それよりはるかに手前の敵対性《アンタゴニズム》である、というものだ。私たちの現実は、一般にアゴニズムの理論家が唱える楽観とは逆向きの方向に進んでいる。（『アンタゴニズムス』12頁）

だが、こうした現状分析のすぐあとに、山本は反転して、再び「アゴニズム」に向かう。

> アゴニズムを、ラディカルな敵対性への感度を担保すると同時に最小限の制度化を受け入れる、ポスト基礎付け主義の民主主義論として再定式化する。これにより、しばしば中途半端なものとしてみなされたアゴニズムの理論に適切な居場所を開いてやることができるかもしれない。これこそが私たちの最後の挑戦となる。（同22頁）

一見「アゴニズム」と同じ方向性を持つように思われる「熟議民主主義」も、自らの「正義」を前提として、「熟議」できる集団と、そうでない集団を線引きして、相手の主張に耳を閉ざす「アンタゴニズムス」に陥りやすい。

ハーバーマス〈ドイツの哲学者〉は、「右派ポピュリストの議論に打ち勝つには、彼らの介入を無視するしかない」と、およそ熟議的でない回答をしている。（同221頁）

ここに、「熟議民主主義」の限界がある。自らの主張と相いれない主張に対して、「熟議民主主義」は議論ではなく排除を選んでしまう。

それに対して、「アゴニズム」は、いかに自身の主張と相反する主張であっても、討議＝闘技の対手として認める、むしろ積極的に討議＝闘技の場に迎え入れるのである。

ぼくも、書店員という仕事柄、「アゴニズム」を徹底しようとする山本の陣営に立つ。なぜなら、書店空間は、一対一の決闘の場ではなく、ポリフォニック（多声的）なバトルロイヤルのアリーナであるからだ。

そして何よりも「アゴニズム」の利点は、相手を討議＝闘技のアゴーン（ａｇｏｎ：競争の場）に迎え入れることによって、相手に主張を翻意《ほんい》させる可能性である。相手の主張に耳を傾けようとはしない「アンタゴニズム」には、その可能性はない。

なぜ「慰安婦」「男女共同参画社会」なのか

おそらく、「アンタゴニズム」の陣営にいる「左派」の人たちには、「保守」が主張を翻意《ほんい》することなどが可能だとは、決して信じられないだろう。

それに対して、第二十回大佛《おさらぎ》次郎《じろう》論壇賞（朝日新聞社）を獲得した『女性たちの保守運動――右傾化する日本社会のジェンダー』（人文書院《じんぶんしょいん》）で、二〇〇〇年代以降の「行動する保守」（街頭宣伝などでヘイトスピーチを繰り広げる。「在特会」なども、これに属する）に連なる女性たちの「保守運動」を調査・考察している鈴木《すずき》彩加《あやか》（社会学者）は、翻意の可能性を十分認めていると思われる。

「行動する保守」の女性たちは、まずフェミニズム運動に敵対しようとする。そのことの意味は「より詳細に考察する必要がある」（『女性たちの保守運動』22頁）と、彼女たちの言説を読み込み、実際の活動現場に随伴し、その意味を探ろうとする。

「行動する保守」の女性たちが、特に批判のターゲットにするのは、「慰安婦」問題と「男女共同参画社会」である。むしろ女性の立場に立つと思われるこれらに、なぜ彼女たちは「街頭で声を荒げて」反対するのか？

「行動する保守」の女性たちが「慰安婦」問題と「男女共同参画社会」を批判のターゲット

にするのには、外的要因がある。それは、この二つの案件が、「いずれも男性活動家にとっては正面から批判しにくい」（同302頁）ものであることだ。女性の社会進出を阻《はば》んだのはまさに男性本位の価値観であり、「慰安婦」への「加害者」も男性だからだ。そうした「行動する保守」の男性活動家の事情によって、女性たちは、この二つの問題において前面に押し出されたのである。

一方、彼女たち自身にも「慰安婦」に対して批判を浴びせる主体的動機はある。元「慰安婦」女性が経済的に恵まれていると考え、それを妬《ねた》むという認識である。

「なぜ売春婦だった慰安婦女性だけが政府や組織からサポートされるのか」（同262頁）

その種の言論は、「売春婦」差別に基づいたものが多く、「恥」という言葉が多用される（同251〜252頁）。

一方、「行動する保守」の女性たちが「慰安婦」本人を直接の攻撃目標にしないケースもある。

慰安婦を連れてきて恥を撒《ま》き散らさせるのも、それこそ慰安婦の人権を無視して踏みにじっていることになると思います。私たちは女性として、そういう慰安婦の人権を無

視する日本人、そして韓国の人たちを許しません。女性として許せないんです。（同２５３〜２５４頁）

「行動する保守」における男女差

ここでは、「慰安婦」問題をことあげする日本人、韓国人たちが批判のターゲットになり、「慰安婦」の人たちには、「人権」という言葉も使いながら、むしろ同情・共感していると言える。

「汚《けが》らわしい」「売春ババア」「ふしだらで、けしからん集会」などと、「男性参加者によるこれらの言論は攻撃的であり、在日コリアンに向けられるヘイト・スピーチと酷似《こくじ》している」（『女性たちの保守運動』２５０〜２５１頁）。

同じ「行動する保守」の活動家でも、批判の仕方には、明らかに男女差がある。

鈴木は、「行動する保守」系の団体「Ｂ会」でのフィールドワークで遭遇した、ある場面を報告している。

Ｈさんが元慰安婦のハルモニの証言集会に行ったと発言した。すると、会長はすぐさま「ハルモニ？　慰安婦の？　嘘《うそ》ばっかだったでしょう？」と質問した。ところがＨさんは「全部が嘘というよりかは基本は本当で、それを少し脚色した感じでした」と答えた。Hさんは当初、「慰安婦」に否定的な感情を持って集会に参加したようだが、証言を聞くうちに一部共感したような印象を受けた。他の参加者はHさんの話を黙って聞き、しばらく誰もしゃべらなかった。（同287頁）

また、男性活動家は「慰安婦」をジョークのネタにするが、女性はそれに乗っていかない、という。それは、「自分たち自身も性の客体になりうる存在であり、『高齢の女性』になるという事実を、彼女たちが認識しているため」（同299頁）だと分析する。

さらに、もう一方の「妬《ねた》みによる攻撃的な言論」にも、男女間の温度差はある。女性たちの妬みの根底にある論理は、「性産業に従事しているか否《いな》かにかかわらず、女性は性暴力被害に遭《あ》えば、社会からスティグマを押され、救済されることはほとんどないにもかかわらず、『なぜ売春婦だった慰安婦女性だけが政府や組織からサポートされるのか』」（同262頁）というものだからである。

そうした観点に立つとき、女性が「男女共同参画社会」に反対する論拠も男性優位の思想ではなく、「私的領域で女性が担うケア労働に対する評価の低さに対する異議申し立てとして読み替えられないだろうか」と鈴木は仮説を立てる。そして、もしそうであるならば、「対立関係にあると考えられてきたフェミニズムの議論にも実は接続可能なものなのではないだろうか」（同169頁）と。

だとすれば、反「男女共同参画社会」、反「慰安婦問題」についての「行動する保守」の議論が過熱すれば過熱するほど、男性活動家と女性活動家の問題意識の差が浮かび上がってきて、そこに亀裂《きれつ》をもたらす楔《くさび》を打ち込むこともできるのではないだろうか？

第6章
敵側の言説

勇気が求められる「対話」

前章で、「行動する保守」の男性活動家と女性活動家に亀裂をもたらす楔《くさび》を打ち込むこともできるのではないか？　と書いたが、そのことで即座に「行動する保守」の勢いを削《そ》げるとは思っていない。もちろん、結果的にそうなることを歓迎しないわけではないが、それ以上に、ぼくは「行動する保守」の女性活動家との真摯《しんし》な対話の可能性を探りたかったのであり、鈴木彩加の調査と考察にその端緒を見出したのだ。

「行動する保守」の中心的なテーマである反「男女共同参画社会」、反「慰安婦問題」に関して、男性活動家と女性活動家では、問題意識の差が確かにあることを、鈴木はその果敢な「内偵」によってあぶり出した。

そして、その問題意識の差の根本には、明らかに男性による女性軽視、女性蔑視《べっし》がある。

「慰安婦」の存在そのものが、女性に自らと同等の人権を与えようとしない男の差別意識の結実である。

第4章で参照した『歪《ゆが》む社会』（論創社）で、倉橋耕平《くらはしこうへい》も言っている。

女性の権利主張や自立に対抗するものとして、歴史修正主義（＝男性側）による批判とバックラッシュがある。「つくる会」はまさに「慰安婦」問題を起点に作られているので、完全にジェンダー問題（女性蔑視問題）と関《かか》わっていると言えます。（『歪む社会』88頁）

「関わっている」だけではなく、歴史修正主義と女性差別は、その本質を同じくすると倉橋は言っている。

「差別」というものには歴史性があります。〈中略〉にもかかわらず、「在日特権」のデマに見られるように、ヘイトスピーチは歴史を無視しておこなわれている。「女性差別なんてない」という場合も同じです。つまり、昨今のヘイトスピーチは差別の歴史を否定したうえに成りたっている差別だと言えます。（同80頁）

歴史の捏造《ねつぞう》である。かつてあった事実の否定である。歴史の捏造は、かつてあった事実の否定は、現在の事実をも捻《ね》じ曲げる。

「行動する保守」の女性たちが「慰安婦」への保障に反対するのは、「慰安婦」たちが強制連行された性奴隷であったという事実を否定する言説があり、それを信じた彼女たちが、元「慰安婦」が過剰に経済保障されていると思い込んでいるからである。

その一方で、元「慰安婦」たちは何らかのイデオロギーに資するために騙《だま》されて担ぎ出され、恥を強要されていると信じるからである。

実際には、元「慰安婦」が過剰な経済保障を得ている事実はないし、彼女たちは、誰かのためではなく、何より自身の人間としての尊厳を取り戻すために、世間の蔑視と差別に負けぬ決意で名乗り出ているのである。

その事実を伝えることができれば、「行動する保守」の女性たちの何割かは、あるいはひょっとしたら大部分が、反対側の陣へと移動するのではないだろうか？

そのことに失敗してきた、すなわち彼女たちに「ヘイトスピーチ」を続けさせてきた原因は、反ヘイトスピーチ陣営が、彼女たちが依拠《いきょ》する「事実」を聞こうとはせず、「御《ぎょ》しがたいネトウヨ」のレッテルを貼《は》って批判することに終始したことではなかったか？

相手の主張をはなから偽《にせ》、不正義と決めつけ、その内容を聞こうともせず、それゆえに反論もできず、ただ罵《ののし》り合うだけで、主張の対立する集団双方が同じようにこの隘《あい》路《ろ》に陥っていることが、何よりも事態の改善を阻《はば》んでいるのではないだろうか？

慰安婦を連れてきて恥を撒《ま》き散らさせるのも、それこそ慰安婦の人権を無視して踏みにじっていることになると思います。私たちは女性として、そういう慰安婦の人権を無視する日本人、そして韓国の人たちを許しません。女性として許せないんです。（『女性たちの保守運動』２５３頁）

「行動する保守」の女性のこの言葉は、じつは、「アンチ・ヘイト」派にも、自省を促《うなが》す起点となるかもしれない。「慰安婦」の存在を実証するために、「正義」の名において元「慰安婦」に過重な負担をかけてはいないか？

彼女たちの決断に十二分の敬意を表しているか？　十分な配慮を怠ってはいないか？「敵側」の言説を無視するのではなく、十分に吟味した上で論破することは、「敵側」だけでなく、自分自身も変えていく。思えば、先の「行動する保守」の女性も、元慰安婦のハルモニの証言を聞くことで、変わっていった。「慰安婦」に否定的な感情を持って集会に赴《おもむ》いた彼女は、証言を聞くことで一部共感を覚えたようだったのだ。

それが、「対話」である。相手の話に耳を傾けることによって、自分が変化していく。自分が変化することによって、相手も変わっていく。それらの変化が、双方の関係をまったく別のものへと導くことも、ありうる。

「対話」がディベートと違うのは、まさにこの点である。「対話」にはディベートよりもずっと大きな勇気が必要だ。だからこそ、思いもよらなかった結果は、貴重な果実となる。

広がるアメリカ保守主義の領野

五年前にアメリカ合衆国が「トランプ大統領」を生み出したとき、「リベラル」を奉ずる多くの論者たちは、単に「ありえないこと」とレッテルを貼っただけで、実際に起こった事実に対して、その理由を真剣に追究しなかったのではなかったか？　「自由の国」アメリカが、移民を徹底的に敵視するとんでもない差別主義者、「狂暴」ともいえるナショナリストをそのトップに据えるまでに変節してしまったのか、と嘆くだけで終わってしまっていたのではなかったか？

ぼく自身、強い自省をもって、そのことを認めざるをえない。

井上弘貴《いのうえひろたか》の『アメリカ保守主義の思想史』（青土社）を読むと、アメリカ合衆国では保守主義の思想領野《りょうや》がいかに広がっているかを、ぼくたちはまったく知らなかったのだと思い知らされる。

「世界で生じつつある」のは、「資本主義か社会主義かという二項対立では把握不可能な新しい形式の社会」「経営者革命という新しい社会がもたらされる社会革命である」というジェイムズ・バーナム（『アメリカ保守主義の思想史』67頁）。

「客観的な道徳秩序が存在すると考える伝統主義と、個人の権利をなによりも優先するリバタリアニズムとを融合」させ、そこに反共主義も加えて融合主義（フュージョニズム）を提唱するフランク・Ｓ・マイヤー（同72頁）。

「アメリカは英国にかわる新たな帝国になるために第二次世界大戦を活用し、戦後は世界中に軍隊を駐留させて多くの国々を支配下におさめている。ロシアの脅威などは実際には存在せず、世界の平和にとっての脅威とは、〈中略〉リヴァイアサンたる合衆国である」とする、マレー・ロスバード（同１０４頁）。

「アメリカ保守主義の思想」は、合衆国の歴史を通じて、広い振れ幅をもって展開、持続してきたのだ。

その一方で、「アメリカ保守主義」には、「アメリカ独立革命によって確立された」という出自がしっかりと根を張っている（同24頁）。

だから、「アメリカ保守主義」は、保守的な諸原理と政治的自由の均衡を、建国の父祖たちから特別な遺産として引き継ぐ。「反革命的言論が参照しているものが、実際のところ革命の産物であるというねじれを内包し」ているのだ（同24頁）。

だから、「保守の知識人たちは支配階級とそうした階級にたいする反抗という視点にこだわってきた。この点においても、戦後アメリカの保守主義の主流は、ねじれたかたちながら社会改革思想という側面を色濃く有しており、それはトランプを支持する親トランプの知識人たちにも受け継がれている」（同28頁）のである。

「変質したリベラル」と「本当のリベラル」

今日《こんにち》、アメリカの保守思想が対決し勝利しようとしているのは、ニューレフト（新左翼）とカウンターカルチャー（一九六〇年代の若者による、既存の文化に抵抗する文化）によって変質したニューポリティクス・リベラリズムに対してである。

一九六八年の民主党の大統領候補者ユージン・マッカーシーは、従来の選挙政治を批判し、「草の根の参加に依拠《いきょ》した政治を訴えた」。「反戦の旗印《はたじるし》のもとにアメリカの非道を告発するマッカーシーとその支持者たち」が理想としたこうしたスタイルは「ニューポリティクス」と呼ばれ、それを支持するリベラリズムは「ニューポリティクス・リベラリズム」と言われた（『アメリカ保守主義の思想史』112〜113頁）。

ネオコン第一世代は、「自分たちこそ本当のリベラルであり、この変種からアメリカを守らなければいけない」と考えた（『同』113頁）。「伝統的な価値観を脅かす敵対文化は、ニューレフトとカウンターカルチャーに影響された若者たちのものだけではなく、国家権力を握ろうとしている〈中略〉ニュークラスを動かしている」からだ（同142頁）。

一時期の例外を除いて、「政権党＝保守」「野党＝リベラル」の図式が定着してしまっている日本では、「変質した」リベラルが構成する支配階級に「本当のリベラル」である保守が反抗するという図式は、想像しにくいかもしれない。

しかし、現にそれは起きていることであり、アメリカの（没落した）中間層の多くが、トランプに力を結集したそうした保守勢力を、（国会議事堂に突入するまでに）支持・応援しているのである。

日本では理解し難《がた》いそうした状況は、しかし決して不条理でも不合理でもなく、今日の新自由主義世界においては、むしろ自然であるともいえる。GAFA（Google, Apple, Facebook: Meta, Amazon）らIT長者をはじめとするわずかな数の超富裕層は、決して保守主義者ではない。系譜としては、ニューレフトとカウンターカルチャーに続くと見るほうが正解だろう。かつてに比べて資産が量的に極端に偏《かたよ》っているだけでなく、偏る方向も以前とは随分違ってきているのだ。伝統的な保守思想の持ち主にかつての左派が合流して、政治・経済の支配層に対抗している図は、いびつでも何でもないのである。

二〇一八年十月二十二日、テキサス州ヒューストンでおこなった支持者向け集会で、トランプは、「ちょっと時代遅れになったが、わたしはナショナリストである」と語った。アメリカのマスメディアは、すぐに批判的な意見を出した。ナショナリズムは、ホワイト・ナショナリズムやナチズムを呼び起こし、アメリカ大統領がこの言葉を使うべきではないとされたのだ（同251頁）。

ナショナリズムという言葉には、ぼくたち日本人も身構える。愛国主義、国粋主義、国家主義という日本語訳は、戦前から戦後にかけて絶えることなく続いてきた右翼集団、あるいはそれ以上に右翼的な志向の持ち主とつながりやすく、彼らの暴力を伴った行動が連想されるからだ。

ナショナリズムは決して危険な思想ではないと、トランプの発言を擁護したのが、イスラエルに生まれ、アメリカで高等教育を受け、現在はイスラエルのユダヤ思想研究教育機関の代表を務めるヨラム・ハゾニーである。

ポジティブな意味としてのナショナリズム

ハゾニーは、『ナショナリズムの美徳』（東洋経済新報社）で、人類が用いることのできる最善の政治秩序原理は独立した国民国家であり、各々の国民国家は相互的な精神的きずなという紐帯《ちゅうたい》によって確立されると主張している（同265頁）。

最も小さな人間社会である家族では、親子兄弟が助け合って生きていくのは当たり前のことである。家族の他の構成員の弱体化は即自らの弱体化を意味し、家族全体の危機をもたらすからだ。

結婚と家族は、親や先祖から受け継いだ遺産を別の世代に引き継ぐために築かれる。この遺産には、生命そのものと、おそらくはいくばくかの財産が含まれているが、生き方、信仰や言語、技術や習慣、そして各家庭に固有でほかの家庭にはない理想や価値観の理論なども含まれている。（『ナショナリズムの美徳』１０８頁）

人間集団の範囲を少し広げて、氏族や部族という単位を考えても、同じことがいえる。

氏族や部族、ネイションについてはどうだろうか？　このような集団は、規模こそ大きいが、家族と同じ種類の集団だ。それにヘブライ語では、このような大きな集団は「地上の家族」と呼ばれている。家族と同じように、このような集団の目的は親や先祖から伝えられた遺産、つまり生命や財産だけでなく、生き方や信仰や言語、技術や習慣、理想や独自の理解、他者にはないものなどの遺産を、別の世代に引き継ぐことにある。（同１１２頁）

そうして、シオニスト（ユダヤ民族主義者）であるハゾニーは言う。

部族の統一により国家が設立した例として最も有名なものは古代イスラエルで、国民国

家のモデルとなった。（同102頁）

ユダヤ人たちがモーセに率いられ（神に導かれて）エジプトでの奴隷状態から脱出していく旧約聖書の「出《しゅつ》エジプト記」を国民国家の帝国主義からの独立と読み込んでいくハゾニーの議論を読んでいくと、ナショナリズムのマイナスイメージが、少しずつ削ぎ落とされていく。

思えば、第二次世界大戦後のアジア・アフリカ諸国の独立は、帝国主義による植民地状態からの脱出として、世界から祝福された。そのとき、ナショナリズムは民族自決主義と訳され、今日よりもずっとポジティブなイメージを持っていたのではなかったか？

今日、ハゾニーが称揚《しょうよう》する国民国家に代わって世界を牽引《けんいん》する、国際連合をはじめとした諸国家を統合する連帯組織は、その理念通りに機能しているのだろうか？

もしその答えがNOであるとしたら、それらは、歴史上諸民族の独立を否定し征服・制圧しようとしてきた「帝国」と変わりのないものとなってしまう。

ハゾニーは、ついにイギリスが脱退を決めたEUをはじめとする国家連合を、歴史上現れたさまざまな「帝国」の系譜に収め、指弾しているのである。

帝国の抱く征服の欲求は、人類の救済に関する普遍的理論を通じて、長い間かき立てられてきた。キリスト教、イスラム教、リベラリズム、マルクス主義、ナチズムなどはどれも、近年、帝国建設の原動力として機能した。このすべてに共通しているのは、地球上の各々の家族に救いをもたらす真理がついに発見されたという主張であり、今必要とされているのは、待ち焦がれた救済をもたらすただ１つの教義をすべての人が受け入れることだという主張である。（同２６８〜２６９頁）

敵なくして団結できず？

人類史上「帝国」が奉じてきた「真理」に対して、ぼくたちはおおむね否定的である。その点で、ぼくたちの見解はハゾニーに近い。実際、ぼくたちは、個人と国家がじかに結びつく近代の社会契約論よりも、ハゾニーが描く次のような国家建設プロセスに、よりリアリティを感じるのではないか。

自らの部族やネイションが弱体化していると感じたとき、わたしたちが家族を強くするために行動するように、部族やネイションを強くしようと自ら立ち上がり、全身全霊で行動に移すのだ。利他主義からではなく、部族やネイションを強くすることを、自分自身を強くすることとして経験するので、そのような行動を取るのだ。（同95頁）

個人―家族―氏族―部族―ネイションと、構成員が力をつくす領域が段階的に広がっていくプロセスこそ、理性による個々の指導よりも、ぼくたちは納得しやすいのではないだろうか？

しかし、ここで、決定的な疑問にぶち当たる。なぜその領域拡大のプロセスは、ネイションを超えて進めないのだろうか？

人が力を尽くす対象が、なぜ国民国家を超えて人類全体に広がらないのだろうか？

ハゾニーは繰り返し、言語や宗教、習慣の共有のあるなしを大きな理由にあげているが、プロセスの停止の理由は、もっと別のところにあると思われる。

外部の脅威から集団に属する人々を守ろうとするとき、忠誠心が最も特徴的に表れることに私たちは気づいた。口論していても、夫婦が逆境に直面すると、その後は一致団結して目の前の課題に立ち向かう。同じように、ネイションを構成する部族は、競い合っていても、危険が迫ったときにはともに防衛するために団結する。（同121頁）

ハゾニーは、人々が団結するのは、共通の敵がいて、共通の脅威がある限りにおいてであると言っているのだ。だがそれならば、彼の政治思想は、彼自身が「帝国主義」であるにもかかわらず誤って「ナショナリズム」と認定されたといって指弾する、ナチズムの理論的支柱カール・シュミット（政治学者）の、「政治とは友と敵を確定すること」という「友―敵」

理論と同じ線上にあることになってしまう。

だが、人類全体の福祉を志向する政治理論は外部に敵がいないため成立しないとするハゾニーの見解からは、人類が今日直面している重大な状況の認識が抜け落ちているというしかない。

人類は今、その敵を乗り越えることなしに未来はない、とてつもなく強大な敵と対峙《たいじ》しているのである。

地球上のすべての生物の存続さえも危うくする、人類自らによる環境破壊が、その敵である。

第7章
対峙姿勢

資本主義に挑む

人類は今、その敵を乗り越えることなしに未来はないといえる、とてつもなく強大な敵と対峙《たいじ》している。人類の滅亡どころか、全生命の滅亡までもが危ぶまれる環境破壊がそれである。

しかも、環境破壊の下手人《げしゅにん》は人類にほかならないから、人類は人類自身と敵対していると言える（自分自身という敵は、最後にして最強の敵なのだ）。

「新書大賞２０２１」（中央公論新社）をとった『人新世《ひとしんせい》の「資本論」』（集英社新書）で、斎藤《さいとう》幸平《こうへい》（経済思想家）は、そのとてつもなく強大な敵に立ち向かうには、資本主義を終わらせ、「成長」を止めるしかない、と主張する。

技術の進化に救いを求める加速主義も、エコロジー技術にいまだ経済成長の動因を期待するグリーン・ニューディールも、資本主義の枠内にある限り、環境改善にはつながらない。資本の本性が、産業と労働を手段として利益を得ることによる自己増殖である限り、資源の乱獲は不可避《ふかひ》で、二酸化炭素の削減は不可能だからだ。

異常気象が世界のあちこちを襲い、大規模な山火事の報も届く。このままでは本当に近い将来、人間は地球に住めなくなる。廃棄物投棄や資源略奪などを外部（他国や他地域）に放り投げてきた人間が、今度は地球から放り出されるのだ（放り出されて生きていけるわけではない）。だからもう人びとは、レジ袋が有料になっても文句は言わない。一方、それくらいのことで、危機を乗り越えられるはずもないことにも、みんな気づいている。

だが、フレドリック・ジェイムスン（米国の思想家）の「資本主義の終焉《しゅうえん》を想像することは、人類の終焉を想像するよりも難しい」という言葉が今なお有効に思えるほどに資本の論理に浸食され切ったわれわれは、資本主義に挑む方法をイメージできないでいる。

カール・マルクス最晩年の自然科学研究ノートを読み込んだ斎藤は、「脱成長」あるのみと確信してブレない。それは、二〇一八年度ドイッチャー記念賞（英語で書かれたマルクス関連の新刊が対象で、斎藤の受賞は日本人初）を獲得した博士論文（邦訳は『大洪水の前に』堀之内出版《ほりのうちしゅっぱん》）から、『人新世の「資本論」』で時代の寵児《ちょうじ》となったあとのいくつもの雑誌への寄稿やさまざまな相手との対談を通じて、一貫して変わらない。

そして斎藤は、現状を批判するだけではなく、環境破壊という人類の「内なる敵」と戦う具体的な方法を模索する。

資本主義は、「希少性」をいわば意図的につくり出すことによって開始される。そのことを可能にした「囲い込み」によって破壊された、〈コモン〉（共有地）――むしろ「ラディカルな潤沢《じゅんたく》さ」をたたえていた――を取りもどすことこそ、斎藤の戦略である。「囲い込み」は、資本が利潤を得るために、もともと潤沢にあるものに希少性を持たせるという戦略であり、資本主義が誕生するためにどうしても必要な「暴力」であった。だから、その「暴力」以前、〈コモン〉はそもそも潤沢であったのである。だから、斎藤の選択肢は二つ、「成長」か、「脱成長」＋〈コモン〉奪還かであり、斎藤の選択は、わずかな疑いも逡《しゅん》巡《じゅん》もなく、後者なのである。

〈コモン〉を取りもどすとは、その行く先は「世界革命」かと感じられるほど大がかりな仕かけに思われるかもしれないが、さしあたりは、そうした大目標をはるかかなたに見るのではなく、自分たちの足元を見つめ固めていく作業から始まるだろう。

斎藤は、自動車の街デトロイトでの、市民有志やワーカーズ・コープが中心となった有機農業の実践や、バルセロナの気候非常事態宣言をあげる。そのバルセロナやパリ、ニースといった欧州の諸地域が、水資源を再び公営化していったことを、岸本聡子《きしもとさとこ》（シンクタンク研究員、その後東京都杉並区長）の『水道、再び公営化！――欧州・水の闘いから日本が学ぶこと』（集英社新書）が紹介している。

そのような事例は、世界のあちこちに飛び火している。「脱資本主義」という途方もなく困難で高大《こうだい》に思える目標も、そうした地域の人々の実践の積み重ねでしか到達できないのである。

だから、斎藤が最も大切に思っているのは、マルクスの「理論」や「予言」ではなく、具体的な社会運動なのである。二十一世紀の初期に提唱された「グローカリゼーション」（グローバリゼーションとローカリゼーションを合わせた造語）の実践ともいえる。そのことについても、斎藤幸平はブレない。「ブレない」とは、自らの思想に過剰な自信を持っていることではない。他人の意見に耳を傾けないという姿勢では、まったくない。

さらなる議論を呼ぶ「衝突」

『人新世の「資本論」』に約一年先立って、斎藤は同じ集英社新書で『未来への大分岐――資本主義の終わりか、人間の終焉《しゅうえん》か？』を上梓《じょうし》している。この本は、今世界をリードする重要な知識人三人と斎藤との、実に贅沢《ぜいたく》な対談集である。

最初に登場するのは、〈コモン〉の民主的な共有と管理を求める社会運動の興隆、発展を追い求める、『帝国』（以文社《いぶんしゃ》）、『コモンウェルス』（ＮＨＫブックス）のマイケル・ハート（米国の政治哲学者）。

次に、「『世界』は存在しないが、他のすべては存在する」と主張しながら、同時に「ただし、存在するものがすべて真実であるわけではない」と喝破《かっぱ》し、社会構築主義から「ポスト真実」という今日の潮流に対抗するため、啓蒙《けいもう》やカント的倫理の有効性を唱えるマルクス・ガブリエル（ドイツの哲学者）。

そして最後に、情報技術の発展が「限界費用ゼロ」をもたらし、価値を生み出さなくなることで資本主義は自《おの》ずと終焉すると主張する、『ポストキャピタリズム』（東洋経済新報社）のポール・メイソン（英国の経済ジャーナリスト）。

いずれも、資本主義が暴走する今日の世界的状況を真っ向から批判し、オルタナティブ（今とは別の方向性）を模索する思想家である。彼らに、そして斎藤に共通するのは、現代の危機に真っ向から立ち向かい、あるべき未来を志向・構想しようとする、あきらめることなき姿勢である。当然の結果として、対談は相互の敬意と共感を基盤に進行していく。

ただし、斎藤はそれぞれの言説をただ肯《うべな》うだけではない。ハートのＢＩ（ベーシックインカム）への期待には「貨幣こそ資本主義の根幹的な問題」ではないか、と疑念を表し、ガブリエルの「新実在論」が意に反して相対主義を招来する危険を指摘し、メイソンの「資本主義終焉」のプロセスが情報技術の進化に期待しすぎており、「加速主義」に親和的でさえあるのではないか、と疑問を突きつける。

そうした斎藤の対峙姿勢による各々の主張の「衝突」こそが、さらなる議論を生み出し、「次の段階を考えるヒント」を掘り出していくのだ。斎藤がブレないのは、他の人々の思索《しさく》と自らの思索をぶつけ続けることによって、自らの思索を再検証し、ときに調整して、より強靭《きょうじん》なものへと鍛え上げているからなのである。

民主主義と反民主主義

われわれは本書で、書店における「ヘイト本」の扱いについて検討し始め、言論の自由、そしてそもそも民主主義とは何かを考え続けているのであるが、そんなわれわれが、斎藤に最も学ぶべきは、斎藤のこの姿勢だと思う。

第5章で取り上げた『アンタゴニズムス』の著者山本圭が二〇二一年二月に上梓した『現代民主主義――指導者論から熟議、ポピュリズムまで』（中央公論新社）を読むと、この一世紀の間にも、「民主主義」の定義が、あるいはその重心の置き方がいかに多様性に満ち、大きく変化してきたかがわかる。しかも、その変化は、決して直線的（進化論的）ではない。

二十世紀だけを見ても、マックス・ウェーバーやカール・シュミットの指導者論から、ヨーゼフ・シュンペーターによる競争型エリート主義の民主主義論、一九六〇年代には参加型民主主義が優勢となり、ユルゲン・ハーバーマスの熟議民主主義を経て、エルネスト・ラクラウやシャンタル・ムフの闘技民主主義では、再びシュミットの「友／敵」理論が参照されている。

それぞれの「民主主義」のバリエーションとグラデーションは、さながら「民主主義論の民主主義」の様相を呈していると言える。だとすれば、「民主主義」を再定義してその実現・強化を図るときに最も有効な対話の相手は、「反民主主義」の言説であると言えるかもしれない。

その意味で、佐伯啓思《さえきけいし》（社会思想家）の『反・民主主義論』（新潮新書）は、「民主主義」の対話の相手として、タイトルからしてまさに格好の本である。

佐伯は、デモクラシーは「民主政」と訳すべきだと言う。それは、今われわれが採用している一つの政治制度であり、それ自体に良い悪いはなく、長所もあれば短所もあるからだ。それを民主「主義」と呼んだとたん、何か崇高な理想を含むものとして神聖化されてしまう。そのとき、デモクラシーの重要な意義が失われてしまう、と佐伯は言う。その意義とは、人間はかなりの確率で判断を誤るとみる「人間可謬説《かびゅうせつ》」から出発するということである。

デモクラシーの核となるのは、多様な意思と利害を前提とした意思決定に必要な謙虚さと自己批判能力なのだ。「民主主義こそが正義」と言ってしまったとたん、それは失われる。

政治は数の取り合いだ。選挙という制度は、人びとを均質化し同質化する。だが、一人ひとりの「個人」は、矛盾に引き裂かれ、悩み、承認しつつ抗《あらが》う、という果てしない経験の中で形成される。文学は、政治が決して見ようとしない人間の本質をのぞき込もうとする。まったく異質な営みであるがゆえに、政治と文学は、相補《そうほ》的なのだ。

「正義」を揺り動かす他者

佐伯啓思の反民主主義論は、陰画《いんが》として、民主主義がどうあるべきかを鮮やかに映し出しているといえる。

佐伯の論理をたどっていくと、「反・民主主義」こそが「民主主義」である、とさえ思われてくる。それは、「正義」をつねに徹底的に疑う姿勢だ。誰しも、ことに政治に関《かか》わっている者、政治に関心を持っている者には、発言や行動の規範がある。だから、一人で「正義」を疑うのは困難だ。だからこそ、他者が必要なのだ。それも、自らの「正義」を揺り動かす他者が。

「正義」を疑うためには、そうした他者が多いほどよい。それが「デモクラシー」（「デモス＝群衆」の支配）の優位を支えるのである。逆に、デモクラシーが民主「主義」となってしまい、その「主義」から遠いもの、少しでも外《はず》れたものを認めないようになれば、それはもはやデモクラシーではない。知らずしらずのうちに、デモクラシーとは真逆な「全体主義」に変質してしまっている。

ヴァイマール民主政下にナチズムが生まれその隆盛を見たことを引き合いに出し、デモクラシーの脆弱《ぜいじゃく》さ、その反転可能性を批判する人がいるが、そもそも全体主義とは、デモクラシー自体が「主義」と化すことによって、自らの「正義」しか認めなくなった姿そのものなのである。
「主義」と化し、他者の意見を尊重しなくなったときにデモクラシーは、定義上デモクラシーではなくなる。すべての「全体主義」はその空隙《くうげき》に入り込み、肥大成長していくのである。

現代の民主主義は、おおむね議会制民主主義の形態をとっている。議会制民主主義の最後の意思決定は、多数決である。だが、多数決原理は、多数が「正義」であることも、少数意見を無視・排除してよいということも、決して意味してはいない。ハンス・ケルゼンが、「多数者」の権利は「少数者」の存在権を前提にしていると言った（『民主主義の本質と価値』岩波文庫、73頁）ことは、すでに第5章で紹介したが、ケルゼンは続けて次のようにも言っている。

> 社会的現実を直視する考察にとって、多数決原理の意義は、数字上の多数者の意志が勝利することではなくて、多数決原理という思想が受け容れられ、このイデオロギーの実効的支配の下で、社会共同体を形成する諸個人が、基本的に二集団に分類されるところにある。（同76頁）

そもそも概念上、多数派というものは、少数派にはあり得ないはずであるから。少数派には、まさしくこの脱退可能性が、多数者の決定に影響を与える手段となる。これは議会制民主主義に特に当てはまることである。なぜなら、議会制手続というものは、主張と反主張、議論と反論の弁証法的・対論的技術から成り立っており、それによって妥協をもたらすことを目標としているからである。（同77頁）

議会は議論の場、対話の場であり、「意見が全員一致」では成立しない。数の多寡《たか》とは関係なく、すべての意見が尊重されなければならない。賛成するものが多数であることが、その意見の価値を定めるものではない。そして、それぞれの意見は、対話の中で変化していくことができる。

書店現場の実態

今日の「民主主義論」の中でも、議会制＝代表制の限界が問われることは多いが、それ以前に議会が本来の働きをしているかどうかを検証することが必要であろう。その本来の働きとは、多くの議論がぶつかり合い、影響し合い、相互に醸成し合い、そのことによって当初の対立軸とは違うレベルでの決定をなすことである。

そのときに大切なのは、多数であることが「正義」を担保するのではない、ということだ。一方、「逆もまた真なり」で、少数であることが「正義」を担保するわけでもない。それは当たり前ではないかと言われるかもしれないが、少数であることが「正義」であるという信念を持つ人は結構多い。

『NOヘイト!』フェアに『大嫌韓時代』を置いたことについて（第2章）、「物事がわかっている自分たちは大丈夫だが、そうした本はちゃんと理解していない人たちを誤らせるかもしれない」と批判した「左」の人たちも、そうだと言える。

ぼくは、彼らに選民意識を感じると書いたが、選民意識を持つ人たちはたいてい自らが少数派と思っている（が、「正義」は自らにあるとも思っている）。

少数派でありながら多数派を自任している人も多いかもしれない。その人たちは、「東アジアの近隣諸国に悪感情を持つなんて、とんでもない一握りの人間だろう」と考えている。だが、『WiLL《ウィル》』や『月刊Hanada《ハナダ》』は、『世界』よりもずっと販売部数が多い。百田《ひゃくた》尚樹《なおき》やケント・ギルバートは、ベストセラーを何冊も出している。それが、書店現場の実態である。

多数派、少数派のどちらにも必要なのは、対立する「敵」の軽視、無視ではなく、「敵」の主張を知り、吟味した上での議論、対話なのである。

第８章
書店の棚と民主主義

棚が有する「緊張関係」

山本圭の『現代民主主義』を読んで、「民主主義」そのものがいかに多様であるかを、そしてときに対極的とさえいえそうな対を含んでいることを教えられた。

ハンス・ケルゼンは、多数派による少数派の尊重こそが民主主義の要諦だと主張していた。デモクラシーは、民主「主義」と訳された途端、その重要な意義を失ってしまうという佐伯啓思の主張にも納得する（第７章）。

「民主主義」とは、政治のしくみや方向性ではなく、ましてゴールや目標ではなく、個々の成員の意見をまずは尊重するという、議論の前提なのではないだろうか？

ぼくが二〇一六年に『書店と民主主義――言論のアリーナのために』（人文書院）を上梓《じょうし》したとき、「書店が民主主義である」というコピーを思いついたのも、そうした「民主主義」

観が土台となってのことかもしれない。

「書店は民主主義的である」ないし「書店は民主主義的であるべきである」としなかったのは、「的」をつけると「民主主義」が実体化し、無謬《むびゅう》の「正義」と化し、ゴール・目標となって、敵対者や夾雑物《きょうざつぶつ》を拒否または無視してしまうからである。

そうした排外的な「民主主義」を、デモクラシーの訳語として選んだならば、「デモクラシーとは、本質的に、他者を貶《おとし》め、自己主張を繰り返し、自己の権利を大声で叫ぶ、体《てい》のいい、しかし『品の悪い権力闘争』だと理解すべきなのかもしれません」(『反・民主主義論』158頁)という佐伯啓思の批判・揶揄《やゆ》に、とても反論することはできない。

「書店が民主主義である」と宣言し、民主主義を「個々の成員の意見をまずは尊重する」ことと定義したとき、さしあたりいかなる本の排除もありえないだろう。

その際、議会であれば、出された法案に対して、質問や反対意見が寄せられ、それに対してさらに再反論がなされるであろう。だが、書店という舞台ではどうか?

本を相手に、対話や議論をすることができるのか?

できる。大澤《おおさわ》真幸《まさち》(社会学者)は、次のように言っている。

人は、思考の化学反応を促進する触媒《しょくばい》を必要とする。そのような触媒の中で最も重要なものは、もちろん、他人たち、相談相手になってくれたり、議論に応じてくれたり、ときにはだまって話を聞いてくれるさまざまな他者たちである。その次に重要な触媒は、まちがいなく書物だ。（大澤真幸『考えるということ――知的創造の方法』河出文庫、４頁）

ならば、書店という場は、人が考えることのできる、格好の場であり、人を考えることに連れていく、絶好の始発駅といえるのではないだろうか？

対話や議論は、勧誘・伝道や同調・妄信では決してないから、「考える場」は、すぐに腑《ふ》に落ちる本ばかりではないほうがいい。否《いな》、そうであってはならない、議論が生まれないから。

おそらくは、議論が対立しているときのほうが、人は考える。だから、考えるためには、書店に並べられた本は、大いに賛同できる本、少しばかり疑問を感じる本から、にわかには信じられない本、さらには、絶対に受け入れられない本まで、多様であるほどよいといえるのではないだろうか？

そのとき、本同士も、大いに対立し、対決姿勢にある。そんな緊張関係を持った棚が、魅力的な書店の棚ではないか、と思うのだ。

「売れるか、売れないか」という関門

書店の風景を多様な本で埋める、書店空間に本の多様性（ダイバーシティ）を実現するの

は、それほど難しいことではないはずだ。

新しい本は、それまでの本と違った考えを表明するために、あるいは違った世界を提示するために生まれてくる。一緒に並んだ本たちと、つねに対立するわけではないけれど、必ずグラデーションを形成する。要は、排除しなければよいのである。

まずは、本を最初に市場に迎える書店員たちが、関門になる。今、多くの書店員に思想信条におけるバイアスはなく、新刊を内容面で切り分けることは、ほとんどないであろう（それは、それで寂しいことではあるが）。

本書のテーマとしている「ヘイト本」などもやすやすと通過する。（一緒にしたら彼らは怒るだろうが、間違いなく思想傾向としては「ヘイト本」に近い）百田尚樹やケント・ギルバートの本はしばしば、シード選手並みにゆうゆう通過だろう。売れることが、売り場に出る前からすでに期待できるからだ。

関門を乗り越えられない要因は、著者の無名性、テーマの専門性、高価格などである。これらは、書店員の「売れるか、売れないか」の判断基準であり、つまりは、書店店頭に並べられるかどうかの分かれ目となる。「売れたか、売れなかったか」は結果であるから、この判断の実態は、書店員が「売れそうに思うか、そうでないか」である。

ところが、その「売れそうに思うか、そうでないか」の判断の根拠は、これまで売れた本についての書店員の経験にある。だが、読者は、同じような本を続けて読みたいとは思わないことを考えると、その根拠の有効性は疑わしい。読者が期待する新しい本は、これまでのどの本とも違うべきなのである。[*1]

すなわち、書店員の経験による判断は、原理的に縮小再生産に向かうものとして、差し控えられるべきなのだ。だからぼくは、『こんな本、売れない』などということは、決して安易に言うな」と言い続けてきた。

それは、ぼくが、ジュンク堂書店に入社して以来、店長になるまでの約十五年間、人文書担当一筋であったからかもしれない。人文書の世界では、それまでの価値観をドラスティックに変化させる本が、画期の本となってきたからだ。[*2]

＊1―実は、例外がある。それも大きな例外が。好きになった著者の本を読み続けるファンである。彼ら彼女らは、一度引き込まれた世界が変化することを喜ばない。「村上春樹《むらかみはるき》のファンが村上春樹を読み続けるのは、村上春樹がいつも同じことを書いているので安心して読むことができるからです」という内田樹《うちだたつる》（フランス文学者、思想家）の言葉に、納得したことがある。

＊2―人文書の棚の風景をドラスティックに書き換える「画期の本」として、ぼくは浅田彰《あさだあきら》（批評家）の『構造と力』（一九八三年、勁草《けいそう》書房）、エドワード・W・サイード（米国の文学批評家）の『オリエンタリズム（上・下）』（一九九三年、平凡社）、ネグリ＝ハート『帝国』（二〇〇三年、以文社）を挙げてきた。今なら、デヴィッド・グレーバー（米国の人類学者）の『ブルシット・ジョブ』（二〇二〇年、岩波書店）を加えてもいいかもしれない。

そうした本は、それまで出たことのない本であり、それゆえ売れたこともなく、売れたという記憶を書店員に植えつけることができようもない本なのだ。

「異質な本」で棚が輝く

そもそも人文書というジャンルは、多様性に富み、というより一括《ひとくく》りにする定義もなく、文学ではない、社会科学書ではない、自然科学書ではない……他のどこにも属することができない、いわば他ジャンル全体の結びの補集合とでも表現せざるをえないジャンルである。

ぼくも人文書担当者として、他ジャンル担当者が「これはウチの本じゃない」と言って持ってくる本を引き受け、何とか棚に埋め込んできたが、その言葉を聞くたびに、「ウチ／ソト」という発想が気になった。線引き、排除の図式だからである。

ぼくは、よほどの違和感がない限り、その本を引き取った。そうして、その「異質」な本を棚に入れると、必然的に棚に変化が生まれ、本同士の関係にダイナミズムをもたらし、棚全体が輝き始めたりもした。

そうした人文書の、そのような担当者としてぼくの書店員人生が出発したことが、本や書店に対するぼくの考え方に大きく影響したことに間違いはないと思う。

就職してすぐに、先輩からこんなことを言われた。

「本屋に入った新人は、まず新刊を買いあさる。そのあと、全集ものを買うようになる」

最初は半信半疑だったが、入社してしばらく経《た》ったころ、確かに新刊を追いかけている自分を発見し、先輩のこの言葉を思い出した。

正月休み（と呼べるものが当時のぼくにはあった。店が入居していたビルが、三が日休みだったのだ）に読もうと思って、それまでほとんど関心もなかった新宗教や精神世界の本も買ってみたりした。レジにいて、何人ものお客様が買っていくのを見ていて、読んでみたいという気になったのだ。

興味本位でのぞいてみた世界に強く引かれるようなものはなかったけれど、この世の中にはさまざまな本があり、本の中にはさまざまな世界があることを知ることはできた。とはいっても、それは広大な本の世界の、ごくごく一部だ。実際に読める本の数は知れている。

われわれ書店員は、読みもしない内容について、ときに想像もつかない本たちを日々扱い、販売している。一冊の本の描く世界が豊穣《ほうじょう》なら、それらが所狭《ところせま》しと並ぶ書棚には無限の世界が開かれている。その書棚が何列も、そして何連も集積している書店空間には、無限の世界がある。

あるとき、自分が担当する人文書の棚を見上げながら、「なぜ、先輩たちは、頭が変にならないのだろうか？」と真剣に思った。おそらく、変になりかけていたのは、ぼくのほうだった。

本の多様性を意識するようになったのは、ぼくが人文書の担当者だったからだろう。

すぐには読者を見つけられない本

ゲオルク・ヴィルヘルム・フリードリヒ・ヘーゲル（ドイツの哲学者）が『精神現象学』（作品社）で描く「意識の経験」のプロセスのように、思想や信仰があれば必ず批判や別の信仰がある。

一つの例であるが、信者を刺激しないように、『人間革命』（聖教新聞社）を中心とした創価学会系の本のコーナーには、学会批判の本は置かないという不文律もあった。ぼくは、その不文律を、涼しい顔をして破っていた。宗教のコーナーをつくれば、キリスト教とイスラム教が隣り合うことになるだろうし、ソリの合わない仏教宗派同士が並ぶこともある。新宗教、新々宗教は分派・独立の連続であり、棚をつくる側としては系譜がわかるような構成にしたいが、根が同じであればあるほど近親憎悪も激しいかもしれない。

こうしたことは、宗教に限らない。哲学、政治思想、経済思想、社会思想から歴史観にいたるまで、もし本に口があれば書店店頭は罵倒《ばとう》による喧噪《けんそう》の場になるかもしれず、もし本に手があればつかみ合いの修羅場《しゅらば》と化すかもしれない。

だが、本には手足もなければ、口もない。読者の手に取られなければ、その主張は一言も伝わらない。そこに肉体的な暴力や強制はないから、長い期間、本は読者を待つことができる。書店は民主主義なのだ。

すぐには読者を見つけられない本もあるだろう。そうした本は、売上実績（＝不稼動実績）に担当者の嗜好《しこう》が若干加味された月日を経て、返品されてしまう本たちである。それはわかりやすい、よく知られた（誤解された）「民主主義」のあり方（＝多数決）であるかもしれない。しかし、繰り返し述べてきたように、「民主主義」＝「多数決」ではない。少数意見の尊重も、「民主主義」の重要な属性である。

「すぐには読者を見つけられない本」は、「読者がすぐには見つけられない本」でもある。並んでいる書店が少ないからである。その本を欲しかった、あるいは手にとってみたかった読者は、苦労した挙げ句にその本を見つけた書店を、必ず贔屓《ひいき》にする。

そして、本は「一人で」生まれてくることは、まずない。必ず参考にした本、参照すべき本、その本につながる本が存在する。読者が欲していた本が、そうした他の本たちとともに並んでいたとき、すなわちふさわしい風景の中で異彩を放っていたとき、その読者は、必ずその書店の常連客となるだろう。

そうした風景は、その書店の担当者の知識、志向の生み出すものである。そうした書棚を見れば、「あっ、ここには、このジャンルに詳しい担当者がいるな」と、すぐにわかる。「すぐには読者を見つけられない本」を探し続けてついに出会った読者は、早晩その担当者と親しく語り合う関係になるだろう。

担当者の志向とは、その本への知識や愛着であるとは限らない。他の書店のほとんどが棚から外した本で、別に好きでもなく、さして売れているわけでもない本を置くとき、そこには何らかの志向、その担当者独特の志向がある。

ぼくの場合、その典型的な例は、一九九五年段階でのオウム出版の刊行物だった。

書店人の責任

一九九五年に多くの死傷者を出した「地下鉄サリン事件」を起こし、幹部のほとんどが逮捕されて事実上崩壊したオウム真理教は、出版部としてオウム出版を持っていて、事件に先立つ数年間、ぼくらも大いに販売した。教団が印刷施設を持って以降は、ものすごい新刊発行ペースだった。

新々宗教の布教戦略の一つとして、信者に特定の書店で買うことを指示するといったものがある。その書店のベストセラーランキングの上位に入れば、一般読者の目を引き、本を手に取り、教理に関心を持ってもらえるかもしれない。あらかじめ計画された部数を、信者が実際に店頭で買っていくのだから、書店にとってもおいしい話だ。

ぼくは、「地下鉄サリン事件」の犯人がオウムであることが発覚した後も、おそらく結果的に、教団とは何の利害関係も理解関係もない者としては、一番最後までオウム出版の本を販売し続けた現場担当者だった。だがそれは、今いった「おいしい」売上のためではない。第一、事件後教団が崩壊したあとで、そのようなシステムが存続しているわけがない。

また、ぼくはオウム真理教信者ではなく、あったこともない。シンパシーもまったくない。「地下鉄サリン事件」への怒りは、人後《じんご》に落ちないといえる自信すらあった。一つの理由は、あの事件が、ぼくの故郷であり、親族も住んでいた神戸を襲った大震災への注目度を間違いなく低めたからである。

事件に注目する人たちが多く買ってくれるだろうという目算を持って、ということでもなかった。そうした人たちは、事件の真相や教団の正体を暴きバッシングする本は買ってくれるだろうが、仏教教理を解説したり、修行者のアクロバティックなパフォーマンスを紹介したり、麻原彰晃《あさはらしょうこう》（オウム真理教教祖）を崇《あが》める本を買うはずはない。

では、なぜぼくは、ほとんどの書店が棚から外したオウム出版の本を棚に置き続けたのか？　当時から、「理論武装」の必要は感じていた。他人と違うことをした場合、この国では必ずバッシングの対象となる。社内からの批判もあるかもしれない。たまたま機会があって、ぼくはその理由を列記した文書を作成した。[*3]

＊3―文書作成の詳しい経緯は、『希望の書店論』（人文書院）のⅤ―9（189〜199頁）に書いたので、参照いただければ幸いです。

1　「地下鉄サリン事件」がオウム真理教の犯行であることが明るみに出て、もはや「書籍にだまされて」入信する人はいないと考えてよいだろう。だから今こそ、オウム出版の本は無害になったといえる。むしろ、「未だ事件を起こしていない」他の教団の発行する本の方が「危険」であるかもしれないのに、それらの本は、「事件が発生」するまで販売され続ける。そちらの方が問題ではないか？（当時無自覚に販売されていたある教団の本が、トップの逮捕によって慌てて書店の店頭から外されたということが、実際にすぐあとに起こっている）

2　オウム真理教の起こした前代未聞の凄惨《せいさん》な事件の原因や社会背景、あるいは犯人たちの目的について、識者と呼ばれる人々、学会、ジャーナリズムは調査、コメントする、少なくとも考える責任があると考える。その原資料として、オウム出版の本を入手できる場を設けることは、書店人の責任と思う（現に、京都大学のある社会学の研究室から、入手しうるオウム出版の本をすべて購入したいという依頼を受け、在庫していたものを全点お届けしたことがあった）。

3　「地下鉄サリン事件」以後、捜査関係者だけでなく、すべてのマスコミがオウム真理教を強く敵視、極悪視し、その結果、多くの自治体で入居を拒否された信者（事件と無関係な人々を多く含めて）は、まったくの閉塞《へいそく》状況に陥っている。彼らの反論の場は、もはやオウム出版の出版物しかない。事件後、新たな本の刊行はほぼ不可能になったとしても、かつての出版物がすべて市場から排除されることによる閉塞感、無力感、絶望感が、本来「事件」を起こすほど過激ではなかった信者たちを必要以上に追いつめることは避けるべきだ。まず勝ち目のない状況においてもなお主張、表現を保証されること、それが「出版の自由」であり、その価値ではないのか。

あれから早《は》や四半世紀が過ぎたが、この文書に書き直す箇所はない。

Ⅲ
その本はなぜ、多くの人を惹きつけるのだろうか

第9章
書店を襲う「非日常」

『悪魔の詩』をめぐって

多くの書店が書棚から外《はず》して返品した本をあえて書棚に残し、ときに「理論武装」して販売したというケースは、四十年にわたる書店人生の中で、それほど多くはないけれど、何回かある。

前章に書いたオウム出版の場合には、想定したのは批判や顰蹙《ひんしゅく》までであったが、ぼくの書店員人生で初めて「置く、置かない」の決断を迫られた本は、――そのときおそらく日本全国の書店員も同様であったと思うが――暴力的な攻撃さえ覚悟させた。その本とは、サルマン・ラシュディ（英国の作家）の『悪魔の詩《うた》』上・下（新泉社《しんせんしゃ》）である。

一九九一年七月のある日、ジュンク堂書店京都店で勤務していたぼくは、京都店に異動する前に所属していた神戸の店の後輩スタッフから、一本の電話を受けた。

「福嶋さん……」

「……？」

「あの本」が、『悪魔の詩』だった。彼女は、翻訳者五十嵐一《いがらしひとし》が勤務する筑波大学構内で殺害されたとのニュースを知り、慌てて電話してきたのだ。

「並べといても、いいんでしょうか、あの本。すぐに棚から外すべきでしょうか？」

サルマン・ラシュディの『悪魔の詩』は、イスラム教の祖ムハンマドに材を取った小説で、イギリスでは大きな評価を得るも、イスラム世界ではその内容が冒瀆《ぼうとく》的だとの批判が噴出し、一九八九年二月、当時イスラム世界で大きな影響力を持っていたホメイニ師（イランの宗教指導者）によって、ラシュディならびに出版に関《かか》わった者への死刑宣告がなされた。

ホメイニ師はその年（一九八九年）の六月に死去するが、発した本人しか撤回できないファトワー（イスラム法の解釈）である死刑判決は、その後も有効であると宣言された。その直後に、五十嵐氏は殺されたのである。

事件とイスラムとの関係は慎重に扱われたが、その後イタリアやノルウェーでも訳者が襲われ、一九九三年にはトルコの翻訳者集会で三十七人が死亡するという事件も起こっている。

「棚から外す」行為に必要な絶対的確信

彼女の危惧《きぐ》は、当然だった。書店が、「出版に関わった者」のどのあたりに位置するかは微妙な問題だが、店頭で派手に並べて販売することは、イスラム原理主義者を大いに刺激する所業《しょぎょう》かもしれない。だが、ぼくは、「棚から外したほうがいい」とは、考えなかった。

「話題書コーナーで派手に展示しなければいいのではないか？　本来の外国文学の棚で、普通に売っていれば、うちが最初に狙《ねら》われることもないだろう。もし、紀伊國屋《きのくにや》さんが襲われたら、改めて考えたらいいのでは？」

当時、ジュンク堂書店は、神戸発の大型店で専門書も大事に売ることで出版関係、一部読者からは注目されていたものの、まだ全国展開していたわけでもなく、店舗も兵庫県と京都市にしかなかった。まず狙われるとしたら、もっとメジャーな書店だろうと判断したのだ。

今振り返れば、無責任な回答だった。

「うちが最初に狙われることもない」には、何の根拠もない。リスク回避を第一に考えるなら、『悪魔の詩』を書棚から外すのが、妥当だっただろう。確か紀伊國屋さんも、書棚から外して、問い合わせた客にのみ販売するようになったと記憶している。

だが、ぼくたちは、派手に展開したわけではないが、書棚から外すことは選ばなかった。事件が起こって話題になるのは間違いないから、売れる本は売れるだけ売れればいい、と思ったわけではない。「書棚から外す」という行為に、書店員として大きな違和感を持ったからだ。

その理由を明確に説明するだけの思考は経ていなかったので、直感的な違和感と言うべきだろうが、「ある本を外す」という選択肢は、書店員として最後のものであり、十分な理由を必要とするものに思えたのだ。

つまり、「本を外す」とは、例えば「どちらが安全か？」というような比較計量とは違う何か、絶対的な確信を必要とする行為と感じていたのだと思う。だがそのときには、漠然と抱いたその思いを明確に言語化する作業には至らなかった。

オウム出版の本の販売時のような、「理論武装」には至らなかったわけだ。結果的に、『悪魔の詩』に関して、書店現場ではとくに大きな事件は起こらなかった。

『イスラム・ヘイトか、風刺か』をめぐって

約四半世紀後、書店は再びイスラム関係で、「本を外す」かどうかの決断を迫られる。

二〇一五年一月七日十一時三十分、フランス・パリ十一区の週刊風刺新聞「シャルリー・エブド」の本社にイスラム過激派テロリストが乱入し、編集長、風刺漫画家、コラムニスト、警察官ら合わせて十二人を殺害した。

「シャルリー・エブド」は、二〇〇一年九月十一日のアメリカ同時多発テロ事件以来、世界各地で発生したテロ事件を批判し、ムハンマドの画を含む風刺画を掲載、とくに二〇〇六年にデンマークの日刊紙「ユランズ・ポステン」に掲載されたムハンマドの風刺画を転載して以降、イスラム教徒の反発を招くようになっていた。

言論に対する暴力行為を批判する声は、フランス国内はもちろん、ヨーロッパ諸国を中心に世界中で湧《わ》き上がり、日本でも二月には、第三書館から『イスラム・ヘイトか、風刺か――ARE you CHARLIE ?』（第三書館《だいさんしょかん》編集部編）が刊行される。

『イスラム・ヘイトか、風刺か』には、「シャルリー・エブド」に載った風刺マンガが、一部ボカシを入れながら、数多く転載されていた。そのため、イスラム過激派の報復を恐れて、在庫を入れなかったり、店頭には並べなかった書店も多かった。

当初、社内外からの明確な規制があったわけではなく、丸善ジュンク堂書店でも各店判断であったので、ぼくらの店（ジュンク堂書店難波《なんば》店）では、新刊到着と同時に、店に出した。ぼくたちの仕事の第一は、やってきた本を店の書棚に並べることであり、それらの本の評価や批判をすることではない。

ある本を店頭に置くか置かないかの選択は、個々の書店の判断による。その本の内容と、店長や書店スタッフの信条、その書店の規模や立地条件、客層などをつき合わせて答えを出せばよい。

ところが、このときは、珍しく横槍《よこやり》が入った。取次《とりつぎ》の大阪屋から要請があったので『イスラム・ヘイトか、風刺か』を返品せよ、とのメールが営業本部から送信されてきたのだ。

ぼくはすぐに「刊行出版社からの連絡や司法関係からの指示もなしに、取次が商品の返品要請をするなど、聞いたことがない。憲法第二十一条をご存知？　と問いたい」と返信し、第三書館に追加出荷を依頼する注文書を送った。取次からの返品依頼に素直に従う書店も多いだろうと思ったからだ。本は、どこかで買えなければならない。

その後、取次や営業本部から、指示や「指導」は、なかった。

もちろん、そのときも、危険がまったくなかったわけではない。現に、「シャルリー・エブド」は襲撃され、十二人もが殺害されている。だが、『イスラム・ヘイトか、風刺か』は、『悪魔の詩』とは違う。ムハンマドを中傷したり、イスラム教徒を誹謗《ひぼう》する本ではない。刊行後、ぼくはすぐに読んだからそのことをよく知っていた。

薄い本だから、拡販しようとする人も、書店の店頭での販売に反対する人も、ちゃんと読んでみればよいのに、と思った。もしも、書店現場に返品を指示した人たちが読みもせずにそうしたのなら、それこそ職務怠慢、というより本への「冒瀆」である。

『イスラム・ヘイトか、風刺か』は、「シャルリー・エブド」ならびに事件後パリで展開されたデモに参加した人たちが「出版の自由」を金科玉条《きんかぎょくじょう》とする姿勢に反論し、「シャルリー・エブド」をイスラム教に対する「ヘイト本」（実は攻撃の手はイスラムだけではなく、キリスト教にも伸びている）として批判している、あえて言えば「イスラム寄り」の本なのである。

報復を恐れて外したら

繰り返すが、ある本を店頭に置くか置かないかの選択は、個々の書店の判断による。この本を置かなかった書店の店長や担当者の判断をとやかくいう気はまったくない。「万が一」でも避けたい気持ちは、よくわかる。東京駅の真ん前の書店で、「テロ事件」が起こったりしては、大変である。

東京・池袋の店では、イスラム教徒の人々が店長を訪れ、『イスラム・ヘイトか、風刺か』に転載された「シャルリー・エブド」の風刺マンガがいかに自分たちの信仰を侮辱《ぶじょく》し、心を傷つけるかを切々と語ったらしい。それを聞いた店長は、テロの危険うんぬんよりも、イスラム教徒の人たちの心情を察して、店頭には並べなかったと聞いている。それも一つの判断であり、批判したり横槍を入れたりするつもりはない。

だが、おそらくぼくなら違った対応をしただろう。もしも自店をイスラム教徒の人たちが訪れ、同じように訴えたら、ぼくは次のように返そうと思った。

「私も読みましたが、確かに転載された風刺マンガは酷《ひど》い。イスラムの信仰者の方々の怒りは、わかります。しかし、『イスラム・ヘイトか、風刺か』は、明らかに『シャルリー・エブド』を批判しています。その主張の方向は、あなたたちと同じです。

それに、フランスでの事件を知った本屋が報復を恐れてこの本を置くのをやめるということは、日本にいらっしゃるイスラム教徒の方々を、『シャルリー・エブド』を襲撃し十二人もの命を奪った過激派と同一視することになりませんか?

私はイスラム教徒ではありませんし、研究したり勉強したりしたわけでもない。『コーラン』だって一度も読んだことはなく、イスラム教を理解しているとは、到底言えません。しかし、世界人口の四分の一が信仰しているイスラム教が、平気で人を殺《あや》める教理を含んでいるとは思えません。

せっかくお越しいただいたのですから、こちらからお尋ねしたいと思います。イスラム教とは、気に入らない出版物を出した奴《やつ》らは殺してしまえ、というような教えなのでしょうか？　あなた方は、そのような教えを信じていらっしゃるのでしょうか？

多くの日本人は、イスラム教についてほとんど、あるいはまったく知識がありません。〈9・11〉や今回の『シャルリー・エブド襲撃事件』を通じて、また『イスラム国』についての知識から、『イスラムは怖い』という感覚的な印象だけを持っています。

今日本全国の書店がイスラム教徒の報復を恐れて、この本を棚から外したら、やはり『イスラムは怖い』んだという風評が、さらに強固なものとなって広がってしまうのではありませんか？」

その問いを発する機会はなかった。そして、『イスラム・ヘイトか、風刺か』を店頭で販売し続けたぼくらの店が襲撃されることも、なかった。

知ろうとする人が訪れる場

ぼくが生まれ育った神戸市には、日本で初めて建てられたイスラム教寺院、神戸ムスリムモスク（Kobe Muslim Mosque）がある。もともと神戸は、港湾都市、国際都市として、外国人と出会うことが珍しくはない土地だ。ヒジャブを着けたイスラムの女性たちも、しばしば目にしていた。何がきっかけだったのか、いきなりイスラム教徒となって一日五回の礼拝を欠かさなかった高校時代の友人もいた。

二〇〇九年に開店したジュンク堂書店難波店の店長に着任したぼくが、書店を襲った「非日常」にさして動揺しなかったのは、生まれ育った環境と経験のおかげだったかもしれない。

「店の隅のところで、布を敷いて礼拝のようなことをしている女性がいます！」

慌てた、ひょっとしたらかすかな恐怖も混じった表情で、ぼくに報告してきたスタッフがいた。二十七年余の書店経験を持っていたぼくにとっても、初めてのことだった。

流石《さすが》に驚きはしたが、すぐに「そういうこともあるかもしれない」と思えたのは、聖書、仏典、コーランをはじめ、さまざまな宗教書を扱う人文書担当が長かったからかもしれない。

一日五回の礼拝を欠かさなかった高校時代の友人の存在も大きかったか？

『劇場としての書店』（新評論《しんひょうろん》）などという本も書いて、書店を非日常の空間にすることへの志向が強い、変わった書店員であったぼくは、いささかの歓《よろこ》びさえ感じながら、現場に向かった。

いでたちと礼拝の様子から、それがイスラム教徒の女性であることは、すぐにわかった。

「礼拝が終わるまで待とう。そのあと、話をする」と、ぼくは報告者に告げた。

まもなく礼拝を終えた女性が立ち上がった。すぐに、ぼくは声をかけた。

「いらっしゃいませ。店長の福嶋と申します。私は、イスラム教徒ではありませんし、とくに信仰している宗教もありません。が、宗教に対する興味と、信仰を持つ人たちへの敬意は持っています。ですから、ここで礼拝をされていたお客様を、非難するつもりはまったくありません。むしろ戒律を守る姿勢を尊敬します。

ただ、日本では、書店を含めて商店の中で礼拝をするというのは、一般的ではありません。来店されている他の人たちも奇異の目を注ぐでしょう。だから、これは店長からのお願いとして聞いていただきたいのですが、以後、店内で礼拝することは、差し控えていただけませんでしょうか？」

女性は、少しばかり残念そうな、怪訝《けげん》な表情は走らせたが、ぼくのお願いに抗することなく店を出た。

他者を知ることが大事だと思う。少なくとも、知ろうとすることが。他者を知ることを助けてくれるのが本であり、書店は知ろうとする人が訪れる場所でありたいと思う。

『それでも、私は憎まない』と『「イスラム国」よ』

ぼくがイスラム教徒との架空の対話の中で「イスラム教は決してテロの宗教ではないはずだ」と語ったり、店頭で礼拝を始めたイスラムの人に落ち着いて接することができたのは、本を通じていくらかはイスラムの宗教や社会についての知識を持っていたからだ。

「たとえイスラエル人全員に復讐《ふくしゅう》できたとして、それで娘たちは帰ってくるのだろうか？憎しみは病だ。それは治癒と平和を妨げる」

「わたしが言えることはこれだけだ——死ぬのはわたしの娘たちで最後にしてほしい。この悲劇が世界の目を見開かせてほしい」

イスラエル軍の砲撃によって三人の娘と姪《めい》を一瞬にして殺されたパレスチナ人医師イゼルディン・アブエライシュのことばである（いずれも『それでも、私は憎まない——あるガザの医師が払った平和への代償』イゼルディン・アブエライシュ、亜紀書房。263頁、307頁）。

アブエライシュは、パレスチナ人の難民キャンプに住みながら、エルサレムの病院で医師として勤めている。砲撃に娘たちを奪われながら、イスラエル人への憎しみを封印し、ひたすら治療に務め、平和を希求する。

アブエライシュの存在を知り、その言葉を読んだとき、ぼくは、宗教的・民族的対立という大雑把《おおざっぱ》な図式の中で、イスラムの人たちを見るのをやめようと思った。

この本をぼくに紹介してくれたのは、アメリカ軍の侵攻・空爆後のイラクをはじめ、中東諸国で医療支援を続ける医師鎌田實《かまたみのる》である。鎌田は、『「イスラム国」よ』（河出書房新社）を次のような問いかけで始めている。

「イスラム国」よ、おまえの狙いは何か。

「イスラム国」よ、おまえたちはなぜこれほどまでに残虐なことをするのか。

おまえはどうやって生まれてきたのか。

「イスラム国」よ、どこへ行こうとしているのか。何をしようとしているのか。（14頁）

「イスラム国」を単なる過激派テロ集団と見ている目からは、この問いかけは出てこない。イスラムの人々の間で医療支援を続けながら、喜捨《きしや》という美しい言葉、習慣を持ち、いつも親切で温かいイスラムの人々と接してきたから、「イスラム教は人に親切にすること、優しくすることを教えている。人を脅かしたり国を乗っ取ったりしろなんて、経典にはありません」という彼らの言葉を聞いてきたから、出てくる問いかけである。

第10章　「正義」の争い

『絶歌』への集中砲火

今日《こんにち》の日本では、議論や対立は「右／左」「保守／革新」「ナショナリズム／リベラリズム」といった二分法で見られることが多い。だが実際には、そのように簡単に図式化できるものではない。少なくともぼくが、二項対立を自明として、もっぱらどちらかの陣営に属して論じているのではないことは、ここまで読んできた読者は理解してくださっているものと思う。

われわれが扱う本の中には、「右」も「左」も関係なく、批判の攻撃を浴びるものがある。話題となって売れれば売れるほど批判の声は大きくなるし、批判の声が大きくなればなっただけさらに周知され、売れ行きが伸びる。

そうしたときに、「商売だから売れる本を売るのは当然だ」と開き直るのも、一方、「批判が販売している自分にまで及ぶのは嫌だから、売るのはやめよう」と書棚から外すのも、ぼくは違うと思う。

第一に、もちろんその本を読んでみる。そして批判にも目を通す。その上で書棚に残し販売するときには、批判への反論を試みる。書店員にとって、そのプロセスを踏むことが、自らの役割と気持ちに最も整合的であり、自然な行き方だと思う。

二〇一五年六月十日に太田出版《おおたしゅっぱん》から刊行された、神戸連続児童殺傷事件（酒鬼薔薇《さかきばら》事件、一九九七年）の加害者の手記『絶歌《ぜっか》——神戸連続児童殺傷事件』はまさにそうした本で、発売と同時に、あるいは発売前から、ネット上、新聞紙上で、少し遅れて週刊誌からも、批判の集中砲火を浴びた。

この本の存在自体への批判と本の内容についての批判、『絶歌』は性格の違う二種の批判を浴びたのである。

マスコミへの違和感

まず存在自体への批判には、そもそもあのような残虐非道な事件の加害者の手記など出版すべきではない、という批判があった。だが、著者の来歴を理由とするこうした批判は、そもそも日本国憲法第二十一条「集会、結社及び言論、出版その他一切の表現の自由は、これを保障する」に抵触する。

もちろん、出版の自由も、他の自由と同様、無条件にすべて保障されるわけではない。日本国憲法発効後にもいくつかの発禁本や回収命令はあり、その措置が違憲とされたわけではない。憲法第二十一条で保障された「出版・表現の自由」には、第十二条の後半「国民は、これ（＝この憲法が国民に保障する自由及び権利）を濫用《らんよう》してはならないのであつて、常に公共の福祉のためにこれを利用する責任を負ふ」という縛りがあるからだ。

『絶歌』がこの縛りを免《まぬが》れるか否《いな》か、すなわち「公共の福祉にまったく資することのない出版の自由の濫用」ではないと言えるかどうかについては、「議論すべきである」という意見はありうるかもしれない。

だが、「濫用」という言葉は、前提としてすべての人に出版の自由が保障されていることを示唆《しさ》していると言えるから、論証義務は、その本の存在を否定する側にあるだろう。

『絶歌』の著者（元少年A）。本書の表記に倣《なら》い、以下Aとする）は、事件後、司法の判断で医療少年院に六年五か月入所して退院。保護観察期間も無事に過ごし、二〇〇五年元日に本退院し、その後は何の法的拘束もない一市民として生活している。犯罪被疑者や刑確定者にも適用される基本的人権は、服役後のAにも、まずは全面的に保障されてしかるべきだと思う。

次に、Aのような犯罪者に印税が渡ること、その額が『絶歌』の刷り部数からいって、印税率の通例に従えば結構な額になることを「けしからん！」という声も多かった。だが、印税率は著者と出版社の間で私的に結ぶ出版契約の一部であり、外部からそれについてとやかく言うべきものではない。

出版社サイドから、Aが印税を被害者への未払い分に充《あ》てる意向が漏れ伝わり、ぼくも望ましい方向であるとの個人的感想は持つが、そのことを強要したり、あらかじめ出版を認める条件とするのは、筋違いであると思う。

印税の一部なりともAの生活費に回ることを不可とするのは、Aの生存権の否定であり、Aが著作の報酬を受け取ることは何ら法に触れないのだから、一種の私刑（リンチ）ともいえる。

一方、本の内容に関する批判としては、「事実を書いたことが被害者家族の気持ちを考えれば許されない」というものがあった。この批判については理解できる。Aが自分の犯した罪を克明に想起して描写している箇所を、「被害者家族にとって二度目の殺人だ」と指摘する声もあった。本を読んでこうした感想を持つ人がいるのもわかる。

ぼくもまた、Aが一文で終わらせ、それ以上具体的に書こうとしなかった箇所（編集者の手が入っているかもしれない）が、読む者に対してもきわめて攻撃的であると感じた。

だが、そうした批判をマスコミが行うことには、違和感がある。

事件や事故が起こったとき、マスコミがマイクを突き立てて関係者に求めるのは、まず事実を語ることではなかったか？

識者と言われる人たちは、理不尽な犯罪についてコメントする際に、「せめて、真実を明らかにしてほしい」と言い続けてこなかったか？

そうであるならば、本の存在自体や、Aが事実を語っていることを批判するのは、理屈に合わない。Aが『絶歌』において、事実を語っていない、反省もしていない、という批判こそが、成立する最も妥当な批判であろう。

両立しがたい「正義」

確かに、冒頭からAは、自らを対象化して客観的に（他人事《ひとごと》のように）語っているように思える。「僕」がまるで三人称のように感じられる箇所もある。だが、初めて本を出そうとしたとき、たいてい誰でも、自分のことをそのように書いてしまうのではないだろうか？　おそらくは医療少年院で読んだであろう本の唐突な引用や、難解な漢字の使用なども、「若書き」のゆえといえないだろうか？

書かれている内容が事実ではないと批判する人は、『絶歌』を読んだ上で評価しているはずだ（そうでないなら、その批判は打ち捨てておいてよい）。ならば、その人たちの批判は、『絶歌』が出版されたこと自体に向かってはならない。

「自分で読んでダメだとわかったから、諸君は読むべきではない、市場に出回っているのも好ましくない」と主張するのは、傲慢《ごうまん》だ。憲法第二十一条二項で禁止されている「検閲」ともいえる。

何より、こうした本を書き、出版することが、自らの平穏な生活にとっていかにリスキーであるか、そのことが想像できなかったとは思えないAが、書くことによって自らの崩壊を防ぎ、書いたものを被害者家族を含めて多くの人に読んでほしいと思ったことは、ほんとうだと思うのである。

ぼくは、「被害者家族のことを思えば」という「正義」に対しては、警戒する。誰も真に他人の立場に立つことは、他人を理解することはできないからだ。

「被害者家族のことを思う」ことが決して嘘《うそ》でなかったとしても、その「正義」が主観的には曇りなきものであったとしても、世の多くの「正義」は、両立しがたいことが多い。だからこそ、人間は、決定的な勝者を定めえない諸「正義」の上に、法を置いたのである。

個人的には意に適《かな》わぬところがあったとしても、いったん定められた法をみなが尊重することによって、社会を形成、維持してきたのである。

『絶歌』の扱いについても、一書店人として、感情や「正義」ではなく、法に従って判断したい。新たに法が作られたり、新たな法解釈によって回収命令が出たら、異論があってもぼくはそれに従う。

それは、法治国家に生きる以上、成立した法が絶対であり、為政者による法の適用、執行に従うのが市民の義務であると思うからではない。ぼくたち一人ひとりは、主権者として法そのものにも、その執行形態にも疑念や反対を述べる権利がある。

さしあたり、今ある法を尊重し、その論理のもとで物事を考えてみるのは、自らの「正義」をもまた、絶対化したくはないからである。

『絶歌』の存在が、『絶歌』の販売が違法であるとの判定が、司法から出ることはなかった。だから、ぼくは『絶歌』を書棚から外さなかった。

休刊に至った『新潮45』

安田浩一《やすだこういち》の名著『ネットと愛国』が「ネット右翼」の存在を広く知らしめたこともあって、ネット上での言論攻撃は、「保守」や「右翼」の専売特許との感が強い。だが、「左派」ももちろんインターネットを使うのであり、ネット上で発言もする。それが「ネトウヨ」顔負けの攻撃性を持つこともある。その具体例が、二〇一八年九月に雑誌『新潮45』を休刊に追いやった一連の経緯であった。

『新潮45』二〇一八年九月号に掲載された、衆議院議員杉田水脈《すぎたみお》の「『LGBT』支援の度が過ぎる」に寄せられた多くの批判に、同誌は続く十月号で、特別企画「そんなにおかしいか『杉田水脈』論文」を立てたが、そのことが批判の火に油を注ぎ、新潮社社内でも問題視されて署名運動が起こり、『新潮45』はついに休刊に至った。

一連の動きに対し、『月刊Hanada《ハナダ》』は、十月二十六日発売の十二月号で、「総力大特集『新潮45』休刊と言論の自由」を組み、『新潮45』を休刊に追いやった「左派」や新潮社自身を、「言論弾圧」と徹底的に批判した。

掲載された門田《かどた》隆将《りゅうしょう》（ノンフィクション作家）らとの座談の中で櫻井《さくらい》よしこ（ジャーナリスト）は、「言論には言論で、表現には表現で向き合うこと、問題提起し、反論し、それに対してまた異なる見方や意見をぶつける。こうした知的作業を繰り返すことで物事は深まっていきます」（52頁）という。

正論である。

編集長の花田《はなだ》紀凱《かずよし》によれば、『新潮45』への寄稿を求められた、杉田氏の論文に批判的な論者が全員それを断ったという。花田が「と聞きます」と言っていることに注意は必要だが、有力な著者たちが新潮社への作品の提供を拒否しはじめたことが『新潮45』の休刊につながったのも事実らしい。それらの言動が、「言論弾圧」と糾弾される隙《すき》を与えてしまった。

従来、権力による言説の圧殺を批判してきたのが主に「左」であったことを思えば、「完全に攻守所《こうしゅところ》を変えた」といえる。

この騒動で、最も問題なのは、匿名もしくは結果的に匿名に近くなるインターネット上の批判がその主流であったことであり、「左」が批判していたはずの「空気」が大きな力となってしまったことだ。

すなわち、誰が、どのように当該論文を批判したかが、明確ではないこと。『月刊Ｈａｎａｄａ』十二月号で、坪内《つぼうち》祐三《ゆうぞう》（評論家）も、「活字を無視してネットのみで意見」がかわされ、その結果「活字で意見が闘わされる前に雑誌がつぶされた」(267頁)ことがショックだ、と言っている。

そもそも、どんな意見も活字にする自由はある。その責任主体は書き手にあり、「書き手を越えて媒体に求めるのは御門違《おかどちが》いだ」(271頁)と坪内は言う。

ぼくも、坪内の考えを支持する。思想には思想で、活字には活字で対決することが、言論界のあるべき姿だと思う。

同じ思いを、ぼくは「ヘイト本」問題(第1章、第2章)についても持った。「そもそもヘイトスピーチ、ヘイトデモ、ヘイト本は、その対象である在日朝鮮人の人権を認めず、抗する言語も封殺しているから、『言論の自由』を浴するに当たらない」という安田浩一らの見解に賛同しつつも、だからといって「ヘイト本」の存在すら認めまいとする姿勢には与《くみ》しえず、「ぼくは書店人として、いかに自らが賛同できない言説の本をも、棚から外すことはしません。相手の言説を排除しようとすることは、とくに『ヘイト』的な言説に対決する場合、相手と同じ型になってしまうからです」と言った。

その考えに、今も変わりはない。『新潮45』に対するネット上での攻撃は、まさに「左」が「右」と同じ型にはまってしまった具体例だったと思う。

右・左、保守・革新では収まらない

近年、論壇誌《ろんだんし》や総合月刊誌は売れ行き減で凋落《ちょうらく》が叫ばれ、『新潮45』も例外ではなかった。実は、それが『新潮45』休刊の本当の理由だという人もいる。二〇一八年十月十二日、新潮社の佐藤隆信《さとうたかのぶ》社長は、「新潮ドキュメント賞」「小林秀雄《こばやしひでお》賞」の贈呈式の場で挨拶《あいさつ》に立ち、「執筆者の方には原稿料をお支払いするチャンスが減ってしまい、申し訳なく思う」と、招待された書き手たちに詫《わ》びた。この件を知った当初ぼくは、批判の引き金となったLGBTについては触れず、争点をズラそうとしたのではないかという疑いを持ち、その思いをある親しいノンフィクション作家に話した。

彼女は、「私も、その授賞式に呼ばれてたんですが」と言った。

「私たちにとっては、それが死活問題なの。私も、次号かその次に『新潮45』で書くことになっていたんだから」

今回の騒動で、最も割りを食ったのは『新潮45』の執筆者たちである。佐藤社長が何よりもまず、そのことを詫びたのは出版社の代表として当然のことだったのだと、ぼくは思い直した。坪内の、責任主体を「書き手を越えて媒体に求めるのは御門違い」とも整合する。

ノンフィクションは、取材が命である。取材には時間がかかる。取材の途中経過を、ときには連載という形で掲載できる雑誌は、彼ら彼女らにとって、ノンフィクションを書き上げるための資金源なのだ。雑誌はノンフィクションの揺籃《ようらん》なのである。その揺籃が失われ、ノンフィクションの生産が滞ることは、欺瞞《ぎまん》に満ちた現代社会を生きるわれわれにとって、非常に不幸なことである。

読み物としても、ぼくはあるときからノンフィクションはフィクションよりも面白いと確信している。いかに才能がある作家の手になるものでも、フィクションは一人の人間の頭が創造した世界。一方でノンフィクションが描く世界は、そこに登場する多くの人間の思いや営みが積み重ねられたものだからである。そこには大団円《だいだんえん》もなく、予定調和もない。

書店店頭で、報道で、主に賑《にぎ》わすのは、芥川《あくたがわ》・直木《なおき》や本屋大賞といった文学賞であるが、ノンフィクション作品に贈られる賞も数多くある。講談社、新潮社、小学館など大手出版社はそれぞれの社名を冠《かん》した賞を持っているし、大宅壮一《おおやそういち》、開高健《かいこうたけし》といった個人名のノンフィクション賞もある。サントリー学芸賞を含めてもいいかもしれない。

難波店の店長時代、ノンフィクション作品の魅力を訴えたく、ぼくはノンフィクション賞受賞作、ときには候補作もカウンター前の話題書棚で紹介していた。扱う内容は多様だから普段はあちこちのジャンルに散らばっている力のあるノンフィクション作品が一堂に会すと、壮観で、売れ行きもいい。

おそらく、「右・左」「保守・革新」といった二元的な図式には収まりきらない社会の現実を、そのような二元性に絡め取られずに描く本たちが、読者に新鮮な驚きと問題意識を生み出すからだろうと思う。

それらの本を繙《ひもと》くとき、何か、より大きな存在に寄りかかることによって身の安全を確保した上での、セクト主義的な「正義」の（ある意味では近親憎悪的な）争いが、いかにもちっぽけなものに見えてくるのである。

第11章
公開対決の場

六十万部突破の理由

百田尚樹《ひゃくたなおき》の『日本国紀《にほんこくき》』（幻冬舎）の新版が文庫で二〇二一年十一月十七日に刊行され、十二月二十二日には箱入りの『［新版］日本国紀　愛蔵版』（文庫の［新版］と内容は同一）が、完全予約受注生産（シリアルナンバーつき）された。

「大増量150ページ!!　65万部突破のベストセラー歴史本『日本国紀』が、著者こだわりの超大幅加筆により、文庫版と単行本・愛蔵版になって生まれ変わりました！」との謳《うた》い文句が躍《おど》る新刊案内が、十月に幻冬舎から届いていた。

元本の刊行は二〇一八年十一月。翌年一月、ぼくは二回に分けて一万字余りの書評（百田尚樹『日本国紀』は歴史書ではなく「物語」）を「ウェブ論座」に寄稿した。

ぼくが一万字超を要したのは、『日本国紀』にしっかりと向き合い、本文を引用しながらきちんと書評したかったからだ。この本には、まずネット上に、賛否双方から多くのコメントが寄せられたが、百田尚樹の強烈な個性によるバイアスがかかった印象批評が多かった。ぼくはあえて百田のそれまでの言動と切り離して、この本があらゆる年齢層に広く読まれた理由を探りたかったのである。

おそらく、その理由の第一は、冒頭の次の一言にある。

> 日本ほど素晴らしい歴史を持っている国はありません。(『日本国紀』2頁)

この一文が、今の多くの日本人に、その経済的隆盛に影が差し、かつては謳歌《おうか》した世界での高い地位が失われていくことを否《いな》めない時代を迎えたこの国の人々に快感を、満足を与えることは間違いない。

その前年、中国・朝鮮を貶《おとし》め、その結果日本を持ち上げるケント・ギルバートの『儒教に支配された中国人と韓国人の悲劇』(講談社+α《プラスアルファ》新書)が版を重ね、四十万部に達したように(これについても「K・ギルバート氏の本で心地よくなってはならない」として、「ウェブ論座」に寄稿した)。

私はここに、日本における「天皇」の不思議な力を見る思いがする。いわゆる権力と

は別次元の存在として、日本の歴史に常に見えない力を及ぼし続ける。それが天皇なのだ。（『日本国紀』32頁）

日本はこの万世一系《ばんせいいっけい》の皇統《こうとう》により、「世界最古の王朝」であると、世界の国々から畏敬と驚異をもって見られている。中国の史書にも、明らかに日本の天皇に対して一種のコンプレックスを抱いているような記述が出てくる。（同34頁）

百田は、日本が素晴らしい歴史を持っている理由を「天皇」の力、「万世一系の皇統」に見る。実はそのことは、書名『日本国紀』に「紀」という文字を使ったことに、すでに表れているともいえる。

「紀」は、「古事記」の「記」に対して「日本書紀」の「紀」である。「紀」は、「日本書紀」が範とする中国の史書では、英雄譚《えいゆうたん》である「列伝」に対する天子《てんし》＝支配者の事績をしるしたものである「本紀《ほんぎ》」の「紀」である。

だが、百田によれば、本家中国の「天子」は、日本の天皇にコンプレックスを持っている。なぜなら、中国の「天子」の系統は、時代によってそのたびに寸断されているが、日本の天皇は、「万世一系」だからだ。

一方百田は、武烈《ぶれつ》天皇と継体《けいたい》天皇のとき、皇統の断絶があったとする古代史学の世界で有力な説をあっさり受け入れている節があり、より強力な「万世一系」論者にネット上で批判されている。百田は、こうした論戦に深入りするつもりはないようだ。

「誇るべき歴史」

日本史学上のさまざまな異論・異説への言及に踏み込まない理由として、百田は、本書を「日本の通史《つうし》」であるからだと弁明している。確かに多岐にわたる異論・異説にいちいち言及、論評していたら、「通史」は書けない。

それはそのとおりだと思うが、「万世一系」を「世界最古の王朝」の根拠とするならば、本来「武烈天皇から継体天皇」の問題をスルーすることは到底《とうてい》できないはずだ。それをできるのは、百田にとって、実は日本の古代史の真実などはどうでもよいことだからではないか？　古代史だけではなく、中世史―近世史の真実も。

「通史」と言いながら、五百ページにわたる本書の約半分が、幕末から現代に充《あ》てられている。確かに、実際の年数とページ数を対応させる必要は、必ずしもない。遠近法的に言っても、現代に近い時代の叙述《じょじゅつ》が大きくなることは、むしろ自然であり、中学・高校の日本史の授業が、多くの場合「時間切れ」となり、戦前期まで、あるいは昭和にも入れない（あえて入ろうとしない）ことに比べて、百田は誠実であると言えるかもしれない。

だがその「誠実さ」は、百田が近現代史に自らの主張をあからさまに盛り込むためのものだ。

秦郁彦《はたいくひこ》(現代史家)も『百田尚樹「日本国紀」の真実』(別冊宝島編集部編、宝島社)で、次のように言っている。

古代から中世、明治維新のころまでは、まあまあ無難にかいてある。私は悪くないと評価しています。しかし昭和に入ってくると、思い込みやイデオロギーが強く入ってきて、もっと疑問を持って書いてもらわなくてはならないところが、そうなっていない。

(『百田尚樹「日本国紀」の真実』23頁)

江戸時代までは、「前史」なのだ。百田が本当に書きたい『日本国紀』は、明治維新から始まる。だが、その「前史」にも百田のテーマ、「日本ほど素晴らしい歴史を持っている国はありません」が通奏低音のように響いている。言い換えれば、「前史」は、「素晴らしい歴史」を構築するために都合のよい「事実」を拾い百田自身の解釈を施し、読者に後半に向けたサブリミナル効果を与えるためにある。

百田があからさまに自説を埋め込む近現代史のいわば傍証《ぼうしょう》として、「前史」において日本の強さ、優秀さ、偉さが強調されるのである。まず、「強さ」。

太子も自国の力がわかっていたからこそ、強気な手紙をしたためたのだろう。朝鮮半島の国々が、中国に対しひたすら平身低頭の外交を伝統としていたのとは正反対である。（『日本国紀』40頁）

そこで私は大胆な仮説を述べたい。百済《くだら》は日本の植民地に近い存在であった、と。（同46頁）

などの叙述にはじまり、秀吉の急死がなければ、日本軍は朝鮮半島を制圧して明《みん》をも窮地に追い込んだ可能性は高く（156頁）、江戸時代に鎖国などせず積極的に海外進出（侵略）政策を取っていたら、「世界有数の鉄砲保有国であった日本の兵力をもってすれば、東南アジアを支配下に収めていた」（172頁）と書かれている。

それは、十六世紀「当時の日本人がヨーロッパの鉄砲と火薬の技術をたちどころに吸収し、量産化に成功した」（147頁）ほど「優秀」であったからであり、その「優秀さ」は江戸時代にも及ぶ。

「庶民が」「純粋に知的な愉《たの》しみとして」「数学を勉強した」（183頁）国など世界中見渡しても他になく、幕末には「蘭学や医学を教える私塾が全国にあり、向学心に燃える

若者が通った。江戸時代の日本は非常に教育水準の高い国だったのだ」（186頁）

文化面でも、「平安時代の文学が女性たちによって紡がれた」こと（70頁）や「二十世紀のヨーロッパに生まれた表現主義や象徴主義の前衛芸術の思想を数百年も先取りした」枯山水の石庭（128頁）を、日本人の「優秀さ」の例として挙げている。

そして「偉さ」の証左として、「源平合戦で、市民の犠牲者が出たという記述はない」（90頁）、「強盗や山賊はほとんどおらず、京都から江戸まで女性が一人旅できた。同時代のヨーロッパでは考えられない」（191頁）ほどであり、「ヨーロッパや中国では当たり前のように行なわれてきた民衆の大虐殺がまったくない」のは、「誇るべき歴史」（64頁）と断言する。

他者の目を忘れ去るという危機

ここまで来ると「ほんまかいな」と言いたくなるが、百田にとっても一つ一つの言説を検証してはおらず、「大胆な仮説」「事実かどうかは不明」「記述はない」「一説によると」「ともいわれる」といった表現が頻出《ひんしゅつ》する。そもそも、それぞれの論述に、史料を呈示・参照することはない。

後半部、全体の四割強の明治以降の近現代史には、「一説によると」などの断りは姿を消し、百田は自説を高らかに表明する。それは、強い天皇制支持、「大東亜戦争」肯定、反共、反新聞から構成される。

一九三〇年代の中国「進出」は、西洋列強の経済封鎖への対抗策であり、アジア侵略の意図はなかったと断言する。遡《さかのぼ》って韓国併合も同様であり、大韓帝国政府の意向を無視して強引に行われたわけではないという。

日本は国際会議の席上人種差別撤廃を主張した最初の国であり、「大東亜戦争」は、アジアを蔑視《べっし》し植民地化した西洋列強からアジアを解放する「正義の戦争」であった。残念ながら日本は敗《ま》けてしまったが、戦中に西洋を追い出した奮戦が、アジア人に自信を与え、脱植民地―独立へと導いたと言うのである。

日本古代から近世の「物語」に込められたサブリミナル効果が、ここで利いてくる。強く、優秀で、善良な日本こそ、アジアのリーダーたるべきであり、実際そのように振る舞ったという、おぞましいばかりの優越感が炸裂《さくれつ》する。

なればこそ百田は、東京裁判による断罪、日本国憲法、先の戦争を日本の侵略戦争と見なす戦後知識人たちを徹底的に批判する。それらの通念を覆さないと「日本ほど素晴らしい歴史を持っている国はありません」という百田のテーゼが、戦後日本に関しては当てはまらないからである。

東京裁判によって戦争についての罪悪感が日本人の心に植え付けられ、「共産主義者に影響されたＧＨＱの占領政策は、その後の壮大な『歴史戦』の端緒となった」（４３２頁）とされる。
「共産主義者に影響されたＧＨＱ」とは、いやはや大胆な形容であるが、百田は大真面目である。そんなＧＨＱを受け継いだのが、戦時中追放されていた学者、知識人、そしてマスメディアであり、戦後を「素晴らしい歴史」の例外にした元凶である彼らを、強烈な反共主義者百田尚樹は「共産主義者」と一括《ひとくく》りにするのである。

おそらく百田にとっては、「右」も「左」も、「西」も「東」も、日本の「国体」を汚さんとするものは、すべて「敵」なのであろう。

中でも百田が激しく敵意を抱くのが、新聞である。日露戦争後の日比谷焼き打ち事件の原因も、五・一五事件の犯人らの減刑を訴えて結果的に二・二六事件を誘引したのも新聞であり、満州事変から太平洋戦争まで国民を扇動したのも新聞だというのだ。

度を過ぎた新聞批判は、二〇一五年の「沖縄二紙は潰《つぶ》さないといけない」などの発言まで続いている。

「当代一のストーリーテラー」を自負する百田が、自慢の巧《たく》みなストーリーテリングによって「日本通史」を書き上げた『日本国紀』がベストセラーとなったことを踏まえて、われわれが最も警戒しなければならないのは、読者が百田の書く日本の「素晴らしい歴史」に酔いしれ、自国の「強さ」「優秀さ」「善良さ」を過信し、他者を、他者の目を忘れ去ってしまうことである。そのことこそが日本を危機に陥らせると、知るべきなのである。

予想以上の初速

ちょうど一年後の二〇一九年十一月、再び気になる本が刊行された。『反日種族主義——日韓危機の根源』（李栄薫《イヨンフン》編著、文藝春秋）である。

新刊便で着荷したこの本を見た瞬間、「これは飛びつく読者がいるかも」と思った。初速は予想以上で、最初から購入を決めていたと思《おぼ》しきお客様が、一直線にカウンター前の話題書棚のこの本に向かい、購入していく光景を、ぼくは何度も見た。

他の書店でも同様であったらしく、十一月半ばに出たこの本が、年内に四十万部まで増刷されたと聞いた。

韓国の経済学者の編著書が、どうして日本でこんなにも多くの人を惹《ひ》きつけるのか？　背景には、タイトルにも含まれる「日韓危機」がある。本書は、韓国の「反日種族主義」から派生する誤った歴史認識・歴史教育が、日本を見る目を歪《ゆが》めていると糾弾する。「植民地」時代、日本は韓国に、言われているほどひどいことをしたわけではない、と言っているのである。

「反日種族主義」とは何か？

編著者李栄薫によれば、その根源には韓国のシャーマニズムがある。

シャーマニズムには善と悪を審判する神は存在せず、「丸裸の物質主義と肉体主義」（『反日種族主義』24頁）であり、韓国人は、「民族」というより、隣人を必ず悪とみなす「種族」と呼ばれるのがふさわしい、そうした韓国人の本質が、今日の反日感情を醸成しているとの見立てである。

日韓関係に緊張をもたらした「徴用工問題」も、「この国の嘘《うそ》をつく文化は、遂《つい》に司法まで支配するように」（19頁）なった結果だという。

戦前の渡日者はより高い所得とよりよい職場を目指していたのであって、一九四四年九月以降の実際の徴用でも、「奴隷として強制連行されたとか酷使されたという今日の通念は、一九六五年以後、日本の朝鮮総連系の学者たちが作り上げたでたらめな学説」（23頁）と言い切る。

朝鮮半島内での徴兵への応召も、時の支配者に追随した「志願兵」であり、さらに、日本軍慰安婦も韓国に既存の（そして戦後も存続した）公娼制度の再編成にすぎない、むしろ恥ずべきは韓国内の公娼制度の存在である、とする。

われわれ日本人の認識からも考えにくい日韓関係史観であり、より徹底した日本の免罪であって、その三件では厳しく非難された日本にとっては「ありがたい」解釈である。

明らかに朝鮮半島の人たちを苦しめた日韓併合からの一連の出来事に関して日本を免罪する論調は、歴史修正主義者が牽引《けんいん》する日本の「保守」勢力を喜ばせ、陰《いん》に陽《よう》に「ヘイト本」を支持するそうした人たちによって、「ほら見ろ、韓国人自身も言っているじゃないか！」

と利用されるであろうことは、想像にかたくない。

何より韓国の人々の多くが、このような解釈に肯《がえ》んずるとは思えない。しっかりと過去の事実に向き合わなければならないわれわれ日本人も、自分に都合のいい言説だけに目を向けて、安心することは許されない。

静かに繰り広げられる戦い

『日本国紀』も『反日種族主義』も、日本人が中国、韓国ほかアジア地域の国やその地域に住む人、そこを出自とする人を誹謗中傷《ひぼうちゅうしょう》することをテーマとした本ではない。だから、「ヘイト本」とはいえないかもしれないが、「ヘイト本」が撒《ま》き散らす思想、主張を下支えする本であることに間違いはない。

その売れ数を考えても、ぼくはこうした本こそ、あからさまな「ヘイト本」より危険だと思っている。その危険な本たちを隠すのではなく、むしろ明るみに晒《さら》して、真正面から批判する。いわば、対決する。

その両方を見てもらって読者に判断してもらう。「ウェブ論座」は会費課金制だから、なかなか読者の目に触れる機会はないかもしれないが、気持ちの上では公開対決のつもりだし、ときにはプリントアウトして店頭に掲示することもある。そうした公開対決の場としての書店を、ぼくは「言論のアリーナ」と呼ぶのである。

そのときに忘れてならないのは、ぼくが決して徒手空拳《としゅくうけん》ではないことだ。「言論のアリーナ」には、必ず助太刀《すけだち》を申し出てくれる本たちがいる。ぼくは彼らの代表（レプリゼンタティヴ）、というより媒体（メディア）であり、実際には戦いは静かに佇《たたず》んでいる本同士で繰り広げられるのである。

『反日種族主義』では、朝鮮における土地の収用も、強制的な収奪ではなく、「日本の民法、商法、各施行令、民事訴訟法など二三の法律を、朝鮮にそのまま適用」した、合法的なものであったとされる（57頁）。

そして、「日帝が土地調査事業を実施し全国の土地の四〇パーセントを収奪した」と書く韓国の歴史教科書を、「我が祖先のことを、所有権意識を持たない、申告が何かも知らない善良な種族として捉《とら》えた」と、逆に批判するのである（同43頁）。

それに対して、『「大東亜」を建設する——帝国日本の技術とイデオロギー』（アーロン・S・モーア、人文書院）は、同じ事象を次のように解釈して記す。

> 朝鮮ではよく知られている土地収用法には、本当の意味での第三者による仲介はなく、政府当局に訴える以上に紛争の解決を議論する機構もなく、公正な価値や異なる補償基準を求めるための訴訟への言及もなかった。補償と住民移動の過程で、植民地当局は強制的な土地買収を合法化するための手段として法を適用し、官僚的手続きを通して住民

の抵抗を発散させたのである。（『「大東亜」を建設する』２３０～２３１頁）

本国の法律を勝手に他国に適用すること自体が、植民地主義的暴力というべきで、軍隊を進駐させた国とされた国の取引は、たとえ形式上法律を介したとしても、著しく非対称なものであったと考えるほうが自然であるから、日韓併合後の土地収用・収奪に関しては、『「大東亜」を建設する』のほうが、『反日種族主義』よりも妥当であると思う。

『「大東亜」を建設する』は、日本の「ファシズム」を「テクノ・ファシズム」として再考しようとする意図のもと、技術者の思考・活動に多くの紙幅が割かれている。

彼らは、統制派将校や革新官僚の援護のもと、「興亜」の大義に燃えて、ダム、港湾、鉱山開発、重工業地域の布置、工業都市の建設と、国防上の経済的要請を満たすべき「総合的地域計画」の策定、実行に邁進《まいしん》した。その集大成が、多目的ダムだという。

それらの建造物は戦後も利用されたことにより、植民地政策も悪いことばかりではなかったという、日本の過去を正当化しようとする言説は根強く残る。が、どのような「遺産」も、植民地政策を肯定することにはならない。

「アジア全域にわたる技術に基づく近代的な『新秩序』を実現するという『大義』のためになら、個々の人間など究極的には使い捨て可能なのであって、そうやって各地の強制労働収容所・工場・実験室・『慰安所』・戦場における人間の命の『処理』がまかり通っていた」

（『「大東亜」を建設する』31頁）からだ。

土地の収奪だけではない。現地の人びとの労働力、慰安婦としての徴用も、植民地支配には不可欠であった。『反日種族主義』がいうように労働者は自らの意思で求人に応じ、「従軍《じゅうぐん》慰安婦《いあんふ》」は形を変えた朝鮮の公娼《こうしょう》制度であった、と総括することはできない。少なくとも、収奪・徴用した側である日本が、言うべきことではないだろう。

『反日種族主義』日本語版の刊行に快く同意したのは、このことによって両国の自由市民の連帯が結成され強化されるならば、これ以上望ましいことはない、と思ったからです。隣国と分業し、通商し、協力し、競争することこそが自由人の真の生活姿勢であり、一国を先進社会に導く基本動力です。（『反日種族主義』4頁）

『反日種族主義』の「日本語版　序文」に書かれた李栄薫のこの言葉そのものに、異存はない。だが、この言葉が本心から発せられた願いだとすれば、そして、その願いを現実のものとするためには、日本の読者は、この本をむしろ批判的な目で読んでいくことが必要なのだ。

Ⅳ

「わからない」は、何を意味するのだろうか

第12章
負の歴史との対峙

推理ドラマさながらの獄中記

二〇二一年十一月十三日（土）、ジュンク堂書店難波《なんば》店は、コロナウイルス感染予防のための緊急事態宣言発令を受けて約四・五か月凍結していた店頭でのトークイベントを、再開した。再開トークの登壇者は、同年六月に刊行された『長東日誌《チャンドン》――在日韓国人政治犯・李《イ》哲《チョル》の獄中記』（東方出版《とうほうしゅっぱん》）の著者、李哲であった。

一九四八年十月に在日韓国人二世として熊本県に生まれた李哲は、中央大学卒業後、「半日本人」のような自分を抜け出、真の韓国人としての主体性を回復するため、一九七三年に高麗《コリョ》大学大学院に留学する。ところが、当時の朴正熙《パクチョンヒ》軍事政権の韓国では、北朝鮮との緊張関係の中、当局による「スパイ狩り」が横行し、とくに日本からの留学生が疑われ、一九七五年末、李哲も、韓国中央情報部によってスパイ容疑で逮捕される。

長く厳しい取り調べと拷問《ごうもん》の末、李哲は心ならずもありもしない罪を自白し一九七七年に冤罪《えんざい》による死刑が確定した。拘置所で出会った人々が次々と処刑されていく中、李哲は十三年もの獄中生活を送ることになる（一九七九年無期刑に、一九八一年二十年刑に減刑）。

李哲は、トークの中でハッキリと、「本当に、恨みは感じていないのです」と言った。「獄中生活を送らなかったら、韓国をこれほど深く知ることはできなかったでしょうから」獄で出会った「一人一人が韓国社会の最底辺でうごめいている人たちの典型でもあるし、そのような人たちが集まって韓国の民衆をなしているのだ。だからその一人一人の話は何よりも貴重な民衆現代史なのだ」と李哲は書いている（『長東日誌』１２２頁）。

長い獄中生活で、李哲は、同時代の韓国と韓国人の真の姿に触れ、図らずも「韓国人として真の主体性の回復」という、留学当初の目的を果たしていったのである。

やがて李哲は、かけがえのない仲間たちとともに理不尽で過酷な処遇に怒りを爆発させ、獄中闘争へと果敢に挑んでいく。無法な暴力行為が所外に漏れたことによって立場を危うくした矯導所《ギョドソ》副所長を追い詰めていくくだりは、優れた推理ドラマのクライマックスシーンさながらだ。

獄中の李哲を支え奮い立たせたのは、間違いなく婚約者閔香淑《ミンヒャンスク》であった。自身も三年半の服役を強《し》いられたあと、彼女は李哲を救い出すために奔走し、獄中闘争では「塀の外」で重要な役割を果たした。

李哲の出所後、閔香淑は、「私は李哲氏を一三年待ったのではありません。一三年かけて取り戻したのです」と言った（『世界』二〇二一年十月号、256頁、李哲へのインタビュー記事の聞き手木村元彦《きむらゆきひこ》の解説）。

金大中《キムデジュン》、文益煥《ムンイクファン》牧師、徐勝《ソスン》など、われわれ日本人にも馴染《なじ》みのある名前も多く登場する李哲の獄中記は、韓国人民が民主化を勝ち取るまでの韓国現代史の陰画《いんが》である。

李哲が仮釈放で出所したのは、一九八八年十月。

前年一九八七年に「6・29民主化宣言」を全斗煥《チョンドゥファン》が受け入れて権力移譲、長く続いた軍事政権にようやく終止符が打たれた結果であった。

韓国と日本のタイムラグ

一九八七年末には大統領直接選挙が実現。金大中、金泳三《キムヨンサム》を抑えて盧泰愚《ノテウ》が、第十三代大統領に就任する。

同じ時期日本では、「革命の時代」は去って久しく、「ジャパン・アズ・ナンバーワン」などとおだてられながら、ひたすら経済発展に勤《いそ》しんでいた。多くは、海峡の向こうでの韓国民衆の激しい闘いを知ることもなく。

一九四五年、大日本帝国の野望が崩れ去り、朝鮮半島の人々が解放の日を迎えて四十有余年、世界を二分した「東西冷戦」は、解放されたはずの半島を分断して、色濃い影を落とし続けたのである。

一方、皮肉にも、無条件降伏した日本は、アメリカの全面的進駐と占領政策によって国土の分断を免れ、早々に民主化と経済成長の道を歩み始めることができたのである（その影には、日本在住のまま突然日本国籍を剝奪《はくだつ》された在日韓国朝鮮人の苦闘の歴史がある）。

その、日本と韓国の大きなタイムラグこそが、今日に至るまで、両国の行き違いの原因となっているのだと思う。

今なお韓国が従軍慰安婦や徴用工など、植民地時代の「大日本帝国」の犯罪的行為に対して謝罪や賠償を求めるのを、今や「日本国」という別の国になったとでも言わんばかりに、この列島の人びとが「今さら何を」と不誠実にあしらうのも、「解放」後すぐに国を分断され、世界を二分する東西二陣営が参加する「内戦」へと発展し、今も正式な終戦を迎えていないその停戦状態の下、軍事政権が続いた韓国と、旧植民地への責任は清算されたと嘯《うそぶ》き仮初《かりそめ》の「経済的繁栄」に耽溺《たんでき》していた日本では、流れた時間の密度がまったく違うことによるのだ。

また、往時《おうじ》の責任をいささかでも感じている人でも問題を「解決済」の三文字で事を済まそうとするのは、その「解決」が、韓国民衆が抗《あらが》い続けた軍事政権との間で交わされたものであること（二〇一五年の、慰安婦問題の「最終的かつ不可逆な解決」を謳《うた》った日韓合意の時の朴槿恵《パククネ》大統領は、いうまでもなく、一九六五年の「日韓基本条約」締結時の朴正熙大統領の娘である）を知らないか、無視するものである。

「軍事政権といえども韓国の政権であることに違いはなく、今の体制との連続性がある」と強弁する人たちは、軍事政権が続いたのは、日本を含め世界中に広がった「東西冷戦」が朝鮮半島に凝縮し、数年間「熱戦化」さえした結果であることを、知らなければならない。

すなわち、今日の日韓関係に関《かか》わり、発言するためには、前世紀前半の植民地時代から世界大戦時はもちろん、前世紀後半の歴史も知悉《ちしつ》していることが不可欠なのだ。その知識や、知ろうとする意志のない者がコミット、コメントしようとするときに、隣国への蔑視《べつし》や差別、ヘイトスピーチやそれに伴う暴力が生まれているのである。

ゴジラとブルース・リー

『反日――東アジアにおける感情の政治』（人文書院）の著者レオ・チンもまた、「帝国日本の脱植民地化の失敗と近年のグローバル資本主義下での中国の台頭が、東アジア地域における反日・親日主義の高まりに寄与した」（『反日』iii頁）と主張する。

「反日」感情は、戦前・戦中の日本の侵略戦争と帝国主義的支配にのみ向けられているのではなく、戦後の、今日に至るまでのアジア情勢に帰せられる、というのである。

この問題は、日本の戦争責任にのみ帰せられるものではない。そうではなくて、日本とその旧植民地の双方における「脱植民地化」の欠如こそが、日本の矛盾した植民地性／近代性を抑圧し隠蔽《いんぺい》してきたのだ、と私は主張したい。端的に言えば、他の植民地勢力とは違い、日本の敗戦はその帝国の終焉《しゅうえん》を意味した。続く冷戦とアメリカ覇権は、日本の急速な経済復興を助けることで、植民地の傷跡を「忘れる」ことに大いに貢献した。ポストコロニアルな（分断された）国民である台湾と韓国は、日本との国交正常化に調印したことで、日本の軍事的侵略に対するすべての賠償と補償が解決されたとされるものの、これらの国は真摯で深い反省に基づく政治的和解よりも経済的な必要性に駆られていた。この不完全で宙吊《ちゅうづ》りにされた脱植民地化と脱帝国化の結果、これらの地域には、根強い反日感情が残存している。（同51～52頁）

チンによれば、「脱植民地化」の欠如の原因は、大日本帝国の終焉の仕方にある。「植民地における独立運動によって帝国が滅んだフランスやイギリスとは異なり、帝国日本の瓦解《がかい》は敗戦によってもたらされた。この特殊な帝国の終焉は、脱植民地化の失敗に寄与する二つの帰結をもたらした」。「中国人ではなくアメリカ人に負けた」という認識、「東アジア地域において日本の帝国主義が及ぼした問題や脱植民地化の問題」が、日本の敗戦と非武装化に「ひとまとめにされた」（同36頁）。

加藤典洋《かとうのりひろ》（文芸評論家）の『敗戦後論』（ちくま学芸文庫）も参照しながらチンはゴジラに

「象徴的反米主義」を見て取るが、ゴジラが日本のアメリカ観の象徴だという見立ては、ゴジラの両義性を思えば腑《ふ》に落ちる。

最初未知の怪獣で、日本（の伝統的な象徴物）の破壊者として出現したゴジラは、シリーズ化されて回を重ねるとともに、いつしか（意志的にではないにせよ）人間の側に立って別の怪獣と闘うようになる。

そして、ゴジラの象徴的な反米主義とともに戦後の東アジアにおける脱植民地化の失敗を特徴づける欲望と幻想のもう一つの軸として、ブルース・リーの象徴的な反日主義が挙げられている。ブルース・リーは、日本だけではなく欧米でも熱狂的に迎えられた。

リーが演じる役は各々の卓越《たくえつ》した技能を見せつけ、敵を叩《たた》きのめし、観客は賞賛と喝采《かっさい》の咆哮《ほうこう》で応える。そして、この技術の顕示は、しばしば、そしてきわめて特徴的に、シャツを脱ぐことを伴ってなされる。この脱衣によって、中国人を弱々しく女性的で封建的な「東亜病夫《とうあびょうふ》」とみる西洋の見方を脱ぎ捨てるのだ。（『反日』58〜59頁）

「ブルース・リー」は、近代以降中国を弱者扱いして当たり前のように侵略してきた「西側諸国」への反撃の先触れであったのかもしれない。

反日・親日を決定づけるもの

実際、中国は二十世紀の終わりから二十一世紀にかけてグローバル市場に積極的に参入し、発展を続け、今やアメリカに次ぐ経済大国である。

こうした中国の台頭もまた、「東アジア地域における反日・親日主義の高まりに寄与した」と捉《とら》えられる。ここで言われている「親日主義」の主体は、台湾である。

台湾総督《そうとく》府《ふ》の設置は一八九五年だから、日本の植民地であった期間は韓国よりも十五年ほど長い。にもかかわらず今日の台湾では、親日主義が反日主義を上回っているといわれる。

日本に渡ってジャーナリストとして活躍している人も多く、「森宣雄《もりよしお》（２００１）が主張するように〈注：『台湾／日本―連鎖するコロニアリズム』インパクト出版会〉、日本在住の黄文雄《こうぶんゆう》や金《きん》美齢《びれい》のようなかつての台湾独立運動家たちは、日本による支配を批判していた従来の立場を変え、日本の新保守主義の代弁者となった。森によれば、この極端な転向は一九九〇年代以降の台湾の政治的な民主化が主な原因であり、台湾の民主化によって在日の独立運動家の存在意義が低下したことが背景にあるという」。（『反日』１４４頁）

ここでも、「反日／親日」は、そのときの社会情勢に強く影響されている。

台湾の「親日」には、背景として「解放」後のこの国が直面した、特異な歴史的事情がある。

「日本ならびに国民党の支配を体験した『本省人』の世代で共有される台湾と日本の『親密

性』は、植民地主義そのものとはあまり関係がない。むしろ、独裁者であった蔣介石《しょうかいせき》が先導した国民党政府による『ポストコロニアルな植民地化』と関連している。日本への親近感は、慈悲深い日本の植民地支配よりも国民党の暴虐的な体制を反映する、明らかにポストコロニアルな現象である」（同203頁）

要するに、台湾では、植民地時代を知る人たちでも、韓国や中国に比べて日本人に対する親密性が強いのは、台湾での日本の植民地政策がより穏やかなものであったからではなく、日本から解放された後、共産党に敗れて中国から渡ってきて統治した国民党政府の体制が、より暴虐的であったからにすぎない、というのである。

繰り返すが、日本が世界から見られる見られ方、そしてアジア地域の「反日」や「親日」の感情を決定しているのは、「第二次世界大戦」という「遠い過去」の出来事ではなく（それもまた決して「過ぎ去った」出来事ではないが）、戦後から今日にいたるまでの現代史――チンに言わせれば「脱植民地化」の失敗――、すなわち誰も「無関係、責任なし」とは言えない歴史的事実の集積なのである。

朝鮮半島とベトナム戦争

アジアの現代史のありようを決定づけた「東西冷戦」が、ときには「熱戦」と化したことは、先にも言った。そのときに言及したのは朝鮮戦争であるが、もう一つの大きな「熱戦」

である「ベトナム戦争」にも、韓国は深く関わっている。

朴正熙大統領は、ベトナム戦争に五万人の軍隊を派遣し、ベトナム戦争の泥沼に苦しむアメリカに一目置かせていた。だが、派兵の最大の動機はアメリカにおもねったり、恩を売ることではなかっただろう。朴正熙自身、ベトナム戦争への帰趨《きすう》にきわめて大きな関心を持っていたはずだ。間違いなくベトナムもまた「南」が勝たねばならない、「南」に勝たせなければならないと、朴正熙は考えていたに違いない。ソ連が支援する「北」、アメリカが支援する「南」という構図は、朝鮮半島とまったく同じだったからだ。

一九六八年、ベトナム戦争の真っただ中に、韓国大統領の官邸、青瓦台《チョンワデ》で、朝鮮半島の再度の「熱戦」化に直結しかねない事件が起こっている。


一月二一日の夜一〇時、北朝鮮の武装特殊部隊員三一人が、青瓦台襲撃を試みた。一国の大統領の首を狙《ねら》った。朝鮮戦争以後、最も無謀な敵対行為だった。（コ・ギョンテ『ベトナム戦争と韓国、そして1968』人文書院、286頁）

パク・チョンヒにとって、ベトナムがアジアの共産化を防ぐ第二戦線だったならば、キム・イルソンには朝鮮半島がベトナムの第二戦線だったのである。

結局、一月二一日の青瓦台への攻撃は「南朝鮮革命」攻勢の一つであり、ベトコンへ

の側面支援という二つの目的を持った人民軍精鋭部隊による「ベトナム参戦」だった。（同49頁）

朝鮮半島も、「ベトナム戦争」の戦場の一つだったのである。

その三週間後の一九六八年二月十二日、大韓民国海兵第二旅団（青龍部隊）第一大隊第一中隊による、南ベトナムクアンナム省のフォンニ・フォンニャット村の住民虐殺事件が起こる。

埋もれた歴史を掘り起こした労作

『ベトナム戦争と韓国、そして１９６８』（人文書院）は、ハンギョレ新聞記者コ・ギョンテが、半世紀前の事件の生存者を粘り強く探し当てて取材を重ね、「七四人の民間人が南朝鮮の軍人から虐殺された」（フォンニ・フォンニャット村の入り口のガジュマルの木の前の慰霊碑）とされるこの事件を、埋もれた歴史の中から掘り起こした労作である。

キエムル哨所《しょうしょ》のバンカーの上からフォンニ村の横へ移動する韓国軍を発見したのは午前一〇時ごろだった。彼らが村に侵入して住民を攻撃するとは想像もできなかった。そこに住んでいる南ベトナム民兵隊員の家族や親戚は一人二人ではなかった。当然、民兵隊員らは、迅速に村へ侵入して韓国軍を止めて住民らを救助しなければならないと主張した。米軍将校は、黙って待つように、危険だと言った。韓国軍隊員たちが興奮状態なので、一歩間違えれば衝突が起きると。（『ベトナム戦争と韓国、そして1968』95〜96頁）

韓国軍兵士たちは、村に潜むベトコン（南ベトナム政府に抵抗する南部ベトナムの政治・軍事団体である南ベトナム民族解放戦線）の発見、殲滅《せんめつ》に血眼《ちまなこ》だったのかもしれない、あるいは「戦友たちの死を目の前にして、理性を失ったまま手当たり次第に民間人に向かって発砲することもないわけではない」（同230〜231頁）。しかし、交戦地域においても民間人の虐殺は、ジュネーブ条約違反の戦争犯罪である。韓国軍は虐殺の事実を否定した。だが、真実は、いつか現れる。

コ・ギョンテが電話をかけた当事者の小隊長は、「『あ〜、三〇年以上も過ぎたあの日が、結局は世間に知られるのだな』と語り戦慄《せんりつ》が走った」（263頁）という。

「ベトナム戦争民間人虐殺問題は、分断国家である韓国で平和の感受性を刺激し、覚醒させる重要なモチーフになるとともに、新たな人権イシューとしてのポジションを占めた。帝国主義統治の加害者として日本を批判する前に、必ず振り返らねばならない、痛みを伴うが直視しなければならない、一つの歴史的鏡になった」（同341頁）と、著者コ・ギョンテは結んでいる。

とても残念なことだが、この言葉を読んで「それ見たことか。韓国だってひどいことをしているじゃないか」と自国の過去を免罪させようとする人々が、この日本には少なからず存在するであろうことは、想像にかたくない。だが、コ・ギョンテのように、丹念にかつ誠実に自国の戦争犯罪を掘り起こそうとするジャーナリストが、今日本にいるだろうか。それがぼくがこの本を読み終えた時の正直な思いである。

自国の過去の負の遺産を掘り起こし、真摯《しんし》にそれと対峙《たいじ》する作業こそが、同じ気概を持つ他国の人々とつながり、「反日」とそれへの反動の双方と闘っていくための条件ではないかと思うのである。

第13章 沖縄の戦後史を学ぶ

ベトナム戦争に深くまきこまれ

前章では、日本の敗戦後約半世紀、二十世紀後半の韓国と日本が、海峡一つ隔てただけでありながら、まったく様相を異《こと》とする歩み方をしたことについて、今日の日本人が無知無理解であることが、韓国との様々な軋轢《あつれき》、行き違いの原因であると強調した。

が、日本の四十七都道府県の中で、沖縄だけは例外である。沖縄は、韓国と同様、一九六八年当時ベトナム戦争に深く巻き込まれていたからだ。沖縄の戦後史もまた、日本（本土）の人間が改めて学び直さなければならない。そのことなしに、例えば「普天間《ふてんま》基地の辺野古《へのこ》移設は沖縄の問題であり、われわれは関係がない」などという認識を持っていたとしたらまったくの的外《まとはず》れと言うほかなく、それは自分たち自身についての無知も曝《さら》け出しているというしかない。

というわけで、ぼく自身の勉強もまだ足りていないことを恐れず、この章では何冊かの本によって、沖縄の戦後を学びたい。

一九六八年一月二一日、北朝鮮特殊部隊による韓国の青瓦台《チョンワデ》襲撃未遂事件が発生し、二三日には、北朝鮮が米国の情報収集艦プエブロ号を拿捕《だほ》した。米国政府は事件後に数度にわたって緊急会議を開き、北朝鮮は今戦争を再開することはできないという前提のもとに、プエブロ号の船舶と乗務員の無事な帰還を実現するために軍事的、外交的努力を行うことを二五日に決定した。米国は航空母艦エンタープライズと、沖縄からのジェット機編隊を含む三四七機の航空機とを動員した。当時韓国に配備していた米空軍は北朝鮮の約半分でしかなかったため、危機に備えて軍備の増強が行われたのである。沖縄へのB52配備は、この一環として提起された。マクナマラ国防長官は二六日に、米国本土のB52のうち一五機を沖縄、一一機をグアムへ、追加配備することを承認した（作戦コード名Port Bow）。

一方、米国は韓国が北朝鮮に対して報復攻撃を行い、朝鮮半島で大規模な武力衝突が起こることを恐れてもいた。ポーター大使は丁一権《チョンイルグォン》国務総理に対し、米国が北朝鮮に報復を行う意志はないことを伝え、韓国が北朝鮮に対する報復を行わないよう要請した。（成田千尋《なりたちひろ》『沖縄返還と東アジア冷戦体制——琉球《りゅうきゅう》／沖縄の帰属・基地問題の変容』人文書院、

１８０頁）

冒頭からの長い引用は、「沖縄」を主題とする本のこの箇所が、前章で紹介した『ベトナム戦争と韓国、そして１９６８』が丹念に描いた一九六八年の韓国についての叙述をほぼ引き写したかのような文章であることが、一九六八年の韓国と沖縄がベトナム戦争をめぐって一つの圏域の中にあったことを鮮明に物語っているからである。

韓国が巻き込まれたのは、時の大統領朴正熙《パクチョンヒ》の事情による面が大きい。

> 軍事クーデターによって政権を掌握した朴正熙政権にとって、韓国軍以上に重要な基盤はなく、削減が実施されれば政権の存立基盤が揺らぐ可能性もあったのである。米国政府が韓国軍の削減を提案したことに対し、東南アジアへの派兵を行うことによってこれを防ごうとした（『沖縄返還と東アジア冷戦体制』１１１頁）

冒頭の引用にもあったように、この年、青瓦台が北朝鮮によって襲撃され、北朝鮮―韓国、北ベトナム―南ベトナムの二対は、さながら東西冷戦の楕円《だえん》の二焦点だったのである。

朴正熙大統領の命令によって、多くの韓国人がベトナムに送られ、民間人虐殺という悲劇を生む。その実態と経緯を根気強く掘り起こしたのが、『ベトナム戦争と韓国、そして１９

68』だった。

沖縄と済州島の二者択一

一方、『沖縄返還と東アジア冷戦体制』には、沖縄の人びとの同じ歴史的状況への反応が、描かれている。

一二月四日〈注：一九六八年〉には嘉手納村《かでなそん》教職員会が、七日に一二時間職場放棄のストライキを行う、と宣言した。同会は村役所、PTA会長、自治労嘉手納支部、復帰協嘉手納支部にもスト決行を伝えるとともに協力を申し入れ、各組織とも「B52撤去のためなら反対することはできない」との姿勢を示した。スト宣言は、〈注：一九六八年十一月十九日、嘉手納基地での〉墜落爆発事故が沖縄戦の記憶を「まざまざと呼びさまさせた」とし、「毎日性《しょう》こりもなく、尊い人命を殺りくするために嘉手納基地を使わせていることは、私たち自身、ベトナム戦争に協力していることになりはしないだろうか」との加害者意識に立つものであった。(『沖縄返還と東アジア冷戦体制』208頁)

沖縄の人びとの行動は、歴史を少しずつ動かしていく。

ゼネスト〈注：一九六九年二月四日から〉は回避されたものの、沖縄での革新主席の誕生〈注：一九六八年十一月十日、屋良朝苗《やらちょうびょう》主席〉と、ゼネストが計画されたことは、日米両政府に沖縄返還が不可避だと認識させる結果をもたらしていた。〈中略〉佐藤首相も沖縄でのゼネストと総合労働布令への敵対的な反応が日本の世論に与える影響を懸念し、一九六九年一月一四日のジョンソン大使との会談で、沖縄返還について年内に何らかの合意をすることの重要性を強調した。（同218頁）

一方、「韓国ではこの時期から、沖縄返還後の基地のあり方に注目が集まるようになり、沖縄基地を韓国の済州島《チェジュ》に移転させるという案が提起された」（同198頁）。

沖縄と済州島は、米軍基地の所在地として、いわば二者択一の関係にあったのだ。そうなった事情は、第二次大戦後の「東西」対決の最初の「熱戦」である朝鮮戦争に遡《さかのぼ》る。

朝鮮戦争は一九五三年七月に休戦状態を迎えたが、同年一〇月に韓米相互防衛条約が締結されたことにより、当時米国の統治下に置かれていた沖縄は同条約の適用区域ともなった。この条約は、朝鮮戦争への中国軍の介入により、一刻も早い米軍撤収のための休戦協定締結を重視するようになった米国政府に対し、休戦協定に反対する韓国政府が休戦協定締結に協力する交換条件として提起した結果、締結されたものであった。この

ことにより、休戦後も沖縄の米軍基地の存在が韓国の安全と直結するような状況が生まれた。（同50〜51頁）

翻弄された戦後沖縄

ベトナム戦争をめぐるアメリカのジレンマが、韓国、沖縄という二つの地域に具現している。「東西冷戦」の一方の主役であるアメリカは、朝鮮戦争、ベトナム戦争を通して共産主義陣営に敗れるわけにはいかない。かといって、南北朝鮮の対立が、自由主義圏vs.共産圏の熱戦を世界大戦へと拡大していくことは避けなければならない。そんな微妙なバランスの上に、沖縄の米軍基地は存在していた。

沖縄は、太平洋戦争最後の激戦地であり、回避された「本土決戦」を前に米軍が上陸、進駐した地であるが、今日まで続く基地の存在理由は、決して単にその延長なのではない。『ひずみの構造――基地と沖縄経済』（琉球新報社《りゅうきゅうしんぽうしゃ》編著、新報新書）は、今日の沖縄米軍基地の起源を次のように書く。

米軍は東西冷戦勃発《ぼっぱつ》を背景に四九年、沖縄を米国統治下に置くことを正式決定し、広大な米軍基地の建設を始めた。五〇〜五二年までに二億七千万ドル以上ともいわれた莫大《ばくだい》な予算を基地建設に投下し、その労働力として沖縄の人々を雇用した。（47頁）

沖縄の基地は建設・拡大は、東西の「熱戦」である朝鮮戦争と並行していた。だから、沖縄の去就《きょしゅう》は、日米両国の「返す」「返さない」「いつ返す」の交渉で決定できるものではなかったのだ。沖縄には、日本への返還以外の可能性もあった（そもそも、琉球が「沖縄県」として大日本帝国の一部となったのは、その時点から約百年前のことにすぎなかった）。独立をも含めた沖縄の去就に強い関心を持っていたのが、もう一つのアクター、台湾国民政府である。

一九五〇年代に韓国政府・国府が反共の立場から連携し、ともに結成したＡＰＡＣＬ（アジア民族反共連盟）に「琉球代表」を参加させることで、沖縄を自治・独立の方向に向かわせようとしていた〈後略〉。（『沖縄返還と東アジア冷戦体制』97頁）

韓国と台湾が、共に沖縄独立を目指して手を組む時期もあったのである。中国共産党に追われる形で台湾に移り、その統治者となった国民党政府にとって、「反共」は自身の存続にも関《かか》わる絶対的国是《こくぜ》であった。

やがて日米が「沖縄返還」に向けて本格的に動き出した時期には、韓国も「沖縄の独立論を主張しても日米両政府の反発を生むだけであって重大な実益はないと判断」（同229頁）

し、韓国・台湾の「沖縄独立」支援の構図は崩れ去ったが、両国とも沖縄米軍基地のゆくえには常に関心を抱いていた。

一九六〇年代に入っても沖縄の地位の変化を注視していた国府は、再び米国政府に対し、沖縄の地位の変更がある場合は国府と協議が必要だと申し入れるようになった。佐藤首相は、一九六七年に数度にわたって国府側にアジアの安全保障に影響を与えない方法で沖縄返還を実現しようとしていると伝え、米国も日本政府が日本と地域全体の安全保障に対する沖縄基地の重要性を理解していると伝えたため、国府側は沖縄返還が基地機能に影響を与えない事に対し、一定程度の安心感を得たと考えられる。（同221～222頁）

このように、日米だけでなく、東アジアの近隣国の思惑に、戦後沖縄は翻弄《ほんろう》された。そして、米軍基地は一九七二年の「返還」後も残り続け、今日の辺野古基地移設問題に至っている。

米国と「本土」資本からの掠奪・蹂躙

同時に忘れてはならないのは、近隣国の思惑といっても、それはそれぞれの国民の総意ではなかったことだ。韓国は東西冷戦下長く軍事独裁国家であったし、台湾も大陸から移ってきた国民党の一党独裁状態が長く続いた。

『沖縄返還と東アジア冷戦体制』の著者成田千尋は、次のように総括している。

日本国憲法による制約から安全保障を米国に委ねていた日本とは対照的に、冷戦の最前線に置かれた韓国、台湾においては、日米の援助のもとで反共的な独裁政権が長く続いた。沖縄返還によっても韓国、台湾の安全保障が弱化しなかったといっても、その平和と安全とは、両国の人々の抑圧の上に成り立ったものであり、引き続き加重な基地負担を強いられた沖縄の人々の犠牲の上に成り立ったものであった。（『沖縄返還と東アジア冷戦体制』366頁）

われわれは、今なお残る様々な未解決問題や軋轢《あつれき》に相対するために、現在の国境ごとに線引きを行うのではなく、東アジアを一つの面として歴史を学び直さなければならないのである。沖縄について、われわれがまず知らねばならないのは、何をおいても米軍基地の歴史と存在理由だろう。

「本土復帰以降も沖縄経済は、米軍基地がなければ成り立たないという誤解を解く」ことをテーマとした『ひずみの構造——基地と沖縄経済』でさえ、「戦後、沖縄の経済復興は米軍基地の建設工事で始まった」(47頁)と書かざるをえないように、もともと資源も少なく黒糖生産ぐらいしか産業と呼べるもののなかった上に、戦火に壊滅的な打撃を与えられ、人命と土地を奪われた沖縄に、経済復興のその足がかりはほとんどなく、そうした特需には大きな期待が寄せられたであろう。

だが、「複数年にわたる工事を一括発注する米軍の発注方法」は、県内企業の手には負えず、「百億円を超える工事から準大手ゼネコン西松建設(東京)と大手ゼネコン大林組(同)の二社が落札している」(『ひずみの構造』44頁)。

米軍基地のための土地はその所有者からの借り上げだったが、地代は決して十分なものではなく、といって借り上げ拒否も事実上不可能だった。「人々の生産基盤であった土地は軍用地料のみを生み出す場に変質し、戦後沖縄の経済構造を変えて」(同19頁)いった。自らの産業基盤を失った沖縄の人びとは、基地建設工事やその後の基地労働に職を求めるしかなかったのである。その結果、「復帰以来、県経済の柱は3K―公共工事、観光、そして基地収入であると言われ」(同82頁)、基地収入は沖縄経済の三本の太い柱の一本のように語られてきた。

が、続く箇所では、「確かに復帰時の一九七二年、基地関連収入は県民総所得の一五・五%を占めていたが、その比率は年々減り、基地従業員数も七二年の一万九、九八〇人から〇九年は九、〇一四人と半減した。那覇新都心に代表される米軍基地返還跡地の再開発は大きな経済効果を上げ、雇用を生んでいる」（同82頁）と報告されている。

時代が下り、基地自体の比率が減るとともに地代の総計も基地従業員数も減っていった。ただし、それは決して終戦前への復旧ではなかった。

基地のための土地接収に生活基盤を奪われた多くの人が海外に移民していった。また、近年は毎年上昇する軍用地料が注目され、「〇五年ごろから軍用地の県外への売買が見られるようになり、最近はインターネット上の情報で取引がされるなど、一種の金融商品化している」（同8頁）。

沖縄の経済資源は、米軍と「本土」資本の双方から掠奪《りゃくだつ》・蹂躙《じゅうりん》されてきたことを、われわれは忘れてはならない。

「海洋博不況」と真の意味での観光資源

もう一つの柱である観光産業（公共工事は、基地・観光双方のインフラ形成となった）は、とくに戦後になってその成長を期待され、資本と人が投下された。のちの「海洋博」（沖縄国際海洋博覧会、一九七五年七月二十日～七六年一月十八日開催）において「沖縄イメージの三種の神器」と呼ばれた「海」「亜熱帯」「文化」は、観光資源としてもちろん戦前から存在したが、いかんせん航路の輸送力に限界があった。

「大阪から乗船した場合は九〇時間半、神戸から乗船した場合でも六八時間半を要し」、運行回数も限られていたため、観光を沖縄の産業と位置づけるのは難しかった。（櫻澤誠《さくらざわまこと》『沖縄観光産業の近現代史』人文書院、29頁）

船舶の輸送力の増大や航路の改善（のちには航空路の誕生）に、（アメリカ人を含めた）戦跡訪問や戦前に沖縄からハワイに移った移民やその二世の「里帰り」という新しい需要も加わり、戦後の沖縄の観光産業は本格的に発展を始めた。土地を収奪されたことが主な産業であった農業に打撃を与え、工業発展の地盤もなかった沖縄にとって、観光産業こそ「頼みの綱」であったともいえる。

「観光収入は、一九六〇年代初頭においてすでに糖業にせまる位置に」あり（同73頁）、「日本（本土）からの観光入域客数は一九五八年には一万二一三九名だったのが、一九六六年には六万六九二二名へと急増する」（同２０９頁）。そして、「復帰／返還時点の一九七二年度には糖業を含めた第一次産業全体を凌駕《りょうが》するまでに成長していた」（同１２５頁）。

しかし、沖縄の観光産業には影の部分もあった。返還前には日本国の法律は適用されず、「沖縄には売春禁止法がないために、いたるところにセックス地帯がある。赤線、青線と沖縄じゅうに氾濫《はんらん》している」（同１５１頁）などと、「ガイドブックには売春地帯に関する露骨な内容が記載され、観光客相手の売春地帯設置まで取りざたされていた」（同２０９頁）。

そして観光産業は、どこまでも観光客の志向に大きく依存する不安定さを持つ。

一九七五年七月二〇日（日）から一九七六年一月一八日（日）までの約半年間、海洋博は日本を含めた三六カ国・三国際機関の参加によって開催される。しかし、入場者数が目標の四五〇万人に対して、約三四九万人と大きく下回り、過剰投資を行った建設業や、ホテル・飲食業などの倒産が相次ぐなど、直後には「海洋博不況」と呼ばれる深刻な経済不況が沖縄で起こった。（同223頁）

さらに、観光客は時代状況に敏感に反応する。

二十一世紀に入り、「アメリカ同時多発テロ、〈中略〉アフガニスタン戦争が起こると広大な米軍基地を擁《よう》する沖縄は危険であるという『風評被害』によって修学旅行をはじめキャンセルが相次ぎ」（同264頁）、「近年の歴史問題や領土問題などによる韓国・中国との対立もまた、観光業の阻害要因として懸念されるようになってきている。実際、二〇一九年には、日韓関係の冷え込みによって韓国からの観光客が減少」（同269頁）、そしてその後、コロナウイルス感染症の影響をまともに受けた。

それでも、観光産業の発展に伴走しながらそれを支えるインフラも整備されていった。とくに、総体としては「失敗」と言えるかもしれない「海洋博」についても、「観光産業の拡大に必要不可欠な飛行機などの旅客数、ホテルなどの客室数、バス・タクシー・レンタカーなどの移動手段といった基礎整備を、海洋博への投資によって短期間で解決した」（同223

頁）ことは事実である。

そして、何よりも一九七六年の「沖縄県観光開発基本計画」（沖縄県労働商工部）に見られる、沖縄が数々の試行錯誤や失敗の蓄積から得た、次の観光観こそ、未来に向けた最大の収穫だと思うのである。

観光客をその地域における一人の生活者として把握すれば、地域における生活の豊かさこそが、真の意味での観光資源であるといえる。この生活の豊かさを引き出し、その地域の生活空間や文化が対等に他の地域と交流し得るような状態こそ真の意味の観光である。（同228頁）

経済急成長した中国や韓国からの客人の爆買いを寿《ことほ》ぎ、果てはカジノ建設に期待を寄せながら「観光立国」を唱えるこの国の政治・経済権力が、そのような豊かな観光観を持っているとは、とても思えないのであるが。

第14章
差別の相対的構造

好評だった「おきなわ本」フェア

前章では、韓国に続いて沖縄に言及した。韓国と沖縄は、二十世紀後半の「東西冷戦（ときに朝鮮半島やベトナムでは熱戦）」に翻弄された歴史を共有し、「東西冷戦」によって「民主化」を抑えられてきた。そのことを知らずに、今日《こんにち》起こっている問題と向き合うことはできないと論じた。

しかし一方、日本「本土」の人間にとって、沖縄の問題は「東西冷戦」に帰責《きせき》できる問題ではない。その意味で、返還前の米軍基地と観光産業の歴史を中心に論じた前章の叙述は、ウチナンチュや沖縄の問題に真摯《しんし》に関《かか》わっている人たちには、まったく物足りないものだったに違いない。

そこでは、在沖米軍基地への日本「本土」の人たちの責任、言い換えれば沖縄に対する

「本土」による差別の問題が、語られていない。「本土」／韓国・沖縄というスラッシュを引いたのが「本土」人＝ヤマトンチュであり、そのスラッシュを今もヤマトンチュは引き続けているという構図が、明確にはされていなかったからである。

ジュンク堂書店難波店では、二〇二二年の年明けから二月の中旬まで、沖縄出版協会主催「おきなわ本」フェアを開催した。大半が沖縄所在の十六社が選《え》りすぐった約二百点を並べたフェアは開始早々好評で売上もよく、何点もの本が早々と完売した。

フェアで展示した商品のほとんどが普段、在庫がないものであったことも大きな理由だと思う。在沖の出版社は、「本土」の大手取次と直接取引関係を結んでいないところが多いからだが、それでも地方・小出版流通センターを通じて仕入れは可能であるから、「ない本はない」をセールスポイントとして展開してきたジュンク堂書店としては、そのことを、無意識のうちに引いてしまっていたスラッシュとして反省しなければならないだろう。

「おきなわ本」フェアと連動して、一月二十二日（土）に二回、一月二十三日（日）に二回、二月六日（日）に一回と三日間、計五回にわたりReal & Onlineトークを開催した。

一月の四回は、コロナ禍の拡《ひろ》がりを考慮して、店頭でのトークイベントをオンラインで同時配信した。二月六日（日）の第五回「首里城《しゅりじょう》　象徴になるまで」の登壇者のお二人は、沖縄からのオンライン参加で、それを店頭大型モニターで放映、あわせてオンライン配信したのだった。

第五回の、現在修復中の首里城からの実況もとても興味深かったが、何より印象に残ったのは、一月二十三日（日）の第一回「大阪・関西からみた沖縄＆沖縄からみた関西」である。このトークには、大阪市大正区で沖縄関係の図書を集めた「関西沖縄文庫」（一九八五年開設）を運営する金城馨《かなぐすくかおる》が登壇した。

「朝鮮人、琉球人お断り」

金城は、大阪に渡ってきたウチナンチュが受けた、あからさまな差別を語る。その語りの大筋は、著書『沖縄人として日本人を生きる――基地引き取りで暴力を断つ』（解放出版社）から変わっていない。

沖縄の人が大阪に来るようになったころ、分かりやすい形で現れるのが、職工募集、従業員募集と書いてある張り紙の但《ただ》し書きに、「朝鮮人、琉球《りゅうきゅう》人お断り」と書いてあったそうです。露骨な差別によって迎えられたのです。

戦前、仕事を求めて大阪に出てきた沖縄の人たちにとって、働く場所を探して歩いても「職工募集、但し朝鮮人、琉球人お断り」と書かれていた。アパートを借りようとしても同じです。「空き部屋があります」と書かれていてもやはり「朝鮮人、琉球人はお断り」と書かれていた。その差別は、戦後にかけても続いていたといいます。（『沖縄人

として日本人を生きる』19頁)

農業以外にこれといった産業を持たなかった沖縄は、昭和初期の大恐慌によって大きな打撃を受ける。沖縄戦による荒廃はさらに大きなダメージを沖縄に与え、戦後は基地への農地の接収と働き手の動員が産業復興を遅らせる。それらの時代を通じて、つねに多くのウチナンチュが、生きていくために、「本土」に「移民」せざるを得なかった。「移民」先は、すでに航路が開かれていた「本土」第二の産業都市、大阪が中心だった。そこで「移民」が受けた洗礼が、「朝鮮人、琉球人お断り」だったのだ。

一歳のとき、両親とともに尼崎《あまがさき》に「移民」してきた金城馨も、やがてそのような差別の実態を目《ま》の当たりにする。

親たちの世代は、仕事を得るため、ウチナンチュのアイデンティティを捨て、苗字《みょうじ》の読みを変え(カナグスク↓キンジョウ↓カネシロ)、漢字まで変えてしまう人たちもいた(金城↓岩城、具志堅《ぐしけん》↓志村、比嘉《ふぃじゃ》↓日吉)。

日本人に迎合する。日本人に合わせる名前に変わっていくわけです。

何故《なぜ》か、それは日本に力があるからです。差別と暴力の日本社会の中で生きていこうとすると迎合しなくては生きていけない状況になるのです。対等に生きていこうとする

と潰《つぶ》されかねないのです。（同24頁）

金城は、親世代の苦渋の選択の理由を理解しながらも、そのように差別に「屈する」やり方に違和感を覚え、「迎合」しない、差別そのものと闘う道を取ろうと決意する。父の世代と違って自らの姓を「カナグスク」と名乗り、一九七五年には「関西沖縄青年の集《つど》いがじまるの会」（一九七五年当時は「関西沖縄青年の集いがじゅまるの会」）を創設、大阪市大正区内で沖縄伝統のエイサー祭りを開催した。

「壁」を尊重する「異和共生」

そのときの先輩世代の反応には、「今までエイサーをやれなかったけど、やってくれてありがとう」「よくやったな」というものもあったが、「恥さらし」と怒鳴《どな》って石を投げてくるというものもあった。

「沖縄を隠してきたのにお前たちは何やってんだ」、「日本人の前で沖縄を出すな」。そういう生き方を先輩たちはしてきたんだなと分かりました。（『沖縄人として日本人を生きる』34頁）

エイサー祭りは、同書刊行の二〇一九年時点で、四十四回続く（ただし、四十四回めは台風の影響で中止。「エイサー演舞交流会」に）。

最初、２００人くらいでやっていた祭りが今は、２万人が集まる祭りになっています。4割くらいは沖縄人だと思いますが、どうしてこんなにたくさんの人が来るのかととまどってしまう部分があります。（同39頁）

そして、「今は何を考えているのか分からない人たちがいっぱい来ていることに意味があると思っています」と、金城は言う（同39頁）。

参加者の半分以上がヤマトンチュとなっていくにしたがい、金城自身のエイサー祭りを見る目が変化していった。

最初の祭りの２００人で集まったときには「沖縄人としての誇りを取り戻すんだ」、「差別を跳ね返すんだ」と考えていました。それから大分、変わってきました。変わっていくことで祭りは持続しているといえます。同じ考え方だったら祭りは続かないと思います。（同39頁）

エイサー祭りの本質である沖縄の先祖供養の思いを、本土の人間が共有することは難しい。思いを無理に同一化しようとすると、必ずマジョリティ（ヤマトンチュ）の力が勝り、その本質が崩されてしまう。むしろ、「分からない」こと、違いを自覚することが大切なのだ。

そのために壁が重要になるのです。壁をきちんと持った上で対応しないと違いを維持できません。壁がなかったらだんだんマジョリティに混ざっていくわけですから。違いを維持するということは壁があってできることです。（同54頁）

金城の「逆転の発想」である。ウチナンチュとヤマトンチュが共生するためには、「違いを維持すること」が大切であり、「壁がある」ことこそ重要だというのだ。

一般に、「壁」はコミュニケーションを阻害する存在とイメージされる。しかし、金城は「そうではない」と言う。「壁がなくなって共生するというのは同化」であり、「それはマジョリティにとっては有利で、マイノリティにとっては、全《まった》く不利益だ。真に共生するためには、壁が、それも二枚の壁が必要だ」というのである。

壁と壁の間にすき間を空ける。そのすき間がコミュニケーションになる。（同55頁）

「壁と壁の間」でのコミュニケーションこそ、共生のための必須条件なのだ。この道を、金城は「異和共生《いわきょうせい》」と呼ぶ。

「基地引き取り運動」へのバッシング

金城が今取り組むのは、米軍基地の県外移設である。

十年以上前の民主党政権時、鳩山由紀夫《はとやまゆきお》首相（当時）が掲げた「最低でも県外」という約束は脆《もろ》くも頓挫《とんざ》し、普天間基地の移設先は沖縄県内の辺野古とされ、その後の自民党政権下、移設のための工事が、沖縄の人たちの反対・抵抗を無視して進められている。

鳩山が掲げた「最低でも県外」という約束は、理由のあるものだった。面積が日本全体の〇・六パーセントしかない沖縄に、米軍基地の七割以上が存在している。これは明らかに異常であり、「本土」が米軍基地を沖縄県に押しつけているといえる。

この状況は、あまりにも長く続いてきたがために、多くの「本土」人には半ば常態と受け止められてしまっており、今「本土」に基地を移すとなれば、「本土」の人間は、「沖縄に基地を押しつけられた」と感じるだろう。しかし、沖縄の米軍基地の割合は、決して戦後の常態であったわけではなく、時代が下るにしたがって、どんどん大きくなってきたのである。

［なぜ沖縄に米軍基地が集中したのか］

それは、「本土」から沖縄に基地が「県外移設」された結果です。その背景には、日本人の沖縄人に対する「差別」があります。日本人が、沖縄人に基地を押しつけてきたのです。１９５０年代、少なくとも全国33都道府県に米軍基地がありました。当時は「本土」に9割の米軍基地があり、沖縄は1割でした。（大山夏子・沖縄を語る会「なぜ沖縄に米軍基地が集中したのか」『沖縄の米軍基地を「本土」で引き取る！――市民からの提案』コモンズ、51頁）

そのことを認識している「本土」の人間は、少ないのではないか？　ここでも、思い込みでなく、事実を知らなければならない。

二〇一九年五月に『沖縄の米軍基地を「本土」で引き取る！』をテーマにトークイベントを開催した際に登壇してくれた松本亜希《まつもとあき》（市民団体「沖縄差別を解消するために沖縄の米軍基地を大阪に引き取る行動」代表）も当初は次のように「本土で基地を引き取る」など、とんでもないと思っていた。

沖縄からの「基地を持って帰ってほしい。引き取ってほしい」という声を初めて聞いたのも、この時期です。とても驚き、到底受け入れられないと思いました。（同31頁）

しかし、沖縄の米軍基地の歴史と実態を知り、彼女は「沖縄差別を解消するために沖縄の米軍基地を大阪に引き取る行動」の中心人物となる。

最初に聞いたときに「基地引き取り」など到底受け入れられないと松本のように思うのは、「本土」の人間の自然な反応だろう。

福岡からトークに参加してくれた里村和歌子《さとむらわかこ》（本土に沖縄の米軍基地を引き取る福岡の会代表）は言う。

基地引き取り運動が誕生して以来、「右」からも「左」からもバッシングが止《や》みません。なかでも「左」からが目立ちます。（『沖縄の米軍基地を「本土」で引き取る！』35頁）

とくに米軍基地そのものに反対であるという人ほど、基地引き取り運動を批判しているのだ。

「基地引き取り運動をやっている人たちがいるけれど、私も、ああこれはまずいと思った。基地は絶対悪だと思うから」（蟻塚亮二《ありつかりょうじ》の発言。『世界』二〇一九年六月号、177頁、安《やす》彦良和《ひこよしかず》との対談）

ヤマトンチュとウチナンチュの、沖縄の米軍基地についての認識の落差が、明らかに見て取れる。この落差こそ、実は双方が共に反対しているはずの日米安保と沖縄の米軍基地の存在を是とする「敵」を利するものなのだ。

この落差を埋めるのは、「本土」が沖縄に基地を押し付けてきた歴史、そして、今八割の日本人が日米安保を支持しているという事実をしっかりと認識することである。とはいえ、認識したとしても、その事実が消えるわけではない。「本土」が沖縄に基地を押し付けてきた年月を、元に戻せるわけではない。埋めたとしても、落差は落差である。その落差を当然視するところにはもちろん、その落差を見ないですまそうとするところにも「差別」がある。

そこで、金城馨のいう「異和共生」が重要となる。

差別される側から差別する側へ

ヤマトンチュはウチナンチュに米軍基地を押し付けてきた、ウチナンチュはヤマトンチュに米軍基地を押し付けられてきた、基地について正反対の属性を持つことを各々が認識して理解し、その違いを共有した上で、「壁と壁の間」でコミュニケートする、相手の立場を尊重しながら、よりよい関係を築けるよう話し合うことのできる場＝「壁と壁の間」をつくっていく。これが、「異和共生」の真髄である。

ここで多くの方に知っておいてほしいのは、金城が「ヤマトンチュ／ウチナンチュ」を固定的に、二項対立的に捉《とら》えているわけではないことである。ウチナンチュがヤマトンチュの立場に立ってしまうこともある、すなわち差別構造の中で「差別する側」「差別される側」は、相対的であるということも言っているのだ。

金城は、一九〇三年に大阪で開催された第五回内国勧業博覧会の「人類館」について、著書『沖縄人として日本人を生きる』にも書き、ジュンク堂書店難波店で行った「おきなわ本」フェアのトークイベントでも言及していた。

「人類館解説趣意書（明治三十六年一月十四日）」は次のように述べる。

内地に最近の異種人種即《すなわ》ち北海道アイヌ、台湾の生蕃《せいばん》、琉球、朝鮮、支那、印度、爪哇《ジャワ》等の七種の土人を傭聘《ようへい》し其の最も固有なる生息の階級、程度、人情、風俗、等を示すことを目的とし各国の異なる住居所の摸型《もけい》、装束、器具、動作、遊芸、人類、等を観覧せしむる所以《ゆえん》なり（『沖縄人として日本人を生きる』121頁）

「内地」周辺に住まう人々を「土人」呼ばわりした上に「動物園の動物」のように見世物扱いする。今では考えられない文言である。かような扱いに当時のウチナンチュも即座に抗議した。

１９０３年4月7日、琉球新報は抗議の社説を掲載した。ここに沖縄人の人類館事件は始まり、5月19日、「人類館陳列婦人の帰県」で沖縄人の展示された人類館事件はひとまず終わった。（同１２２頁）

「沖縄人」だけでなく、「中国人は会期前から抗議（事件化）し、その結果、展示予定から外され、朝鮮人はしばらく展示されたが、その後外された」（同１２０頁）。

だが、この事件について語る金城の意図は、歴史的事実の弾劾ではない。先の「人類館事件はひとまず終わった」に次のように続けていることからも、それがわかる。

しかし続きがある。沖縄人がいなくなった人類館を今度は見る側に移動することで、沖縄人の人類館事件は新たにはじまったのである。（同１２２頁）

中国人、朝鮮人、沖縄人が「展示」から外された一方で、他の「土人」の「人類館」での展示は続いていた。自分たちが「陳列」されなくなったことで満足するのは、「見られる」側から「見る」側に、差別される側から差別する側に移動しただけで、差別の構造は手つかずのままなのだ。

その状況を金城は「沖縄人の人類館事件は新たにはじまった」と記している。差別に加担、あるいは放置した歴史的事実をウチナンチュもまた反省しなければならないという、厳しい姿勢である。
もちろん、より反省しなくてはならないのは、「人類館」を企画したヤマトンチュであり、それを当たり前のように観覧したヤマトンチュである。そして、その図式は、今日にまで続いていると、金城は指摘する。

沖縄の米軍基地の存在とは何か。基地を押しつける側と押しつけられる側、そしてそれを見ている側との関係でなりたっているといえる。それは「人類館」と重なる。
基地をつくり押しつける側とは国家であっても、それを実行し続けるということは国民の何らかの同意がなければ不可能である。その国民の多くは傍観（見る）することで同意している。国家の暴力を可能にしている現状と、辺野古新基地建設の強行の責任は日本人ひとりひとりにある。（同123頁）

金城は、「基地引き取り運動」に参加する今日のヤマトンチュについて語っている。

基地引き取りという行動は、彼／彼女たちが日本人としての責任を自覚したときから始まる。新たに起きている辺野古新基地建設という、日本政府による暴力「事件」の共

犯者という立場でいることをやめようとしている。（同123頁）

「本土」の人びとが、沖縄の米軍基地について、そしてその根底にある日米安全保障条約について、傍観者として「見る」のではなく、主体的に考え行動するときにはじめて、金城がいう「異和共生」の条件が整うのである。

V
やはり発端は、
「自分探し」ブームだったのだろうか

第15章
アイデンティティがもたらすもの

歴史学における修正と「歴史修正主義」

一九九五年二月に「戦後世界史最大のタブー。ナチ『ガス室』はなかった」という寄稿記事が内外からの大きな批判を浴び、掲載誌『マルコポーロ』（文藝春秋）が廃刊に追い込まれたことには、第4章で触れた。

『マルコポーロ』の当該号の発売日は、一月十七日、まさに阪神淡路大震災が起こったその日だった。約二か月後、オウム真理教による「地下鉄サリン事件」が起こり、人びとはバブル期のまどろみから一気に目を覚まされ、世紀末に向かって不安が社会を覆《おお》っていった。

一九九七年には「新しい歴史教科書をつくる会」が設立され、日中・日米戦争から戦後日本の、それまでの一般的な歴史記述を「自虐史観《じぎゃくしかん》」として激しく攻撃し始めた。

「南京《ナンキン》虐殺」や「朝鮮人強制連行」「従軍慰安婦」といった戦中の日本軍の犯罪行為を「無

実であり、無根」と否定する強弁は、「ナチ『ガス室』はなかった」の論法と軌《き》を一《いつ》にしている。一方『マルコポーロ』廃刊と共に解任された花田紀凱《はなだかずよし》編集長は、のちに『ＷｉＬＬ《ウィル》』『月刊Ｈａｎａｄａ《ハナダ》』という保守系雑誌（あえて言えば右翼誌）の編集長として活躍する。一九九五年は、時代の大きな曲がり角であったといえる。

ナチス（国民社会主義ドイツ労働者党）のユダヤ人大量虐殺は、日本でも多くの人が知る歴史的事実である。「ナチ『ガス室』はなかった」の寄稿者は内科医で、歴史研究者ではない。アウシュヴィッツやマイダネクの強制収容所を訪れたとはいえ、記事そのものは収集した英文書籍をもとに書かれたものだったという。

欧米ではその時点ですでに、ナチスのユダヤ人虐殺を否定する「歴史修正主義」が登場し、少なからぬ人びとが同調していた。日本では「新しい歴史教科書をつくる会」やその周辺の言説が「歴史修正主義」と呼ばれはじめるが、それには、欧米に「お手本」があったのである。

『歴史修正主義――ヒトラー賛美、ホロコースト否定論から法規制まで』（中公新書）の著者武井彩佳《たけいあやか》（ドイツ現代史研究者）によると、歴史学とは、多くの史料、証言を蒐集《しゅうしゅう》してそれらが何を語っているかを吟味し、ときには考古学的発掘によって物的証拠を手に入れながら、歴史の実像に一歩一歩近づいていく作業である。新史料などの発見によって、それまでの「歴史」が修正されることは、歴史学において珍しいことではない。

では、『歴史修正主義』は、本来の歴史学の「修正」と何が違っているのか？
武井は、「主義＝イズム」としての「歴史修正主義」を、次のように説明、定義する。

どうやら歴史修正主義の問題は、政治的な意図の存在にあるようだ。歴史の修正の目的は、政治体制の正当化か、これに不都合な事実の隠蔽《いんぺい》である。現状を必然的な結果として説明するために、もしくは現状を批判するために、歴史の筋書きを提供する。（『歴史修正主義』16頁）

歴史学の修正は、史料の発見、視点の変化によって、あくまで過去の事実の解明に向かうが、「歴史修正主義」の「修正」は、「政治体制の正当化」や「不都合な事実」の隠蔽を目的とするのだ。

近代的な「歴史修正主義」の嚆矢《こうし》として、武井は、十九世紀末から二十世紀にかけての「ドレフュス事件」を挙げる。ユダヤ系のフランス陸軍大尉アルフレッド・ドレフュスが、軍の機密をドイツに漏洩《ろうえい》したスパイだと仕立て上げられた事件で、エミール・ゾラ（フランスの文学者）が冤罪《えんざい》として告発し、裁判のやり直し＝修正を求め、フランス国内を二分する騒ぎとなった。そして、冤罪であることが確実視されると、今度は右派勢力が、その判断を再度「修正」しようとした。前者が歴史学の修正、後者が「歴史修正主義」の「修正」に近い。前者はあくまで事実の解明を目的とし、後者は自身の政治的立場を守ることを目的としているからだ。

「言論の自由」が適用されないホロコースト否定論

時代は下って二十世紀前半、アメリカのハリー・エルマー・バーンズ（歴史家）が第一次世界大戦勃発《ぼっぱつ》に関してドイツ免罪を主張、第二次世界大戦後は陰謀論からホロコースト否定に傾く。やがて、ドイツやフランスでも、ナチス・ドイツを擁護する言説が生まれ、一九七〇年代には、ホロコースト否定論が無視できない影響力を持ち始める。

ホロコースト否定論がなぜ一九七〇年代に登場したのか？

武井は二つの要因を挙げる。一つは、世代交代。戦争体験者が退場し、戦後世代が社会の主流となり、多くの国が一九六〇年代末の学生運動などによる争乱と、社会変動を経験したこと。もう一つは、国際的な要因。一九六七年、イスラエルが六日間戦争（第三次中東戦争）で勝利し、軍事強国となったこと。あわせてイスラエル国家のパレスチナ人抑圧、イスラエルのドイツへのホロコースト賠償金請求が、反発を生んだ。

明らかに、動機の主要な部分は、一九七〇年代当時の世界情勢と各国の思惑であり、第二次世界大戦中の歴史的事実の解明ではない。だから、証拠や論の整合性は不要なのである。「歴史修正主義」は、「問いを立てるが、証明はしない。主張する本人が証明できないことを知っており、証明するつもりもないからである」と武井は言う。

「可能性」を繰り返すことで、人々の認識の揺らぎを呼び起こす(『歴史修正主義』113頁)

彼らの意図にとっては、それで十分なのだ。

疑念だけを表明するそうした「論」は、日本でも「南京大虐殺はなかった」論や「従軍慰安婦はいなかった」言説でおなじみのやり方と言える。だが、欧米と日本には、重要な違いがある。

欧米では、ホロコースト否定論を「歴史修正主義」とは峻別《しゅんべつ》する。それは、「彼らの主張が歴史の再検証とは無縁だから」(同71頁)だ。だからこそ、欧米ではホロコースト否定論に「言論の自由」を適用しないし、法によって罰することもできるのである。

一方、「日本では『歴史修正主義』という概念の幅はかなり広い。〈中略〉歴史修正主義と否定論の明白な区別がないため、意図的に歪曲《わいきょく》された歴史像が一つの歴史言説として社会の一部で流通している」のである(同73頁)。

確かに、日本には、特定の言説を罰する法は、ない。逆に言えば、欧米においては「ホロコースト否定論」は特別な意味合いを持つ言説なのだ。なぜだろうか? それは、ホロコーストの犠牲者の多くがユダヤ人であったからではないか？　ユダヤ人が欧米の人びとにとって、特別な「民族」であったからではないか？

六十六年も読み継がれている『ユダヤ人』

岩波新書青版『ユダヤ人』（J－P・サルトル著、安堂信也訳、一九五六年一月刊行、二〇一九年十月第74刷）は、六十八年以上読み継がれているロングセラーである。章立ては、「I　なぜユダヤ人を嫌うのか」「II　ユダヤ人と『民主主義』」「III　ユダヤ人とはなにか」「IV　ユダヤ人問題はわれわれの問題だ」。哲学者は何かを論じる時、まず論じる対象の定義を提出するのが通例である。ところが、この本では、「ユダヤ人とはなにか」という問いが、本の半ばになって初めて現れるのだ。

この奇妙な章立ての順序が、サルトルの主張を顕《あらわ》にしている。それは、サルトルが、反ユダヤ主義者と「民主主義」者こそ、ユダヤ人をユダヤ人たらしめていると考えるからだ。

古代イスラエルがローマ帝国に滅ぼされ、「ユダヤ人」は、中東からヨーロッパ各地まで広い範囲に離散する。キリスト教圏となったヨーロッパにおいて、ユダヤ人はキリスト教の祖であるとともにキリスト殺害者の後裔《こうえい》であるという両義性を帯び、十九世紀に国民国家の時代を迎えても民族としての定住地は与えられず、市民社会からは疎外され、あるいは疎外されるべき存在（中世以来キリスト教徒には禁じられた利子を取る金融業者）＝必要悪として、居場所を与えられる。

長きにわたるディアスポラ（移民・植民）という民族属性はサルトルが生きた二十世紀には、デフォルトとして社会に認識され、ユダヤ人差別を推進した。その終点こそ、ナチスによる「最終解決」＝ホロコーストである。そして、フランスの人びともそれに加担した。その責任を、第二次世界大戦時のドイツによる占領に帰することはできない。それ以前も、それ以後も、フランスには多くの反ユダヤ主義者が存在していたからである。

周知の通りユダヤ人には、アルベルト・アインシュタイン（ドイツ出身の理論物理学者）、アンリ・ベルクソン（フランスの哲学者）、チャーリー・チャップリン（イギリス出身の映画俳優）をはじめとして、学問や芸術で高い業績を残した人が多い。だが、反ユダヤ主義者にとっては、それさえも軽蔑《けいべつ》、差別の理由になる。

> 反ユダヤ主義者にとって、知性はユダヤ的なものである。従って、安心して、それを軽蔑することが出来る。ユダヤ人の持つ、他のすべての徳性も同様である。それらは、常に、平衡の取れた凡庸さに欠けているユダヤ人が、そのうめ合せに用いる補償手段にすぎない。自分の地方に、自分の故国に根を下し、二千年の伝統に支えられ、祖先伝来の叡智《えいち》を受け、試練を経た習慣に導かれている本物のフランス人には、知性など、必要がない。（『ユダヤ人』22頁）

また、古くから金融業に徹してきたことにより、裕福なユダヤ人もたくさんいる。反ユダヤ主義者は、そのことをも、攻撃の道具にする。

多くの反ユダヤ主義者、多分その殆《ほと》んどは、都会の小ブルジョワ階級に属している。官《かん》吏《り》や、会社員、小商人などで、財産などすこしも持っていないのである。そこで、彼等は、ユダヤ人に向って立ち上ることによってこそ、所有者としての自覚を突然持つことが出来るのである。（同25頁）

これらの「論理」がかなりの強弁であることが、反ユダヤ主義者にとっての「ユダヤ人」の必要性を示している。

〈ユダヤ人が皆殺しにされてしまったら〉それまで、ユダヤ人の不正な競争のせいにしていた自分の失敗も、いそいで、なにか他の原因に帰するか、自分の中に探って見るかしなければならなくなり、憤懣《ふんまん》と、特権階級に対する陰鬱《いんうつ》な憎悪に落ち込みかねない。このように、反ユダヤ主義者は、その敵を打ちくだこうとしていながら、しかも、生かしておかなくてはならないという不幸に、悩まされているわけである。（同28〜29頁）

いわば、「ユダヤ人」は、反ユダヤ主義者の必要によって「構築」された概念なのだ。

サルトルの結論

サルトルは、「ユダヤ人種というものの存在を否定しはしない」、ただし「それ以上いい言葉がないので、仮に人種的特徴とわたしの名付けるのは、非ユダヤ人より、ユダヤ人において屡々《しばしば》見られる一定の遺伝的な身体構造である」（『ユダヤ人』71頁）という。しかし例えば、「そのちぢれて黒い顎《あご》ひげ。それはたしかに身体的特徴の一つである。しかし、特に私の気を引くのは、彼がそれを伸ばしているということである。それによって、彼は、ユダヤ共同体の伝統に結びついていることをあらわしているのである」（同74〜75頁）。

ユダヤ人をユダヤ人と同定するに際して用いられる特徴の多くは、生物学的というよりも、文化的なそれなのである。そして、「もし、彼等《かれら》すべてが、ユダヤ人という名を持つに値いするとしたら、それは、ユダヤ人として共通の状況を持っているからである。即ち、彼等を、ユダヤ人として取扱うどこかの共同体の中に生きているからである。ひとくちに言えば、ユダヤ人とは、近代国家のうちに、完全に同化され得るにもかかわらず、各国家の方が同化することを望まない人間として定義されるのである」（同79頁）とサルトルは結論づけている。国家に「同化され得るにもかかわらず」、国家が同化を望まない人間と、反ユダヤ主義者がユダヤ人に覆いかぶせる共通の「状況」こそ、「ユダヤ人」をつくり上げるのである。

一方、「民主主義者」がユダヤ人の周囲に見る「状況」は、そうした排除主義的なものではない。「民主主義者」はユダヤ人の味方だが、サルトルは、「なんとなさけない味方であろう」と言う。なぜか？「民主主義者は、すべての人間が、同じ権利を持つと主張し、人権擁護連盟も設立している。しかし、その言明そのものが、彼等の立場の弱点を示している。〈中略〉彼等は、ユダヤ人も、アラビア人も、黒人も、ブルジョワも、労働者も知らない。知っているのは、古今東西、常に変わらない人間というものだけである」（同63頁）からだ。すなわち、「民主主義者」がユダヤ人を（も）擁護するのは、すべての属性を取り払った「人間」一般としてである。だから、「民主主義者は、ユダヤ人のうちに、『ユダヤの自覚』、即ちイスラエルの集合体についての自覚が目覚めるのを恐れる」。（同65頁）。

結局、ここでもユダヤ人は「ユダヤ人であること」を許されないのである。

その挙げ句、「反ユダヤ主義者は、ユダヤ人が、ユダヤ人であることを非難するのだが、民主主義者は、ユダヤ人が、自分をユダヤ人と考えることを非難し勝ちなのである。こうして、ユダヤ人は、敵と味方に挟みうちされて、なかなか苦しいといわねばならない」（同67頁）と、サルトルは言う。

そして、「Ⅲ　ユダヤ人とはなにか」という問いに対し、敢然《かんぜん》として簡潔に、次のように答える。

ユダヤ人とは、他の人々が、ユダヤ人と考えている人間である。これが、単純な真理であり、ここから出発すべきなのである。（同82頁）

「かつて、国家的でも、宗教的でもあったユダヤ共同体は、少しずつ、それらの具体的性格を失ってしまった」、だから「われわれは、それを、抽象的な歴史的共同体とでも呼んでよかろう」（同78頁）と、サルトルは言っている。ある人を「ユダヤ人」であると判定する、客観的、決定的な証拠は、もはやないのである。

かくして、「ユダヤ人」は「反ユダヤ主義者」によって定義される＝存在する――と、弁証法的、構築主義的な議論を展開するサルトルだが、それでも、彼自身の周囲に多くの「ユダヤ人」が存在し、多くがナチスによって殺害されたという事実は生々しく記憶されている。だから定義にいかに大きなゆらぎがあったにせよ、「わたしは、ユダヤ人種というものの存在を否定しはしない」というのである。

アイデンティティの虚妄

それに対し、『国家と実存――「ユダヤ人国家」の彼方《かなた》へ』（彩流社《さいりゅうしゃ》）の立川健二《たつかわけんじ》（思想評論家）は、バビロン捕囚《ほしゅう》からイスラエルの建国まで、世界史大で「ユダヤ人」の通史を辿《たど》り、立川が嫌う「人種」概念においても、言語共同体という意味でも、「同一性」という、語の本来の意味での「ユダヤ人」のアイデンティティは存在しないことを丁寧に説いていく。

一九四八年のイスラエルの建国は、いわば「ディアスポラ」伝説の裏返しであり、決して「ユダヤ人」の同一性を担保するものではない。イスラエルの「ユダヤ人」は、アフリカ、アラブ、東西ヨーロッパのさまざまな民族の混淆《こんこう》であって、もはや血統的正統性は存在しない。

言語的出自もさまざまで、だから、イスラエルは「国民語」として、すでに使われなくなって久しいヘブライ語を掘り起こして「現代ヘブライ語」を作り上げなければならなかったのである。彼らの唯一の紐帯《ちゅうたい》はユダヤ教であるが、信仰の度合はさまざまである。

ぼくたちが映画などでよく見かけ、ユダヤ教徒の典型的なイコンと見做《みな》す敬虔《けいけん》な「超正統派（ウルトラ・オーソドックス）」はそもそもイスラエル「国家」を認めていないのだ。彼らにとって、ユダヤの教えを世界中に広めること、すなわち「ディアスポラ」こそ、神が導く道だからだ。

ただし、『国家と実存』における立川健二の意図は、「ユダヤ人」やイスラエルを貶《おとし》めることでは、決してない。パレスチナの先住民への差別や攻撃については糾弾するが、立川の本意は、「ユダヤ人」というアイデンティティの虚妄《きょもう》を暴きながら、油断をすると纏《まと》わりつく「アイデンティティ」を振り払うことであるように思う。

立川とぼくは、一九七〇年代の終わりに成人を迎える同世代である。思えば、われわれが青年期を迎えた時代あたりから、「アイデンティティ」という言葉が巷間《こうかん》に広がっていったような気もする。

一九八〇年代に、さらに広汎《こうはん》に「アイデンティティ」の追求が行われるようになったのは、もちろん、「戦後日本人」という「アイデンティティ」が揺らぎ始めたからである。ぼくの芝居仲間は、自作の挿入歌に「アイデンティティは、キオスクでは売り切れた」という歌詞を入れた。

そうして人びとは、手ごろな「アイデンティティ」に安易にすがりつき、あるいは「アイデンティティ」を得ることができずに苦しみ始めた。「アイデンティティ」に固執することが、さまざまな差別を生み、「アイデンティティ」に振り回されることが人を惑わせる。

立川健二が目指すのは、帰属意識に頼るのではなく、「実存」、「単独者」としての「個人」を生きる実践であり、そのことへの読者の誘惑なのである。

第16章　『脱アイデンティティ』と『自我同一性』を読み返す

書店にあふれた「占い」本

「私は金星人、あなたは何星人?」

「ぼくは、木星人」

「えっ、ウソー。見えな〜い!」

いつの間にか日本全国を宇宙人たちが席巻《せっけん》し、初対面でも、互いに自分が何星人かを名乗り合うことが当たり前であった時期があった。一九八〇年代後半から一九九〇年代にかけてのことだったかと思う。今から三十年以上前のことである。

約二十年前には、日本中が動物園になった。

「私は狸《たぬき》。あなたは?」

「実はライオンなんだ」

宇宙人を席巻させたのは、二〇二一年十一月に亡くなった細木数子《ほそきかずこ》が中国古来の易学《えきがく》、算命学《さんめいがく》、万象学《ばんしょうがく》などをもとに提唱した六星占術《ろくせいせんじゅつ》であり、日本中を動物園にしたのは、一九九九年に流行しはじめた「動物占い」である。

「占《うらな》い」ものは、間歇《かんけつ》的に大きな流行の波が来るジャンルである。そのたびに、書店現場の風景を変えてきた。書棚には、星人ごとの、動物ごとの性格や運勢を解説する本があふれた。だが、いわゆる「〇〇占い」の多くが本当に「占い」の名に値するのか、ぼくは常々疑問に感じてきた。

亀《かめ》の甲羅《こうら》を焼いてそのひび割れ方で未来を予測する中国古代の亀甲《きっこう》占い、あるいは筮竹《ぜいちく》を使った易者《えきしゃ》など古来の占いでも、偶然そこで発生した結果が、未来予測の種となる。トランプ占いもまたそうで、占いとは、世界を、未来を偶然性に満ちたものとして捉《とら》え、同じく偶然性に満ちた行為によって予測するものだったはずだ。

ところが、六星占術も、動物占いも、一時は注目されてもやがて忘れ去られていったその他多くの占いも、さらに言えばそれらよりもずっと長いスパンで人心を掌握《しょうあく》している西洋占星術も、生年月日による決定論である。

両者は、真逆の論理で成り立っていると言えるのではないか？　そして、ここ数十年の本の売れ方を振り返ると、確かに前者の根強いファン層はあるものの、多くの人は、目まぐるしく意匠《いしょう》を変える後者に靡《なび》いてきたように思われるのだ。

なぜか？

なぜ、生年月日による決定論に多くの人が惹《ひ》かれるのか？

近代以降の人類の歴史は、自由を希求し続ける歴史ではなかったか？

それがどうして、六つや十二個の類型のどれかに自分を当てはめ、自らの性格や相性や生き方を決定づけられて、むしろ安心し、あるいは喜ぶのだろうか？

自分が何者かを、他の誰かに確定してもらうこと、そこに安心と喜びの源泉があったのか？

同じ時期、本気で自分の「前世」を探り、信じた人も多かった。

「アイデンティティ」という概念の起源

ジャン＝ポール・サルトルが「人間は自由であるように呪《のろ》われている」と言ったのは、そうした占いが流行《はや》り出したほんの少し前のことだった。

サルトルはむしろ人間が自由であることに懸《か》けていたのだから、この発言は両義性を持つが、それから数十年後、人々は誰も彼もがその言葉を文字どおりに受け取って、まさに「呪い」から逃れるべく、自分自身をいくつかの類型の一つに当てはめたのである。

前章でぼくは、一九八〇年代以降、「アイデンティティ」という言葉が巷間《こうかん》に広がっていき、人々が「アイデンティティ」を追求し、手ごろな「アイデンティティ」に安易にすがりつき始めたと書いた。星座型の占いの一つ一つのタイプは、まさに手頃な「アイデンティティ」だった。

おそらくは、人々のそうした希求に気づいた上野千鶴子《うえのちづこ》（社会学者）は、二〇〇五年に『脱アイデンティティ』（勁草書房《けいそうしょぼう》）という論集を編む。それは、そもそも「アイデンティティ」とは何かを学説史的に明らかにし、その概念が日本人と日本社会に対して、どのような役割を果たしたかを振り返ろうとする仕事である。

その本の序章、「脱アイデンティティの理論」で、上野は次のように書く。


人口に膾炙《かいしゃ》しているわりには、というよりも人口に膾炙しているがゆえに、かえって、「アイデンティティ」という概念の起源はよく知られていない。「アイデンティティ」という概念を初めて使ったのは、フロイト派の社会心理学者、エリック・エリクソン Erik H. Erikson（一九〇二―一九九四）である。エリクソンが影響を受けたフロイトにとっては、「アイデンティフィケーション identification（同一化）」という用語は重要な概念だが、フロイト自身は「アイデンティティ」という用語を生涯にわたってほとんど使っていない。〈中略〉「アイデンティティ」の歴史は、思いのほか浅い。（『脱アイデンティティ』3頁）

文芸評論家の江藤淳《えとうじゅん》が、『成熟と喪失』〔1967〕のなかで紹介したことを通じて、日本社会に浸透し、定着した。（同4頁）

エリクソンの『*Psychological Issues: Identity and the Life Cycle*』が『自我同一性――アイデンティティとライフ・サイクル』（小此木啓吾《おこのぎけいご》訳編、誠信書房《せいしんしょぼう》）という邦題名で、日本で刊行されたのは一九七三年である。さきほど挙げたいくつもの占いブームの到来を準備する時期とも言える。

重要なのは、「アイデンティフィケーション（同一化）」が「アイデンティティ」に先んじていることである。すなわち、「アイデンティティ」とは、終始一貫した、実体的な「同一性」ではなく、何か（他のもの）と同一化することによって獲得されるものだということだ。

エリクソンはアイデンティティを変化するものと捉えた。アイデンティティは変容し、解体し、再編される対象に対して与えられた名前である。（『脱アイデンティティ』8頁）

発達心理学者であるエリクソンにとって、「アイデンティティ」は、人間の成長と強く結びついた概念であり、それゆえ、必ず変容を伴う。そして、動的な作業または作用による「アイデンティティ」の獲得は、成功することもあれば、失敗することもある。そのことを、エリクソンは、次のような図式で描き出す。

「自己同一性（self identity）」を「個人的同一性（personal identity）」（わたしとは何者であるかをめぐるわたし自身をめぐるわたし自身の観念）と「社会的同一性（social identity）」（わたしとは誰であるかと社会および他者が考えているわたしについての観念）とに峻別《しゅんべつ》し、「これが一致した状態がアイデンティティの安定した状態であり、このあいだに不一致が起きるとアイデンティティの危機が起きる」（同6頁）と、エリクソンは見なした。すなわち、「アイデンティティ」の安定化のためには、「社会」「他者」の観念が、そしてそれを自らのものとして受容することが不可欠なのだ。

エリクソンは、「アイデンティティ」の「安定／危機」の分かれ目を、主に青年期に見る。青年期に「アイデンティティの安定」を、すなわち「個人的同一性」と「社会的同一性」が乖離《かいり》してしまった状況が「精神病」である。そして、両者の一致が目指されながら未《いま》だそこに至っていない状況を、エリクソンは「モラトリアム」と呼んだ。「アイデンティティの安定」の成否は、民俗学や人類学が世界中から渉猟《しょうりょう》する「通過儀礼」の成否と重なる。

自分探し、占い、前世探し

一方、ジャック・ラカン（フランスの精神分析家）の理論においては、「アイデンティティ」への他者の介入の時点は、そもそも「自我」（Ego《エゴ》）の発生段階まで遡《さかのぼ》る。

> ラカンによればエゴとは「境界を定めることも対象を措定《そてい》することもできない、ひとつの現象」だが、同一化を通じて「主体化」される。同一化には第一次同一化と第二次同一化とがあり、第一次同一化は「鏡像段階」とも呼ばれ、鏡に映る自己像への同一化をとおして身体の統一性を獲得していく過程であり、第二次同一化とは、言語への参入を通じて「語る主体 sujet parlant」へと主体化する過程である。
>
> ところで、両者の過程をつうじて、「主体化」とは、「他者になる」過程にほかならない。というのは自己鏡像とは自己の外部にある他者にほかならず、言語もまた自己以前の他者に属する外在的な存在だからである。（『脱アイデンティティ』25頁）

上野によれば、ラカンは、「自己（Ｅｇｏ）になる」「主体化」とは「他者になる」ことだと言っているのである。一見奇妙で逆説的なラカンのこの主張は、しかし、冷静に自分自身の来し方を振り返れば、納得できる。

「主体」であるとは、ぼくたちが自分自身の規範によって行動することだと言えるが、その規範自体、ほぼすべての場合に、他者から得たもの、他者に倣《なら》ったもの、他者を真似たものだからだ。高倉健の任侠《にんきょう》映画を見た観客が、映画館を出ると肩で風を切って歩いたという伝承を持ち出すのは、ちと古いだろうか。また、そもそも言語の習得とは、まさに他者の模《も》倣《ほう》である。

『脱アイデンティティ』の「第三章　消費の物語の喪失と、さまよう『自分らしさ』」で、三浦《みうら》展《あつし》（社会デザイン研究者）は、「消費文化」の場面での人々の「アイデンティティ」の変遷を捉えている。

一九八〇年代にパルコでマーケティングや広報を担当していた三浦の分析は、とても具体的でかつ説得力がある。


明治以来、日本の国民は、近代化、富国強兵という「大きな物語」を共有していた。戦後は、国家主義的なアイデンティティは否定されたが、新たに高度経済成長、中流化という「大きな物語」が登場した。そこでは、戦前のムラと軍隊という共同体が企業という「生産共同体」として再編され、かつその従業員は「消費共同体」としての家族を形成し、二つの共同体が相互に補完しあいながら、社会を発展させる推進力となった。

（『脱アイデンティティ』１０３頁）


「大きな物語」には、模倣すべき他者が明確に存在している。一九四五年までは、文字どおりの兵士であり、その後は「企業戦士」である。「企業戦士」は裏返せば「消費戦士」でもあった。だが、世紀末に近づくにつれ、日本においては、戦争は「遥《はる》か昔」の出来事として忘却されはじめ、高度経済成長時代も終わりを迎える。

> われわれは高度成長期のように「大きな物語」に支えられながら自らのアイデンティティを持つことはできない（だからこそ「最後の絆《きずな》」として愛国心と愛郷心と歴史教育の復権が声高に叫ばれる）。消費がアイデンティティに結びつくということもない。今や、消費者は自ら物語を創出しなければならなくなったのである。（同104頁）

そうした「自らの物語」創出への強迫観念が「自分探し」と呼ばれ、占いブームや「前世探し」ブームへとつながっていったのではないか。

分断のスラッシュ

こうした「時代精神」のもう一つの傾向が、「マニュアル志向」である。

言うまでもなく「自分らしさ」もまたひとつの「小さな物語」である。しかし現実にはその「自分らしさ」という物語を十全に生きることのできる消費者ばかりではない。いや、そうではない消費者のほうが多いのは当然だ。すると、そういう消費者たちのために消費をすることの意味（物語）を手とり足とり教えるマニュアルが生まれることになる。

こうして八〇年代、「もてる男の子、女の子」という物語を軸にした『ポパイ』『JJ』といった若者向け雑誌が全盛期を迎えた。中でも『ホットドッグプレス』はデートやセックスの仕方を事細かに教授するマニュアル雑誌として人気を集めた。（『脱アイデンティティ』105頁）

しかし、こうしたマニュアル化傾向が極限まで進んでくると、当然の事ながら、マニュアル通りに生きる自分と、それに満足できない自分との間に分裂が生じ、「本当の自分」「本当の自分らしさ」への希求をますます強めるという循環構造が生まれ、「自分探し」ブームが拡大することになる。（同107頁）

その「自分探し」ブームの拡大が、「日本人」という「アイデンティティ」に行き着いたのではなかったか。「新しい教科書をつくる会」の誕生は、一九九七年である。「日本人」という「アイデンティティ」を身に纏《まと》うのは容易である。戸籍を確認すれば、否《いな》、多くの人たちにとってそのような手間をかける必要もなく、「自分は日本人だ」という「アイデンティティ」の獲得は容易であろう。容易な分だけ、それは非常に危険なものとなる。

なぜなら、容易に獲得された「アイデンティティ」は十分な内包（定義、属性）を持たず、それゆえ対《つい》になる意味を持った集合もないからだ。勢い、全体を自らの集合と補集合に、すなわち「日本人」と「非日本人」にのみ分断してしまう。「日本人」と「非日本人」との間のスラッシュこそがすべてであり、「非日本人」の中でとりわけ在日韓国朝鮮人を差別し、攻撃するのは、在日の人々が弱者だからであって、新たに移民労働者の立場の弱さを見て取ると、同じように差別・攻撃を仕掛けるのである。

ラカンの議論を思い出そう。

獲得した「アイデンティティ」は、すべて「他者」である。「アイデンティティ」として獲得された「日本人」も、他者なのである。ことさらに自らが日本人であることを誇り、日本人の美徳を述べ立てる人ほど、その言葉が空虚なのは、だからである。

当然、太くしっかりと引いたつもりのスラッシュも、じつは細い破線でしかなく、吟味すればするほど、消えていく定めにある。そのことを糊塗《こと》すべく、彼ら彼女らは、繰り返しスラッシュをなぞり続ける。

そのなぞり書きは、しかし、空虚な決まり文句でしかない。そして、空虚であるがゆえに固執するスラッシュに、濃淡のある幅はない。境界に、朝鮮半島の38度線にさえ存在する、緩衝《かんしょう》地帯はないのである。白か黒か、白でなければ黒、黒でなければ白、である。

第14章でご紹介した金城馨《かなぐすくかおる》の「異和共生《いわきょうせい》」を、思い出していただきたい。

壁と壁の間にすき間を空ける。そのすき間がコミュニケーションになる。（『沖縄人として日本人を生きる』55頁）

「壁と壁の間」でのコミュニケーションこそ、共生の道なのだ。この道を、金城は「異和共生」と呼ぶ。

一人ひとりの人間は、それぞれの出自と経歴から、さまざまな属性を身に纏《まと》っている。具体的な属性を否定することはできない。大切なのは、それらの属性を「アイデンティティ」として絶対化しないこと、他者とのコミュニケーションの中で、自らの「アイデンティティ」を切り崩すことのできる「余地」を維持していくことである。

そのために、「すき間」＝緩衝地帯を置く。分断のスラッシュを決して引かないことが、何よりも大切なことであると思う。

第17章
「アリーナとしての書店」の条件

「すき間」が生む「対話の余地」

「アイデンティティ」について論じた前章の最後、「分断のスラッシュを決して引かないことが、何よりも大切なことである」という一文について、少し丁寧に補足する必要があると思う。

急ぎ足の展開であったことに加え、この一文にこそ、本書の中で、いささか古めかしくなった「アイデンティティ」を持ち出した理由があるからだ。

第14章で紹介した金城《かなぐすく》馨《かおる》の「異和共生」に触発されて、ぼくが抱く図式は、次のようなものだ。

実際にアイデンティティが異なる二人の人間または二つの集団（金城の例ではウチナンチュとヤマトンチュ）の間には、「壁」が存在するのが自然である。「壁」は、出会い時には、コミュニケーションの不可能性である。
どちらかが、あるいはどちらもが性急に「壁」を崩して不可能性を打ち崩そうとするとき、それは必ず多数（マジョリティ）が少数（マイノリティ）に同化を促《うなが》す（強制する）結果となる。それを回避するための思想が、金城の「異和共生」である。
金城は、その「壁」が一枚だからこそ、そして、それを打ち崩そうとするからこそ、コミュニケーションが不可能になるのだと考える。

そのために壁が重要になるのです。壁をきちんと持った上で対応しないと違いを維持できません。壁がなかったらだんだんマジョリティに混ざっていくわけですから。違いを維持するということは壁があってできることです。（『沖縄人として日本人を生きる』54頁）

ここで言われている「違いを維持」する壁は、対峙《たいじ》する双方がそれぞれに持つ。そのことによって、壁と壁の間に「すき間」ができる。

壁と壁の間にすき間を空ける。そのすき間がコミュニケーションになる。（同55頁）

「異和共生」とは、対峙する双方が、互いの違いを認め、その違いを尊重し、そのことによって「すき間」をつくり、コミュニケーションを可能にするという行き方なのだ。「分断のスラッシュ」は、一枚岩ならぬ一枚壁である。「A／非A」という図式であり、Aと非Aの間に「すき間」はない。日本人か日本人でないか、ヤマトンチュかヤマトンチュでない（ウチナンチュ）か。

そして、大抵の場合あるいはつねに、「スラッシュ」の左側がマジョリティとなり、右側がマイノリティとなる。決して数の問題ではない。左側が一般で右側が特殊、左側は自らを正とし、右側を負として優位に立とうとする、そしてその力を実際に持つ。

そして、「A／非A」という図式には多様性が存在しない。非AはAの補集合だからである。

本来「非A」はさまざまな国籍を持った人々、多くの民族によって形成されるはずだが、それらは一絡《ひとから》げにされたり他の国籍や民族を無視して議論されるため、二項対立を固定してしまう。その「／」が「分断のスラッシュ」なのである。

完全に固定された二項対立だから、その間に「すき間」はない。その結果、金城が言うように、二項間のコミュニケーションが成立せず、敵対視だけが存続していく。それに対して金城は、自らが主催するエイサー祭りの参加者の半分以上がヤマトンチュになっていく過程を目の当《ま》たりにし、参加者たちが「ヤマトンチュ／ウチナンチュ」という二項対立から抜け出していっていることを悟《さと》ったのだ。

そうして、当初の自らの意識、「沖縄人としての誇りを取り戻すんだ」「差別を跳ね返すんだ」も変化していったという。エイサー祭りに参加する人々が、自らのアイデンティティに縛られなくなり、心に「すき間」ができて、対話の余地が生まれたのである。

今再びキルケゴールに学ぶ

そう、アイデンティティは、変わりうる。自らを雁字搦《がんじがら》めに縛る強力な審級から、ときに応じて柔軟に逃れられるものとなる。さらには、「アイデンティティ」の意味自体が、「別様《べつよう》のものにもなりうる暫定《ざんてい》的な行動基準」へと変化していく。

「アイデンティティ」概念の生みの親であるエリック・エリクソンは、発達心理学者であり、彼が注目したのは、青年期である。人間がその一生の中で心身ともに最も変化する時期である。

個々の「アイデンティティ」、すなわち自分が何者であるのかについての認識も揺れ動く。青年期は「アイデンティティ」が最も危機に直面する時期なのだ。だからこそ、エリクソンは「アイデンティティ」の安定にこだわったのである。つまり、「アイデンティティ」とは、決して盤石《ばんじゃく》なものではなく、またあらかじめ正解が定まっているものでもない。

さしあたりは他者の引き写しでしかない「アイデンティティ」に固執して他の可能性を見ないこととは、「アイデンティティの安定」ではなく、自己と他者の間に「分断のスラッシュ」

を引いて、吟味や対話を拒《こば》み、変化を受け付けず、成長を自ら止めるそうした姿勢こそ、むしろ「アイデンティティの危機」なのだ。

そのような青年期の危機を自ら体験し、それに抗《あらが》って思索《しさく》を深めたのが、エリクソンの約一世紀前を生きたデンマークの哲学者、セーレン＝キルケゴールであった。「人間は自由であるように呪《のろ》われている」と喝破《かっぱ》して二十世紀の青年たちの熱狂的な支持を得たジャン＝ポール・サルトルにも冠せられる「実存主義」の祖といわれる人である。

主著のテーマとした「絶望」や「不安」、そして「単独者」という概念は、二十世紀の青年たちにも受け容れられた。社会の危機、青年期の危機が、一世紀を隔《へだ》ててもなお、共通していた、あるいはより深化していたからであろう。

さらに半世紀を経た今日《こんにち》、再びキルケゴールに学ぼうとしたのが、須藤孝也《すとうたかや》（哲学研究者）の『人間になるということ――キルケゴールから現代へ』（以文社）である。

時代を越えて、多くの青年たちの心をつかんだキルケゴールの「単独者」は、当時のデンマーク国民に対し、「連帯によって数にものを言わせるのではなく、各人が何が真理なのかをその内面で判断すべきことを訴えるものであった」（『人間になるということ』23頁）。

「数にものを言わせる」という姿勢は、「民主主義」の意味を誤解する現代政治、同調圧力が大手を振る現代社会に通底する。そこでも、各人が「単独者」として「何が真理なのかをその内面で判断」することはない。須藤は、今日の多くの人々について、次のように描写する。

近代民主主義は、自分の判断に自信をもつ諸個人を前提とするが、この国にはそうした個人はいまだ半分にも満たないであろう。何かある問題について、自分よりも詳しい人に判断してもらう方が適当だと考える人間が無数にいる。（同186頁）

史上最長の任期を誇った元首相が兇弾《きょうだん》に倒れた瞬間、安保法制やモリカケサクラ問題など、議論・追及すべき問題が霧散《むさん》し、ただただ称揚《しょうよう》する人々の多さを思えば、須藤のこの見立ては間違っていないと言わざるをえない。

そして権力や権威にすべての判断を任せ、それに従うことをよしとする人々に、違いを認め、違いから学ぼうとする姿勢はない。だから、金城がいう壁と壁の間の「すき間」はなく、議論が、対話が生まれる余地はない。すなわち、真のコミュニケーションはない。

彼（女）らは意見の違いを超えていこうとはしない。超えていくというイメージをそもそももっていない。相手の意見は否定してはいけないもの、肯定するもの、と最初の時点で確定しているから、相手の意見を聞くと言っても、その正誤を吟味しながらしっかり聞いているわけではない。自分が何かを言う場合も同じである。しっかり伝えれば

相手の同意を得られると思って伝えようとすることはない（同5頁）

冒頭、前書きの文章だけに、ひょっとしたら身近にこういう人が多くいることが――須藤が教えている大学生諸君に過度にその責任を負わせるつもりはないけれども――、本書執筆の大きな動機ではないかと思われるほど、この箇所の須藤の書きぶりはきわめて厳しく、しかし今の社会状況を鋭く言い当てている。

キルケゴールの時代と現代の共通性を強く感じ、キルケゴールの警鐘《けいしょう》が今も鳴り響き、その提言がなお有効であることが、ぼくもまた、須藤の導きによってキルケゴールに学ぼうとする理由の第一である。

他者もまた「単独性」を生きる

キルケゴールの「単独者」は、抽象的な概念ではない。

諸個人は単独者として自己形成するのである。自身の特殊な状況を取り去ることが自己形成の中身ではなく、これを直視し、引き受け、これに自分に可能な仕方で関《かか》わっていけるようになることが自己形成である。他者もまた単独性を生きるはずのものである。

（『人間になるということ』216頁）

「単独者」は、一人ひとり具体的な、別様な概念である。自身の特殊な状況から逃れるわけではない。その意味では、仏教的な「空」や「無」ではなく、隠遁《いんとん》を勧めるものではない。当然、一人ひとりの「単独者」の属性は多様である。

キルケゴールの「単独性」とはそれぞれが自身の状況を引き受けるもので、それゆえにこそ、「他者もまた単独性を生きるはず」と確信できるのである。その確信は、他者とのコミュニケーションを可能にする。

このことを須藤は、「単独性は、個別性のみならず、人間であるという普遍性とも不可分の概念である」（同32頁）という。「個別性」は、各人が自身の独自な状況を引き受けること、「普遍性」は「他者もまた単独性を生きる」ということである。

ぼくは「個別性」に金城がいう「壁」を、「普遍性」に「すき間」、すなわちコミュニケーションの条件を重ねて読んだ。それが、今回キルケゴールを選んだ第二の理由である。

キルケゴールの「単独者」は、「神の前の単独者」である。「神の前の単独者」であることによってすべての「単独者」の平等が担保される。神による担保によって、「人間の単独性が意味するのは、『人間のうちにある最高のもの、最も高貴なもの、最も神聖なもの』を『各人が』もっているということ」（同87頁）であり、「善は人間のうちにあるのではなく、それは神から派生するものであり、根源的には神のうちにあるのである」（同１４９頁）。

揺籃としての「折り合いの悪さ」

ところが須藤は、本も半ばを過ぎてから、次のように告白している。

まず第一に、私はキルケゴールとキリスト教信仰を共有していない。キルケゴールはキリスト教信仰を前提に議論を展開していたが、私にはそれはできない。超越性の思想には賛同するが、特定の神の啓示を私は信じることができない。（『人間になるということ』190頁）

「第四章　キルケゴールから現代へ」のこの冒頭こそ、この本のいわば扇の要《かなめ》といえ、それまでの叙述のすべてを反転（決して否定ではない）させる。全体の三分の二強が過ぎたところでの須藤のこの「告白」は、良質な推理小説のように、読者に落胆ではなく、新たな興味と期待を、キルケゴールを読むという行為に新たな可能性を与えるのだ。

須藤は言う。

キリスト教信仰を前提とするところについては括弧《かっこ》に入れて聞くとしても、私たちはまずできる限り真摯《しんし》にキルケゴールの話に耳を傾けてみなければならない。（同246

頁）

しかしそうした神を信じないとしても、人間が惨《みじ》めな存在であることは理解できるはずである。そしてまた人間がケアを必要とする存在であることも理解できるはずである。自分が惨めな存在であり、いたわりを必要とすることが理解できれば、そこから他者もまた惨めな存在であり、いたわりを必要とする存在であることを想像することは決して難しいことではない。（同２０４頁）

須藤は、「神の前の」という前提を外しても、「単独者」は輝きを発していると言うのだ。「単独者」は他の「単独者」を尊重し、必要ならばケアする。「単独者」は「この世の」価値観に支配されず、統計的数値に惑《まど》わされない。が、単独者は「引きこもる」のではなく、真理へ向かって人格の成熟を目指すがゆえに、対話・議論にも積極的だ。「単独者」は決して付和雷同をよしとせず、「折り合いの悪い」他者に対しても思考を啓《ひら》き、ともに深めていこうとする。「単独者」のこれらのあり方は、今日の日本にこそ求められているものではないか。

須藤自身、「キリスト教信仰をめぐっては私とキルケゴールは『折り合いの悪い』関係にあるが、しかしだからこそそこから学ぶことは多い」と言い、「哲学を、折り合いの悪い他者に対して思考を開く行為、そうして積極的に他者とともに思考を深めていく行為として理解」すると言う（同230〜231頁）。

この姿勢こそ、須藤の『人間になるということ』を取り上げた第三の、そして最大の理由である。須藤が言う「折り合いの悪さ」は、まさに金城の壁と壁の「すき間」なのだ。それは嫌悪や憎悪の源泉となるだけでなく、一方で思考や対話、議論の揺籃《ようらん》ともなるのである。

そして、「折り合いの悪さ」を感じるにもかかわらず、否《いな》、そうであるがゆえにキルケゴールの著作に向かっていく須藤の姿勢こそ、ぼくが「アリーナとしての書店」を提唱する源泉であり、「アリーナとしての書店」が存立する絶対条件なのである。

第18章
『スマートな悪』との出会い

「満員電車」への痛烈な批判

金城馨の「異和共生《いわきょうせい》」（第14章）に触発されて以来、ぼくは「すき間」の存在にこだわり、前章では、キルケゴールの「単独者」も、それぞれの属性を引き離すことによって、むしろ他の「単独者」と繋《つな》がり、共生できることを見た。

今一人、マルティン・ハイデガーやハンス・ヨナス、ハンナ・アーレントという、前世紀の半ばにおいてきわめて親しく、一方でときに相手を鋭く批判するドイツの哲学者たちを研究しながら、自身が「すき間」にこだわる、より正確にいえば「すき間」のない状態を嫌う若き哲学研究者である戸谷洋志《とやひろし》に、ぼくは出会った。戸谷は、『スマートな悪　技術と暴力について』（講談社）で、「満員電車」を痛烈に批判・告発している。

> 満員電車は疑いの余地なく暴力的である。朝のさわやかな風も、あたたかな日の光も、鳥たちの陽気な歌も、満員電車から降りた頃にはすべてドロドロの疲労に変わっている。嫌な汗をかくし、服はしわだらけになる。近くの人の口臭をかぎ、咳《せき》に耳を傾けなければならなくなる。自由に荷物を出し入れすることもできない。そんな状態が一時間以上続くことだってある。（『スマートな悪』125～126頁）

戸谷は、そうした「満員電車」を「異常な事態」と呼び、さらにそこではさまざまな暴力が出来《しゅったい》していることを告発する。

> 満員電車に無理に乗り込もうとする人は、すでに過密状態の車内の人々を、容赦なくぐいぐいと押す。それによって、既《すで》に中に乗車している人の体は大きな圧力を受ける。腕で防御することなどできないから、多くの場合、胴体に対して大きな圧力がかけられることになる。また、電車から降車するときも、人は周囲をぐいぐいと押しながら外に出る。それによって車内には不自然な人の流れができて、その流れに巻き込まれれば、降りる駅ではないのに電車の外へと押し出されてしまうこともある。あるいは不安定な姿勢のままに動かされ、転びかけることもあるだろう。
> 〈中略〉出発間際の電車に乗り込もうとする人は、すれ違う人々を容赦なく突き飛ばす

ことがある。もちろん筆者自身にもそうした経験がある。〈中略〉ラッシュアワーのホームで体当たりされ転びそうになったことは、一度や二度ではない。鳩尾《みぞおち》にアタッシェケースをぶつけられ、大変な苦痛を味わったこともある。(同127頁)

一読したとき、この告発は、戸谷自身の経験がもたらした「恨《うら》み節《ぶし》」のように思えた。だが、戸谷と同じような経験は、通勤・通学経験を持つ大多数の人たちが共有しているものだ。戸谷は続ける。

満員電車のこうした暴力性は、多くの場合、覆《おお》い隠されている。それは、人々が都市生活を送るための「仕方のない」現象であると見なされ、そもそも暴力として理解されていない。そして、それが暴力であるにもかかわらず、暴力ではないものと見なされる点にこそ、満員電車の暴力性の厄介さがあるのだ。(同128頁)

ぼくが「恨み節」だと思ってしまったことこそ、戸谷が告発する「満員電車の暴力性」であるのだ。

都市システムへの適合と暴力性

戸谷は、百年前の寺田寅彦《てらだとらひこ》（物理学者・随筆家）の随筆を引き、外国帰りの寺田が、改めて日本の「満員電車」の異様さに気づいた文章を引く。

電車に乗ると大抵満員――それが日本特有の満員で、意地悪く押されもまれて、その上に足を踏みつけられ、おまけに踏んだ人から「間抜けめ、気を付けろい」などと罵《ののし》られて黙っていなければならなかった。（寺田寅彦「電車と風呂」。『スマートな悪』130頁での引用）

最後に出て来る結論は妙なものになる。すなわち「第一に、東京市内電車の乗客の大多数は――たとえ無意識とはいえ――自ら求めて満員電車を選んで乗っている。第二には、そうすることによって、みずからそれらの満員電車の満員混雑の程度をますます増進するように努力している。」（寺田寅彦「電車の混雑について」。同131～132頁での引用）

そして、寺田と今日の真ん中の時期に、社会学者の磯村英一《いそむらえいいち》が「満員電車」の不快感や暴力性を回避することよりも優先されていることこそ、「満員電車を不可欠とする都市のシステム」（同134頁）だと喝破《かっぱ》したことを紹介している。

逆説的にいえば、都市に住む者の大多数は強制的に、定められた時刻、定められた職場に、定められた学校に集合することが要求される。もしそれができないとか、阻害されるような場合には、人間は都市生活のなかで不適格だというらく印を捺《お》されることになる。（磯村英一『人間にとって都市とは何か』。『スマートな悪』１３５頁での引用）

日本の電車の発着時刻の遵守《じゅんしゅ》の「至高性」は有名である。ヨーロッパから帰国した寺田寅彦に違和感を覚えさせたそれは、百年経《た》っても変わっていない。ぼくたちは、電車がダイヤ通りに運行しないことに、無用なまでの腹立ちを感じていないだろうか。「人身事故」によって電車が一時停止したとき、ひょっとしたら命を失った事故の犠牲者に対して、怒りの矛先《ほこさき》を向けていないだろうか。そのことも、大きな暴力であると、戸谷は言う。

システムに最適化しているがゆえに、車内で押し潰されることに対しては文句を言わない乗客も、そのシステムの機能を麻痺《まひ》させるような事態、たとえば人身事故に対しては憤怒《ふんぬ》を爆発させる。たとえその事故によって誰かが亡くなっていても、「迷惑だ」などと心無いことを思ったり、言えたりしてしまう。（『スマートな悪』１３８頁）

白状すれば、ぼくも同じような感情を抱く。「〇〇駅で起きた人身事故のため、電車の運行をしばらく見合わせています」という駅や車内のアナウンスを聞くたびに、苛立《いらだ》つ。会社の始業時間に遅刻する、あるいは約束の時間に遅れるという「都市のシステム」への適合を、一人の人間の死の可能性よりも重視してしまう。

戸谷はこのようなぼくたちの心性《しんせい》を、ナチスのホロコーストに加担した罪で処刑された、かのアドルフ・アイヒマンに重ねる。

「悪の凡庸さ」の矛先

アドルフ・アイヒマンは、「ヨーロッパ各地のユダヤ人を効率的に強制収容所に移送するための、車輛《しゃりょう》の確保や移送計画の立案を行い、虐殺に加担することになった」（『スマートな悪』72頁）ナチスドイツ親衛隊将校である。一九四五年、アメリカ軍によって逮捕されるが、捕虜《ほりょ》収容所から逃亡し、アルゼンチンに潜伏。一九六〇年にイスラエル諜報《ちょうほう》特務庁によって拉致《らち》され、エルサレムにおいていわゆる「アイヒマン裁判」の結果、一九六〇年十二月十五日に死刑が確定し、一九六一年六月一日に刑が執行された（同75〜76頁）。

一九三八年にオーストリアに派遣されたアイヒマンは、現地のユダヤ人を国外に強制的に移住させるための洗練されたロジスティクスを構築したのだ。それはまさに「自動化された工場」であり、目的を達成するためにそこにある要素を組み合わせ、最適化させてみせたのである（同67〜70頁）。

その実績を買われたアイヒマンは、一九四二年の「ユダヤ人問題の最終的解決」について話し合われたヴァンゼー会議に出席、「ヨーロッパ各地のユダヤ人を効率的に強制収容所に移送するための、車輌の確保や移送計画の立案を行い、虐殺に加担することになった」(同71〜72頁)。

だが、アイヒマンは一九六〇年の裁判において、自らの罪状を終始否認した。

尋問員であるアヴネール・レスは、アイヒマンがアウシュヴィッツにおいて大量虐殺が行われていると知りながら移送計画を策定していたのなら、それは虐殺に加担したことになる、と問い詰める。しかし、アイヒマンは、自分がアウシュヴィッツと「本来全く無関係」であり、自分の仕事は「国家指導者の命令」に応じて「移送列車の運行計画を立てるという、全《まった》くの技術的な問題でした」と弁明する。(同76頁)

私はユダヤ人の殺害とは何の関係もありません。私は一人のユダヤ人も殺していません、もちろん、非ユダヤ人だって殺したことはありません――そもそも人を殺したことなんてないんです。(同76頁)

エルサレムで裁判を取材したハンナ・アーレントは、アイヒマンの弁明に接し、「悪の凡《ぼん》庸《よう》さ（banality of evil）」という言葉を用いる。

> 彼女がアイヒマンを形容するために生み出したのが、「悪の凡庸さ banality of evil」という表現である。何百万人ものユダヤ人を虐殺することに加担したアイヒマンは、実は「凡庸な」、ごくありふれてわれわれの周囲によくいるような人物（官僚・サラリーマン）であった。しかしそのような平凡な人物が、特別な悪意も罪の意識も持たずに、ただただ与えられた任務を忠実に遂行することによって、何百万もの無辜《むこ》の人々を死に追いやったところにその恐ろしさがあるのだ。（戸谷洋志、百木漠《ももきばく》『漂泊のアーレント 戦場のヨナス――ふたつの二〇世紀 ふたつの旅路』慶應義塾大学出版会、１３０頁）

当初、多くのユダヤ人虐殺に加担したアイヒマンは、悪鬼《あっき》のような人間と予想された。しかし、実際に裁判がはじまり、とつとつと自らの無罪を主張するアイヒマンは、自らを単に上の命令に忠実な役人だったと主張し、そして、その通りの人間に見えた。多くの人は、肩透かしを食らったと感じ、驚き、または落胆の感情を持ったかもしれない。あるいは、決してアイヒマンの弁明を認めず、信ぜず、彼への憎悪をさらに滾《たぎ》らせたかもしれない。だが、アーレントは、アイヒマンの姿に「悪の凡庸さ」を見て取った。

そのことによって、アーレントは同胞であるユダヤ人から敵意を持たれた。アイヒマンの罪を軽く見積もろうとしたかに誤解されたのである。生涯の親友であるハンス・ヨナスからも非難された。それでも、彼女はアイヒマンの「悪の凡庸さ」を撤回しなかった。アーレントは決してアイヒマンを許したわけではない。「悪の凡庸さ」にこそ「悪鬼」よりも大きな危険性を見出したのだ。

それは、免罪ではなく、より広い範囲での断罪であったと思う。というのは、ナチス治世下のドイツ国民もまた、「ヒトラーやナチスに騙《だま》された」とは免罪せず、ヒトラーを指導者として仰いだことを示唆《しさ》するものだからだ。

快感からの覚醒

敷衍《ふえん》するならば、アーレントは考えてはいなかっただろうが、「悪の凡庸さ」の矛先は、戦中の（そして戦後の、今日に至るまでの）日本国民にも向けられうる。本章で、「満員電車」の「すき間のなさ」にかこつけて、『スマートな悪』に言及した最大の動機は、そこにある。

「ヘイト本」や「ヘイトスピーチ」の蔓延《まんえん》に対抗するためには、さまざまな機会に垣間見《かいまみ》られながら未《いま》だ主題化（ターゲット化）されていない、今日の日本社会の「悪の凡庸さ」こそ、ターゲットにしなくてはならないのではないか、と思うのである。

なぜ「ヘイト本」が書店に溢《あふ》れ、それらが攻撃する在日韓国・朝鮮人をはじめとする弱者に対していわれなき精神的暴力を与えつづけるのか？　出版が商行為である以上、それを買う人々がいるからだ。それゆえに、かつてマンガ雑誌『ガロ』を刊行していた青林堂《せいりんどう》は、社の経営状況が悪化したときに、あからさまな「ヘイト本」の量産で経営改善を図り、実際に存続を続けている。百田尚樹《ひゃくたなおき》の本はベストセラー、ロングセラーとなり、日本の出版社を代表するといっていい講談社も、社内外の顰蹙《ひんしゅく》を買いながらも、ケント・ギルバートの本を売り続けた。

それらを書く人たち、確信犯的な差別主義者の集団が互いに購入するだけでは、それは一種の「タコの足食い」であり、実際の販売数は説明できない。「ヘイト本」が売れるのは、いわゆる「一般読者」、市井《しせい》の人々がそれらに手を伸ばしているからにほかならない。

「だから書店は、そうした本を置くべきではない」という主張があるが、それは根本的な解決ではない。あからさまに差別的なタイトルや装幀《そうてい》を持つそうした本を目にしたときに、多くの人が手を伸ばしてしまう、そのモチベーションは手つかずのままだからだ。

「ヘイト本」を隠すことよりも、そのモチベーションを多くの人々に根づかせてしまう由来と構造を、明らかにすることが重要なのだ。そのときに、「満員電車」とアイヒマンの「悪の凡庸さ」を結びつける戸谷の議論が参考になると思うのである。

戸谷は言及していないが（そして、それを彼は感じてはいないのかもしれないが）、本当の「満員電車」の「すき間のなさ」には、ある快感がある。ほぼまったく身動きできない状況は、例えば電車の揺れや周囲の人たちの動きに対応して、あるいは電車の揺れに対抗してバランスを取ろうとする必要も、倒れぬように足を踏ん張る必要もない。車内の誰もが動けない状況には、あきらめと、ある種の安堵《あんど》があるのだ。

状況に身を任せるしかないというあきらめ、自分の力で何かをしなければならないということがないという平安、自分が何かを決定しなくてはならないことがないことへの安堵。党の決定、上司の指示という絶対的なものに身を任せたアイヒマンが感じた安堵はやがて、死刑を執行されることによって間違いであったことが判明するが……。

より大きなシステム、一見、否定・反抗のできないような体制に、アイヒマンのように従ってしまうこと。自分で考えるのではなく、自分で動こうとするのではなく、そして自分が動くことのできる状況を切り開こうとするのではなく、今自分を支配しているかに見える状況に身を委《ゆだ》ね、その状況を決定・固定しようとする「大きな声」を「我が意見」としてしまう安易さ。それこそが他者を苦しめ、いずれ自分をも縛ってしまうことに気づくこと、気づかせることが何よりも大切なことだと思うのである。

それは、戸谷が寺田寅彦や磯村英一を援用《えんよう》して指摘するとおり、そもそも「満員電車」に乗り込まなければならないという思い込みが、大きな社会システムに縛られていることだと知ることである。

「満員電車」の中で身動きができないことに逆説的に——あるいは被虐的に感じている快感から覚醒することである。そのことが、寺田や磯村の時代以上に必要とさせているのは、戸谷が指摘する、次のような時代状況である。

第五期科学技術基本計画が称揚《しょうよう》する「Society5.0」＝「スマート社会」では、これまで個別に取り組まれていた各分野の課題が、統合的なサイバー空間のもとで処理され、トップダウン型で「解決」されることが目指される。フィジカル空間（現実）は、サイバー空間の決定に抵抗することができず、ひたすら調整の素材として扱われるのである。そのとき、制御される人間自身は自分が自由であると思い込んでいる状態が、好ましいとされる。

この世の人間は、まさに超越的な世界における決定について考えることも疑問を持つこともなく従い、ましてや反論・反抗することなど決してなく、すべてを委ねることが理想とされるのだ。「シンギュラリティ」を実際に迎えてＡＩ（人工知能）に圧倒的な能力差をつけられる前に、人間は自ら進んでシステムの「最適化」に身を任せようとしている。

ところで、戸谷が指摘していることで面白いのは、「スマート」が「痛み」を意味する言葉を語源としていることだ。痛みによって人間は、他の感覚、思考、関係から遮断される。それは、スマートフォン一つに様々な機能が搭載され、余計なものと関《かか》わらなくても済むという状態とパラレルなのである。

と同時に思うのは、やはり、「思考欠如」の前段階にはやはり「痛み」が、それも大きな「痛み」を伴っていたということであり、「思考欠如」の結果、忘却してしまったその「痛み」を想起すること、決して愉快ではないかもしれないその作業を遂行すべきということである。それによって「満員電車の中で身動きの取れない」ことの不合理と不条理を改めて感じ取り、その状況からの脱出を図ることこそ、今の人間と社会双方にとって、重要な課題なのではないだろうか。

第19章 歴史戦、思想戦、宣伝戦

「終わってもらっては困る」

二〇二二年七月八日、安倍晋三《あべしんぞう》元首相が奈良での選挙応援演説中に狙撃《そげき》され、落命した。昼過ぎにその報（その時点では「心肺停止」だった）に接したぼくを纏《まと》ったのは、怒り、悲しみなどの感情が入り込まない「虚脱感」だった。

『世界』二〇二二年九月号（岩波書店）に「冥福《めいふく》の祈りを邪魔《じゃま》しているのはだれだ？」を寄稿した朝日新聞編集委員の高橋純子《たかはしじゅんこ》は、「事件の一報に触れた時、お腹の底からじわじわと、これまでに経験したことのない種類の恐怖がせり上がってきた」と書いた（29頁）。

語感は違うが、彼女の「恐怖」とぼくの「虚脱感」は、同質のもののように感じた。高橋は次のように書いている。

とにかく、なんとしても生きてほしいと願った。こんなかたちで終わってほしくない。終わってもらっては困るのだと。（同29頁）

その願いが届かなかったことを知り、彼女は「心から哀悼《あいとう》の意を表す」。だが、これは在位期間の最長記録を作った元首相の事績《じせき》を評価し、人物を尊敬しての言葉ではない。高橋は先の「恐怖」を、「このようなかたちで命が奪われてしまえば、氏はいわば『神格化』され、批判めいたことが言えなくなってしまうのではないかという暗い予感からくる恐怖」と説明しているからだ（同29頁）。

背後から狙撃するという行為は、卑劣で許しがたい。いかなる動機が述べ立てられようと、その行為を弁護するつもりは、ない。命を奪われた一人の人間への哀悼の気持ちは、ぼくも共有する。だが一方、このまま「終わってもらっては困る」のだ。

安倍晋三は、首相在任最長記録とともに、多くの負の遺産を置き去りにした。それらを一つひとつ検証する必要がある。高橋が危惧《きぐ》するとおり、彼の事績を批判することはある方面からの、あるいは想像以上の多数からのバッシングを浴びるだろう。「死者に鞭《むち》打つな」と。

だが、批判の意図は「鞭打つ」ことではない。負の遺産を清算することにある。

荼毘《だび》に付された死者を「鞭打つ」ことはできない。現実には批判の矛先《ほこさき》は、負の遺産の形成に関《かか》わった人たち、負の遺産の恩恵を被り、その恩恵をぜひとも継承したいと考える人たちに向かう。そしておそらくは、そうした人たちが、亡くなった安倍元首相を盾《たて》として、自己保身のために批判を封じ込めようとするのだ。

『世界』二〇二二年九月号は、緊急特集「元首相銃撃殺害　何が問われているか」を立てることによって、奇《く》しくも従前より用意されていた「歴史否定論　克服は可能か？」との二大特集の号となった。「奇しくも」というのは、安倍元首相は、「歴史否定論」とも深く関わっていたからである。

歴史修正主義と歴史否定論

ナチス・ドイツによるユダヤ人虐殺＝「ホロコースト」を否定する言説は、「歴史修正主義」ではなく「歴史否定論」と名指しされ、ドイツ刑法第百三十条の「民衆扇動罪《せんどうざい》」により、禁固刑や罰金などの法的罰を受ける。それは、今日的・将来的な政治目的が要請し生み出される言説を、新資料や新しい見方によって過去の歴史観に修正を加えることこそを目指す歴史学的な営為《えいい》から、峻別《しゅんべつ》するためである。

『世界』はその「歴史否定論」という名を、「南京《ナンキン》大虐殺はなかった」「強制された従軍慰安婦はいなかった」という、日本では通常「歴史修正主義」と呼ばれる言説に、強い糾弾と告発の意を込めて、被《かぶ》せたのである。

一九九五年六月九日、第一三二回国会の衆議院で「歴史を教訓に平和への決意を新たにする決議案」が提出され、賛成多数で可決されました。〈中略〉

一九九三年七月一八日の第四〇回衆議院議員総選挙で国会議員に初当選した、一年生議員の安倍晋三（当時四〇歳）を含む二六〇人の議員は、この決議案への反対を唱え、採決を欠席しました。（山崎雅弘《やまざきまさひろ》『歴史戦と思想戦――歴史問題の読み解き方』集英社新書、113〜115頁）

村山富市《むらやまとみいち》内閣が提出した「この決議案」では「大日本帝国時代に自国が行った植民地支配や侵略的行為、アジア諸国民に与えた苦痛などへの反省」が唱えられていた。

時を同じくして一九九〇年代前半に登場した日本の「歴史修正主義」に親和的な安倍の姿勢は、政治家としてのキャリアの最初から最後まで、一貫して変わらなかった。それは、この三十年間の時代の、とくに近隣国との外交関係の膠着《こうちゃく》と並行している。

三十年と言えば、明治維新から二十世紀の到来までに当たる。一九五九年生まれのぼくの世代では、高校二年のときに、太平洋戦争終戦時に思いを馳《は》せるときに飛び越えなくてはならない年月だ。それはぼくにとって、「遥《はる》か昔」を思う作業であった。それらに比べ、直近の三十年の、時代の動かなさはどうか？

外交関係の膠着《こうちゃく》は、主に二十世紀前半期の日本がアジア諸国に対して行ったことについての、日本とアジア諸国との間の認識の違いによって立ちはだかる大きな壁に由来する。そして、その大きな壁は、日本国内の、片側には「歴史修正主義者」や「ネット右翼」をはじめ、かつての日本の「戦争犯罪」「侵略」を認めようとしない「歴史否定論者」が陣を張る壁と呼応している。

その壁には一寸《いっすん》の「すき間」（議論の余地）もなく、「歴史否定論者」らと、彼らを批判する人々とは、対話の緒《いとぐち》も見出せないでいる。

本質は少しも変わらぬが、新しい相貌《そうぼう》もある。

産経新聞社政治部編集委員の阿比留瑠比《あびるるい》は、『歴史戦』（産経新聞出版）の序章で「戦後、すでに70年近くがたった。もうそろそろ、日本は本来の歴史を取り戻す『歴史戦』に打って出てもいいのではないか。歴史問題を持ち出されると、条件反射的に謝罪を繰り返してきたこれまでの日本のままで、本当にいいのだろうか」（『歴史戦』23頁。『歴史戦と思想戦』9頁での引用）と書いている。

すべての侵略行為を「自衛」とする、近現代のすべての戦争と同じく、「歴史戦」もまた、最初に仕掛けたのは敵方だと主張する。

西岡力《にしおかつとむ》（歴史研究者）は、「中国共産党が九〇年代初頭、国内での反日教育の徹底を決定すると同時に、南京事件と慰安婦問題を材料に、『日本が第二次世界大戦期にホロコーストをした』という反日国際キャンペーンを進めることを決めた」（『正論』二〇一三年五月号64～65

頁。『歴史戦と思想戦』47頁での引用）と述べている。

二十一世紀の「歴史戦勝利」を目指す阿比留や西岡らの戦法は、慰安婦問題を巡《めぐ》って燃え上がった一九九〇年代時点と変わらない。例えば南京事件について、犠牲者「三〇万人という中国側の主張の信憑性《しんぴょう》」を論《あげつら》い、それとは次元の違う「南京で日本軍人が中国人の市民や捕虜《ほりょ》を虐殺したか否《いな》か」とを結び付け、前者を根拠として後者もろともに否定し、「『南京虐殺はなかった』という、受け手を間違った方向へ誘導するミスリードのテクニックを」（『歴史戦と思想戦』40頁）頻用《ひんよう》する。

国策としての思想戦、宣伝戦

『歴史戦と思想戦』で山崎雅弘は、さらに時代を遡《さかのぼ》り、「産経新聞などが展開している『歴史戦』は、先の戦争中に日本政府が国策として展開した『思想戦』や『宣伝戦』の継続なのではないか」（14頁）と指摘する。

陸軍省軍事調査部の『思想戦』は、満州事変の原因となった「支那軍閥《しなぐんばつ》の反日的態度」について、列国、つまりイギリスとアメリカが裏で糸を引いて展開する「対日包囲攻勢」の一環であると見なしていました。（『歴史戦と思想戦』１４７～１４８頁）

ここでも、まず「戦い」を仕掛けてきたのは英米であり、日本は自衛のために「しかたなく」「思想戦」を始めたことになっている。「しかたなく始めた思想戦」について、初代の内閣情報部長横溝光暉《よこみぞみつてる》は次のように説明している（いずれも『歴史戦と思想戦』150～153頁での引用）。

俗に宣伝戦と申しまするものは、思想戦の技術的な部門に過ぎませぬ。しかしながら、それが極《きわ》めて大きな部門でありまするがゆえに、ややもすれば思想戦すなわち宣伝戦であるかのごとくに考えられるようになったのであります。（内閣情報部『思想戦講習会講義速記』第一輯《しゅう》、4頁）

従来宣伝という言葉はあまり芳しい感じを与えておらない。ややもすれば事を針小棒《しんしょうぼう》大《だい》に吹聴《ふいちょう》する、あるいは白を黒と言いくるめるというような、〈中略〉何となく悪い意味のように考えられているのであります。（同2頁）

しかし、宣伝ということはそれ自体、決して少しも邪道的なものではないのでありまして〈後略〉。（同3頁）

日本人はとかく自分の行動が正義でやましくなければ、自ら言わなくとも自然にわかっておると思っておりますが、自ら大いに言わざれば、誰も周りの人は代わって言うてはくれないのであります。〈中略〉ここに思想戦の大きな技術的の部門として宣伝ということの必然性を痛感せざるを得ないのであります。（同8～9頁）

宣伝が、そして「思想戦」が「針小棒大《しんしょうぼうだい》な吹聴《ふいちょう》」で、「白を黒と言いくるめる」ことを、はしなくも自ら暴露している腰砕けの演説と言っていい。このような欺瞞《ぎまん》が、他国に通用するはずがない。だが、日本の「思想戦」は、むしろ国内で成果を挙げた。太平洋戦争の時期、多くの国民は「大本営発表」を鵜呑《うの》みにし、長く戦争に勝利することを疑わなかった。メディアも、追随した。緒方竹虎《おがたたけとら》は同講演で次のように述べた。

事変と共に国がいわゆる戦時体制をとりますと、新聞もまた戦時体制の中に入って、いわゆる国策の線に沿うてあらゆる犠牲を忍び、できるだけの協力を政府に向かって払っておりますることは、皆さんご覧くださっておる通りであります。これは別に、政府の強制をまって然《しか》るのではなく、新聞自体が自発的に（傍点引用者）、きわめて闊達《かったつ》な気持ちで活動をいたしておるのでありまして、この形におきまする思想戦は、事変の終わりまするまで、事変が終わりましても、どこまでも遂行していかなければならぬものであると考えております（『思想戦講習会講義速記』第四輯、42〜43頁。『歴史戦と思想戦』157〜158頁での引用）。

「社会の木鐸《ぼくたく》」たる新聞の使命を放棄したようなこの言葉を、少し前まで軍部と激しく対立した東京朝日新聞で主筆として活躍し、戦後には吉田茂《よしだしげる》と総理大臣の座を争った緒方竹虎の発した事実に、ぼくはショックを受けた。

「挙国一致体制《きょこくいっちたいせい》」が国中を席巻《せっけん》し、多くの国民の思考が国や軍部のそれと一体化してしまったのである。一体、それはなぜなのか？

「これ、今の日本でも同じだよね」

山崎は、『未完の敗戦』（集英社新書）で、文部省が一九四六年五月十五日に発行した『新教育指針』を引いている。そこに、今の問いの答えがある。

軍国主義者や極端な国家主義者は、個人主義を利己主義と混同して、全体主義の立場から個人主義を非難し、個性を抑え歪《ゆが》めたのであるが、そのような全体主義こそ、かえって指導者の利己主義や国家の利己主義にほかならなかった。

個性の完成が社会の秩序を乱し、全体の団結を崩すように考えるのは、個性の完成ということの本当の意味を知らないからである。個性を完成するというのは、ひとりぼっちのわがまま勝手な人間をつくることではない。かえって個性とは社会の一員としての人間が、その地位において、その役割を果たすために必要な性質を意味する。（文部省『新教育指針』。『未完の敗戦』２０５頁での引用）

戦後すぐの文部省は戦前・戦中の日本を振り返り、このように総括して、そうではない未来の日本を構想する誠実さと率直さを持っていたのである。『新教育指針』が総括する、それまでの日本人の特徴を、山崎は整理して五点にまとめる（『未完の敗戦』１８０頁）。

（一）日本はまだ十分に新しくなりきれず、古いものが残っている。
（二）日本国民は人間性・人格・個性を十分に尊重しない。
（三）日本国民は、批判的精神に乏しく、権威に盲従しやすい。
（四）日本国民は、合理的精神に乏しく、科学的水準が低い。
（五）日本国民は独り善がりで、大らかな態度が少ない。

そして、山崎は言う。

「これ、今の日本でも同じだよね」と感じられる点が多かったのでは？（同191頁）

そのとおり、日本国民は、敗戦によって変わっていない。そのことを山崎は「未完の敗戦」と呼んだ。

上の者が権威をもって服従を強制し、下の者が批判の力を欠いて、わけもわからずに従うならば、それは封建的悪徳となる。事実上、日本国民は長い間の封建制度に災いされて「長いものには巻かれよ」という屈従的態度に慣らされてきた。（『新教育指針』。『未完の敗戦』272頁での引用）。

封建的な心持ちを捨て切れぬ人は、自分より上の人に対しては、無批判的に盲従しながら、下の者に対しては、独り善がりの、威張った態度でのぞむのが常である。そして、独り善がりの人は、自分と違った意見や信仰を受け入れるところの、おおらかな態度を持たない。日本国民のこのような弱点は、最近特に著しくなった。（『新教育指針』。『未完の敗戦』277頁での引用）。

最後の部分の「最近」は、戦争直後当時ではなく、それから七十八年が経《た》った今日《こんにち》のことだと言われても、ただただ首肯《しゅこう》せざるを得ないだろう。

当時の文部省は、自国民の性向を反省し、それらを克服して新生すべく、一九四八年に中高生向けの教科書『民主主義』を編んだ。そこには、次のようにある。


政治の面からだけ見ていたのでは、民主主義を本当に理解することはできない。政治上の制度としての民主主義ももとより大切であるが、それよりももっと大切なのは、民主主義の精神をつかむことである。〈中略〉それは、つまり、人間の尊重ということにほかならない。（『民主主義』。『未完の敗戦』223頁での引用）

「民主主義」とは、「つまり人間の尊重」。簡潔で見事な定義だ。だが、先の山崎の言い回しを借りれば、「これ、今の日本でも全然実現していないよね」である。

『未完の敗戦』の帯には、赤地に薄墨《うすずみ》で書いたような「コロナ対策」「東京五輪」「ハラスメント」「低賃金」「長時間労働」という文字が浮かび上がり、白字で大きく「この国は、なぜ人を粗末に扱うのか？」とある。山崎はこの一文を、むしろ本タイトルにしたかったのではないかとも思う。東京五輪についていえば、強行に多くの国民の反対があったにもかかわらず、大手メディアが政府の方針に追随し、開催を当然のように報道し続けたことも、先に引用した緒方竹虎の講演が証している太平洋戦争時のありようと変わらない。

「戦後民主主義」は決して達成されず、先の戦争に対する反省も一時のものにすぎなかった。だからこそ今、内外の批判の声には耳も貸さず、多くの兵士を死に追いやった軍人たちが祀《まつ》られ、ついにはA級戦犯さえ合祀《ごうし》されている靖《やす》国《くに》神社に、閣僚たちが涼しい顔で参拝するのだ。

彼らはいつも、靖国神社の「英霊」に対して「不戦の誓いをした」〈中略〉などの決まり文句を、メディアに報じてもらうことを意識しながら、記者団に語ります。（『未完の敗戦』157頁）

それに対して山崎は、「なぜ安倍晋三らは、戦争で『死んだ軍人』にだけ不戦を誓い、『生き延びた元軍人や市民』には誓わないのか？　考えられる答えは、生き延びた元軍人や市民は『自分の考えを発言することができるから』というものです」（同159頁）。

だが、それもまた〝買《か》い被《かぶ》り〟かもしれない。

彼らの「不戦の誓い」の欺瞞を批判する声が、市民の間から今上がっているだろうか？「集団的自衛権」を自らに認める、いわゆる安保関連法を成立させたのが誰だったか、知っているのは国民のうちどのくらいの割合の人たちか？　さらにその何パーセントが、今もそのことを批判しているのだろうか？

「暗い予感」の正体

二〇二二年七月八日、安倍元首相が狙撃されたという衝撃的なニュースで、狙撃者が元自衛官らしいと聞いたぼくは、その事実が妙に腑《ふ》に落ちていた。安保関連法は、海外での戦闘に自衛官を駆り立てる法である。自衛官の中には、それまでの制限を窮屈に思い、安保関連法の成立を意気に感じて言祝《ことほ》いだ人もいたかもしれない。

だが一方で、「そんなつもりで自衛隊に入ったのではない」という人もいただろう。「専守《せんしゅ》防衛」を信じ、万が一のときは国を、国民を守るが、平生は災害時などの人命救助に生きがいを感じていた人たちにとって、「安保関連法」の成立は、心外この上ないものであった可能性はある。それが、狙撃の大きな動機だったとしたら……。

その後、山上徹也《やまがみてつや》容疑者（当時）の取り調べが進み、「統一教会」への恨《うら》みが動機であるとの見方が強くなり、自民党所属議員の「統一教会」との関係が次々と明らかになっていく。ぼくの「腑に落ち」は、完全な見立て違いだった。

山上の自衛隊入隊（二〇〇二年）、退職（二〇〇五年）の時期を見ても、安保関連法を動機と考えるのは無理筋だろう。ただ、その見立てを、ぼくの「腑に落ち」方を、完全に捨て去ろうとは思わないのだ。

山上の供述を、直接聞いたわけではない。警察発表を、メディアが伝えたものであるにすぎない。そして、山上が本音を述べたかどうかもわからないし、彼自身が本当の動機を自覚していない可能性も皆無ではない。

もちろん、そこまで疑ってしまっては「何がファクトか?」という設問じたいが危ぶまれるが、そうした「供述」の伝え方、「供述」に対する反応・対応については、十分に注意をしなければならないと思う。

中野昌宏《なかのまさひろ》(社会学者)は、「当初『安倍元首相が統一教会と近いと思い込んで』といった、実際には関係ないかのような表現で報道が反復され」たことを指摘し、「安倍氏を対象としたのはお門違《かどちが》いだとか、自民党と統一教会のつながりなど特別なものではないといった、両者の関係を過小評価する識者が多く現れた」ことを問題視している(『世界』二〇二二年九月号、42頁)。

山上本人が「思い込んで」と語ったとは考えられない。狙撃の前後で、その認識が変わる要素は一つもないからだ。報道の文言には、明らかにあるバイアスがかかっている。

ところが、岸田首相の号令のもとで調査が進むと、多くの政府閣僚や自由民主党の政治家の統一教会との関係が明らかになっていく。報道は、政治と「統一教会」の癒着《ゆちゃく》問題一色となり、一国の元首相の殺害という重大事さえ霞《かす》んでいった。かなり穿《うが》った見方をすれば、それもまた、推進した政府首班の思惑が入っていたのではないか?

すなわち、「統一教会」を前面に押し上げ、安倍首相の死後に残された諸々の問題――

「モリカケ問題」「桜を見る会」「新型コロナ禍対策の評価」「東京オリンピック強行の是非」「安保関連法制」など――をその陰に隠してしまおうという算段である。

本稿の冒頭で引用した、高橋純子の「『神格化』され、批判めいたことが言えなくなってしまうのではないかという暗い予感」は、このことに対する予感ではなかったか？

歴史家、出版社、書店の仕事

これらの問題は、確かに安倍元首相が関わっている問題であるが、一方、彼一人で行ったことではない。多くの関係者はまだ存命であり、権力の中枢近くにいる者も少なくない。その人たちにとって、もろもろの問題が「統一教会」の陰に隠れてしまうことは、とてもありがたい。ただ、「統一教会」と自民党の癒着が存外《ぞんがい》深く、内閣支持率の急落とともに政局運営の困難を招いてしまったのは、岸田首相の計算違いだったか？

安倍元首相やその周囲の言説とその影響を想起すれば、日本の「歴史否定論」も積み残された大きな問題の一つと言えるだろう。

第15章で紹介した『歴史修正主義』（中公新書）の著者武井彩佳も、『世界』二〇二二年九月号に「歴史否定論と陰謀論」という文章を寄稿している。そのラストの部分で武田は、「複眼的・重層的な歴史研究と、外交的な『歴史戦』に勝つために用意された単線的な歴史は、質・意義ともに同じではない。中には学術的・教育的な実績を無に帰させるような、悪しき言説もある。このため歴史記述の基準に満たないものは、それとして名指しする必要があるだろう」とし、続いて「では誰が名指しするのか」と問い、すぐに自答している（140頁）。

これが歴史家の仕事であるのは明らかだが、同時にそうした言説の流通の媒体となっているメディアの仕事でもあるだろう。（同140頁）

新聞・テレビといった大手メディアはもちろん、言説の乗り物を製作している出版社も、そして「流通の媒体」たる書店もまた、そうした任を担うべきメディアである。

Ⅵ 弱者攻撃の動機は、どこから来るのだろうか

第20章
書店を「言論のアリーナ」と呼ぶ所以《ゆえん》

「教育と愛国」と『何が記者を殺すのか』

二〇二二年八月三十一日、毎日放送報道情報局ディレクターの斉加尚代《さいかひさよ》監督「教育と愛国」に、「JCJ大賞」が贈られた。「JCJ賞」は、二〇二二年で六十五回を迎えた日本ジャーナリスト会議（JCJ）が、一九五八年以来、年間の優れたジャーナリズム活動・作品を選定して、顕彰《けんしょう》してきた賞である。

映画「教育と愛国」は、大阪の毎日放送が、月一本、最終日曜日の深夜零時五十分から関西で放送している「MBSドキュメンタリー『映像』シリーズ」として斉加がつくった「教育と愛国〜教科書でいま何が起きているのか」（二〇一七年七月三十日放送）の映画版である。

放送から三年あまり経《た》った二〇二〇年九月に、千葉県浦安市のドキュメンタリー映画配給会社「きろくびと」の中山和郎《なかやまかずお》に「映画にしませんか？」と声をかけられ、社内交渉を重ね、再取材も敢行し、ドキュメンタリー映画として完成させた（二〇二二年五月に劇場公開）。二〇二二年九月四日のMBS（毎日放送）の発表によると、公開から三か月あまりで、三万五千人が劇場に足を運んだという。

劇場公開の前月、四月十五日、斉加は『「教育と愛国」の映画化に走り出して」を終章とする『何が記者を殺すのか――大阪発ドキュメンタリーの現場から』（集英社新書）を上梓《じょうし》する。二〇二二年三月に難波《なんば》店からMARUZEN&ジュンク堂書店梅田店に異動したぼくは、新著のトークイベントを企画し、二〇二二年五月十二日にオンライン配信した。

対談相手を、やはり旧知のノンフィクション作家松本創《まつもとはじむ》にお願いした。松本は、二〇二一年十二月に上梓した『地方メディアの逆襲』（ちくま新書）で、斉加に一章を割《さ》いていた。イベントの翌日（二〇二二年五月十三日）には、映画「教育と愛国」の東京公開を控えていた。

『何が記者を殺すのか』の「第一章　メディア三部作」で、斉加は「教育と愛国」を含めた「MBSドキュメンタリー『映像』シリーズ」の三本の番組を振り返っている。いずれも、斉加がその時々の社会的事件・社会情勢に敏感に反応して急ぎ企画されたもので、あらかじめ長期的な計画があったわけではないが、二本の沖縄取材に続いて、教科書への権力の介入を入り口に、沖縄の基地問題の根源でもある日本の保守化、右傾化をテーマとした「教育と愛国」へと進んでいく底に、斉加の一貫した時代感覚と問題意識が流れている。

沖縄の問題は、大阪の問題でもある

三部作の最初の作品は、「映像'15　なぜペンをとるのか」（二〇一五年九月二十七日放送）である。「ペンをとる」のは、沖縄の新聞記者たちだ。

企画のきっかけは、自民党所属の若手国会議員が開いた「文化芸術懇話会」（二〇一五年六月二十五日）での作家百田尚樹《ひゃくたなおき》の発言「沖縄の二つの新聞社は潰《つぶ》さなあかん」、そしてそれに先立つ衆議院議員大西英男《おおにしひでお》（東京第16区）の「マスコミを懲《こ》らしめるには広告料収入がなくなるのが一番だ。経団連に働きかけてほしい」（20頁）などの発言であった。

百田に名指しされた二社のうち、琉球新報《りゅうきゅうしんぽう》本社の記者たちの日常を密着取材したのが、「映像」シリーズを制作する部署に異動した直後の、斉加の最初の仕事であった。「潰さなあかん」発言は、斉加にとっても他人事《ひとごと》ではない。この最初の番組が、その後の斉加尚代の仕事の方法性を決定づけたと言える。

沖縄戦を体験した沖縄で戦争を繰り返しちゃいけないという、平和な島をまた戦争の島にしてはいけないという、そういう言動をするために沖縄の新聞社は存在している。

（『何が記者を殺すのか』45頁）

取材することを先輩から学ぶんじゃないんですよ。沖縄戦でつらい思いをした人から取材を学ぶんですね。私もそうでしたし、だから沖縄の新聞社は沖縄戦のことを忘れちゃいけないと思います。（同46頁）

目を潤《うる》ませながら語る松永勝利《まつながかつとし》政治部長のこれらの言葉に、斉加尚代は「心を鷲《わし》づかみにされた」。それは、番組タイトルに冠せられた問いへの答えでもあった。そして、放送後にSNSで矢継《やつ》ぎ早《ばや》に寄せられた、差別意識の溢《あふ》れるバッシングが、のちに斉加にある決断を迫ることになる。

二作目は、「映像'17　沖縄　さまよう木霊《こだま》」（二〇一七年一月二十九日放送）である。

「どこつかんどんじゃ、このボケ、土人《どじん》が……」

沖縄本島北部の米軍施設（ヘリポート）建設工事に抗議する住民側に向かって大阪弁で毒づいたこの差別発言が、きっかけであった。大阪府知事松井一郎《まついいちろう》も沖縄及び北方対策の特命大臣鶴保庸介《つるほようすけ》も、機動隊員の肩を持つ。思えば、沖縄の二つの新聞社を潰せと言った百田尚樹も、大阪出身であった。沖縄の問題は、大阪とも無関係ではない。斉加は再び沖縄に向かった。

軍事施設建設反対派を過激派暴力集団呼ばわりするデマ言説は、同業他社の援軍を得ていた。デマ言説とは、例えばＴＯＫＹＯ　ＭＸの情報バラエティー番組「ニュース女子」の沖縄基地特集である。反対運動の人たちを撮影し、根拠もないデマや好き勝手なコメントで彼らを貶《おとし》めるこの番組に対しても、番組の根拠となったデマを拡散させた男性や出演者への取材を敢行し、対決姿勢を鮮明にした。

当然反撃のバッシングが返ってくる。しかし、斉加尚代は決して怯《ひる》まない。むしろその経験が、次の仕事に反映されていく。

バッシングの背後に何が

三部作の第三弾「映像'17 教育と愛国〜教科書でいま何が起きているのか」（二〇一七年七月三十日放送）の舞台は大阪と東京で、いったん沖縄から離れるように見えるが、斉加の問題意識はブレていない。沖縄の問題は日本全体の問題であることを確信した上でのことである。「本土」の人間が、沖縄の人たちの基地反対の心を理解しないことは、日本全体の右傾化と連動しており、「教育勅語《ちょくご》」の再評価や「日の丸」「君が代」への敬意の強制、そして教科書の内容や採択など、教育現場へのあからさまな介入が関係している。教科書検定制度を利用した国家の教科書の内容への介入・攻撃は、「侵略」「従軍慰安婦」そして「沖縄戦での集団自決」などに向けられて久しい。

斉加は、「このテーマを選んだのは、沖縄へ再度、取材に行けると考えたからです」と明かしている。

「慰安婦」や「集団自決」という文言を含む教科書を採択した私立学校には、「ＯＢ」を名乗る人たちなどから大量の抗議ハガキが届く。その中心に、地方教育行政法改正（二〇一四年）によって教育行政に関与できるようになった自治体の長もいる。歴史学研究の重鎮もいる。斉加は、ハガキの送り主と目される人物に果敢にインタビューを重ねていく。

彼らは、戦後歴史教育を「自虐史観《じぎゃくしかん》」に毒されていると言って憚《はばか》らない。彼らにとって歴史教科書によって子どもたちが学ぶべきは、歴史事実ではなく「国家にとって歓迎すべき『道徳』＝愛国心」なのである。

インタビューを通じて、彼らの信念はまったくブレない。とくに、中学歴史教科書で唯一、「教育勅語」を「国民の道徳の基盤になった」と紹介している育鵬社《いくほうしゃ》版の代表執筆者である東京大学名誉教授の伊藤隆《いとうたかし》氏の存在感は、「教育と愛国」に登場するインタビュイーの中でも群を抜いている。そのことは、斉加も認めているし、ぼくもそう感じた。

「映像'17　教育と愛国～教科書でいま何が起きているのか」は、ギャラクシー賞テレビ部門大賞（放送批評懇談会が優秀な番組、個人、団体を顕彰してきた賞）を受賞、その映画版がこのたびＪＣＪ大賞を受賞したことは、冒頭に書いたとおりだ。

斉加にとって、力づけられ、自らの方向性の正しさを確信できた受賞に違いないが、同時に、強大な「敵」の存在を思い知った取材でもあったのではないだろうか？

『何が記者を殺すのか』「第二章　記者が殺される」では、「映像'18　バッシング～その発信源の背後に何が」（二〇一八年十二月十六日放送）が、取り上げられる。
「第一章　メディア三部作」約百二十ページに対して、約百ページを使ったこの章は、この作品を語ることが、斉加がこの本を書いた目的であったことを感じさせる。確かに、それだけ重要なことを、「映像'18　バッシング〜その発信源の背後に何が」は、ぼくたちに語りかけている。

　寒い冬は、首まで暖かなタートルネックのセーターをよく着ます。寒空の下で人を待つという取材も珍しくなく、防寒のセーターは6色ほどに。そのうちの淡いピンクにも見える「ベージュ」はお気に入りの1枚です。（『何が記者を殺すのか』１４０頁）

一見、お気に入りのセーターを紹介する、自分語りのようであるが、その裏には、斉加尚代の並々ならぬ決意が隠れているのだ。

『バッシング』では、ベージュのセーターを着て自身を何度も登場させました。意図的に顔を晒《さら》したのには理由があります。〈中略〉差別と偏見を煽《あお》りバッシングの波を作り出すブログ主宰者と電話でやりとりする場面にもベージュで出演しています。（同１４１頁）

斉加は、「『バッシング』の制作は、当初から自身に火の粉が降りかかると自覚」（同141頁）していた。そして「そのことも映像化できればさらにリアルだ」（同141〜142頁）と考えたのである。それまでも斉加は、ディレクターでありながら自らインタビューを行い、それを映像化していた。

限られた予算の中で人件費も十分に使えないゆえの苦肉の策は、一方で生粋のドキュメンタリー作家である斉加の心性《しんせい》にもかなっていた。ドキュメンタリーのプロットを動かすのは、あくまで取材対象・被写体であり、インタビュイーである。

インタビュアーも、ディレクターも、ドキュメンタリーのプロットをあらかじめ決めることはできない（あらかじめそれを決めて、ドキュメンタリー番組をつくることを「ヤラセ」というのだろう）。取材対象によって語られた内容で作品の方向性を判断・決定するためには、ディレクター自らが、証言の現場に立ち会わなければならないのだ。

さらに、斉加がベージュのセーターにこだわったのは、自分の存在を強調するためだ。映像に顔を晒し、実名を書き込み、衣服までも同一にすることによって、誰がこのドキュメンタリーを撮っているのかを、明確にしたのである。実際には、斉加はベージュとパープルの二枚のタートルネックのセーターで取材に臨んだという。ところが、「取材がうまくいくのは、なぜかベージュの日ばかり」（同143頁）。その結果、画面に現れる斉加は、いつもページュのセーターを着ている。「神意」とまでは言わないが、この偶然が斉加の企図を後押しした。

その後、私自身が映っている画面や実名がネット内に挙げられ、批判や中傷の対象になります。（同141頁）

「デマやヘイトを発信する人たちに接すれば、自分も槍玉《やりだま》にあげられるだろう」（同217頁）と予想し、それまでの取材で目《ま》の当たりにしたネットバッシングの実態を捉《とら》えるために、自らをいわば「餌《えさ》」にしたのである。「今回は伝えるために満身創痍《まんしんそうい》になってもいい」（同143頁）と。

斉加は、政府の製作に批判的な学者へのデマに満ちた誹謗《ひぼう》、民主的な弁護士への懲戒《ちょうかい》要求、在日コリアンや沖縄の人たちへのヘイトスピーチを発信する人物たちへの取材に駆け回る。さらに、在日コリアンや韓国へのヘイトスピーチに満ちたブログ「余命三年時事日記」の主宰者へ電話取材し、そのブログを書籍化した、「ヘイト本」を量産する出版社、青林堂《せいりんどう》の社長にインタビューを申し込み（取材拒否される）、保守系論壇誌の凄腕《すごうで》編集長、花田紀凱《はなだかずよし》とも対峙《たいじ》する。

身を晒して名乗り、土俵に上る

予想したように、取材が積み重なるにしたがって、バッシングが殺到した。斉加を「ブラック記者」として拡散するアカウントが次々に増える。かねてからの計画どおり、斉加は、SNS上の自らへの攻撃の分析を専門家に依頼したところ、その結果浮かび上がってきたのは、「ボット（同じような内容を作成・投稿する自動投稿プログラム）」の関与であった。

二〇一八年十二月十六日、ついに電波に乗った「映像'18　バッシング〜その発信源の背後に何が」には、次のテロップが流された。


当番組は放送前、ネット上で一部の人々から標的にされた。

先月末から6日間、取材者を名指しするツイートの数は5000件を超えた。

その発信源を調べるとランダムな文字列のアカウント、つまり「使い捨て」の疑いが、
一般的な状況に比べ、3倍以上も存在した。

およそ2分に1回、ひたすらリツイート投稿するアカウントも複数存在した。

取材者を攻撃する発言数が最も多かったのは「ボット」（自動拡散ソフト）の使用が強く疑われる。

つまり、限られた人物による大量の拡散と思われる。（同224〜225頁）

斉加尚代の勇気と胆力《たんりょく》、行動力には脱帽する。

残念ながら、今の社会にはいわれなく弱者を攻撃する人々が、間違いなく存在する。在日外国人、障碍者《しょうがい》、性的マイノリティなど、社会的弱者はそのような輩《やから》の攻撃によって、日々傷つき、大きな害を被っている。

そうした、われわれが目指すべき社会の「敵」と対峙するためには、自ら攻撃される覚悟を持たなくてはならない、身を晒し、名を名乗り、舞台に上がらなくてはならない。その覚悟の重要性こそ、斉加に教えられた最大のことである。

「沖縄　さまよう木霊～基地反対運動の素顔」を見た大先輩から、斉加は「インターネットや、悪意のある人たちに対して、同じ土俵で闘いすぎていませんか、という不満がありま す」（１００頁）という感想をもらったという。斉加がことごとく切って捨てる筋立ては痛快だが、視聴者としては「その先」が見たい、というのだ。

だが、闘いの現時点で、斉加の取った戦略は間違っていないとぼくは思う。インターネットという靄《もや》の中で、敵がまだはっきりと見えていないからだ。自ら危険を冒して土俵に上がり、敵も土俵に引《ひ》き摺《ず》り出して、その姿をはっきりと見極めなければならないのだ。

敵は「ボット」という兵器を活用して、ネット炎上を引き起こしていた。それを突き止めたのは、斉加が得た成果だ。だが、敵の姿が、「ボット」という兵器の陰に隠れて、ますます見えにくくなったとも言える。

そもそも、敵は、最初からインターネットの靄を利用して、攻撃を仕掛けてきていたのだ。自らは安全な場所にいて、相手のみを傷つける、ドローンを使った爆撃のように。

ひるがえって、ぼくたちの「土俵」である書店現場は、如何《いか》に？　と思う。その「土俵」は今もアナログの牙城《がじょう》である。本を使って他者を攻撃しようとすれば（ペンネームであったり、ごく稀《まれ》に匿名であることもあるが）、著者名は明確にせねばならず、奥付には発行者名が不可欠である。対決すべき敵は見えている。

斉加の闘いに共感し、参戦していくならば、そのことを戦略に組み込まない手はない。

「土俵」に着弾した敵の武器を、目を逸《そ》らすことなく見つめること。どのような論理が、敵の弱者攻撃の動機となっているのか？　敵はどのような戦法で読む者を説得し、その攻撃の輪を広げようとしているのか？

敵は眼前に現れている。援軍の数も比較的計数しやすい。人が書店で本を購入した結果である実売数は、ボットが拡散するツイート数などに比べれば、ずっと有意であるはずだ。

ぼくが、書店を「言論のアリーナ」と呼ぶ所以《ゆえん》である。

敵が姿を現してくれているなら、さらに、こちらも逃げることなく、「土俵」に上り闘いに赴《おもむ》かなくてはならない。大きな勇気を与えてくれた、斉加尚代に倣《なら》って。

第21章
書店という生業の存在理由

「ネットで調べたらわかる」

MBS（毎日放送）の斉加尚代が、身を挺《てい》して自身を晒《さら》してSNS上の誹謗中傷《ひぼうちゅうしょう》やヘイトスピーチの発信源を視聴者の前に引きずり出そうとした戦略は、当の相手が機械であったことによって、一種の肩透かしを食らった形となった。

それに対して書店という土俵に上がった書物は、原則として著者・発行者の名前があり、言説の発信元にその真意を正したり、批判したりすることができる。国立国会図書館への納入義務に忠実ならば、原理的には一度出た本はいつでも誰でもアクセス可能である。著者・発行者は、逃げたり雲隠れしたりはできない。言説の責任の所在は明確で、かつ永続的である（事故その他の理由で、例外はもちろんあるが）。

そのため、校閲、校正、事実確認、引用の正確さの確認と出典の明示などが徹底して行われる。それが「編集」という作業の重要な部分であり、その結果世に出されるものが書籍という商品である。

ただし、その原則が守られない場合も（最近とくに）多い。「ヘイト本」「歴史否定論」などのほとんどは、そうである。編集の杜撰《ずさん》さは文章や版面に必ず表れる。本の外観やパラパラとめくったページの佇《たたず》まいで、「ヘイト本」や「歴史否定論」がそれとわかる所以《ゆえん》である。

SNS、ウェブ、あるいはたとえニュースを装っていても、多くのネット上の言説には、今言った「編集作業」はない。裏を取らぬまま、思いついたことを、あるいは誰かを貶《おとし》めるなど何かの目的があってアップされたものが多い。ところが近年とみに、そうした言説のほうに「真実がある」と信じる人が多くなってきた。

「ネットで調べたらわかる」「ネットで調べろ」。これら多数の意見に対し、取材者の私は面食らいます。「現地へ行って調べろ」というなら理解できます。けれど、そう書く人は、皆無です。皆が口を揃《そろ》え「ネットに真実がある」と訴えかけているようでした。

（斉加尚代『何が記者を殺すのか』集英社新書、51頁）

テレビディレクターとして「裏取り」を大切にしてきた斉加は、忸怩《じくじ》たる思いを抱いたに違いない。その思いは、書物を商材としてきたぼくたちも共有する。

ボットの介在に気づく前、斉加は「ヘイトスピーチ」の発信源の一人への電話取材に成功している。空振り続きの末にようやく得た接触であった。その相手は、在日コリアン弁護士への誹謗中傷、大量懲戒《ちょうかい》請求の発生源となったブログ「余命三年時事日記」の主宰者であった。

斉加の「ブログは本当にあなたが書いたのか?」という質問に対して、彼は臆面《おくめん》もなく次のように答えている(同204頁)。

「書いているものは初期のあれなんか、単なるコピペですからね。コピペですよ。他のいろんな情報なんかの。本人のそういう体験は、ほとんど入ってないんですね」

「作り話ですか」という斉加の質問に対しては、

「いや作り話じゃないですよ。事実をコピペしているだけ。何の変哲もない、ふつうのコピペブログですよ」(同205頁)

「事実をコピペ(コピー&ペースト)」とは、いったい何だろう。それが「何の変哲もない、ふつうのコピペブログ」と言っているのは、彼が、ブログとはおしなべてコピペの連鎖から成り立っていると認識していることを意味する。「コピペ」であるから、ブログに移されたのもデジタルの文章である。

「単なる」という言葉は、その作業が非常に簡単なものであると感じさせる。コピー元は電子書籍ではなく、ネット上の文章だと考えて間違いはなかろう。こうして、無署名の、根拠薄弱な、あるいはまったく事実無根の情報が次々と増幅されていくのだ。そうした情報の受発信者の多くは、「ネットで調べたらわかる」と信じているのである。

ブログ「余命三年時事日記」の著者は、生活保護の在日の人たちが「一銭も払わないで日本人の15倍も20倍もよけいに取ってる」「年金も一銭も払わなくても全部もらえる」などのデマを「事実に基づいて書いている」と嘯《うそぶ》く（同206頁）。そしてひとたび日韓の間に緊張が走ると在日コリアンは国家にとっての脅威となり、いざ戦火を交えたときには何より恐ろしい「獅子身中《しししんちゅう》の虫」になると妄想するのである。

ブログ「余命三年時事日記」は、青林堂《せいりんどう》からシリーズで書籍化されている。

「作りたいという青林堂に、じゃあどうぞと言っただけの話で。あとはもう向こうが勝手にやってるだけで、私は一切関《かか》わってませんよ。前書きは書いたけどそれだけですよ。だから青林堂もお金儲《かねもう》けでやってただけでしょう」（同205頁）

事実確認どころか、著者とのやり取りもない「編集」。前述した「原則が守られない本」「ヘイト本」の典型である。そうした書籍も、きちんと編集された書籍と同じ範疇《はんちゅう》に入れてよいのか？　同じように書店の棚に並べて、読者に提供してよいのか？　その問いが、ぼくたちに突きつけられる。

「絶版本」にも役割がある

書店という「アリーナ」に参戦した書籍は、ある一定の期間を経て退場する。商品としての力を失った（売れなくなった）タイトルを出版社が「絶版《ぜっぱん》」とするケース[*1]が大半だが、本の内容が問題視されて出版社が「商品回収」を行い「絶版」扱いにすることも稀《まれ》にある。公権力が後者を指示した場合それは「発禁本」となるが、戦後日本では、日本国憲法第二十一条において検閲が禁止され、法制度上の発禁は原則存在せず、もっぱら著作権やプライバシー権などをめぐる私人《しじん》間の民事訴訟において、裁判所の判決または仮処分により出版等の差止めが命じられる場合に限られる。

だがドイツでは、ヒトラーの『わが闘争』が書店では買えないように、ナチズムを称賛する書籍の出版、販売は法律で禁じられている。

「あなたが、いまこそ語りたい『絶版本』はなんですか？」という問いかけに、そうしたナチズムの古典を挙げたのが、歴史学者の藤原辰史《ふじはらたつし》である。二〇二二年十月に刊行された『絶《ぜっ》版本《ばんぽん》』（柏書房《かしわしょぼう》編集部編）は、その問いかけに対する二十四人の研究者、著述家の回答をまとめた本であるが、その中で藤原は、リヒャルト・ヴァルター・ダレエ（ドイツの政治家）の『血と土』（黒田禮二《くろだれいじ》訳、春陽堂《しゅんようどう》、一九四一年）を選んだ（藤原辰史「ナチスの聖典は絶版にすべきか」『絶版本』32頁）。

原題は『血と土から生まれる新貴族（Neuadel aus Blut und Boden）』、タイトルが示すのは、「前近代の貴族ではなく、土を耕し、自然と親しみ、高貴な心を持つ『アーリア人』の農民」である（同33頁）。

「血と土（Blut und Boden）」（同32頁）は、「農民帝国の復興を謳《うた》い、農民票を獲得して政権の座を射止めた」「ドイツの農村でこそ、健康な民族の血が育成される」と訴える農本主義的なスローガンだ。ドイツ民族、「アーリア人」の卓越《たくえつ》性を主張し鼓舞した、きわめて人種主義的な本である。

ナチズムの古典中の古典であるから、「現在ドイツでは〈中略〉古本屋以外で入手することができない」（同34頁）。藤原自身、「絶版でよかった、絶版で当然だ」（同32頁）と言ってい

＊1―実際には、出版権の放棄となることを嫌い「品切れ重版未定」と称することが多いが、その場合も実際に重版するケースは少なく、事実上「絶版」と同じである場合が多い。

る。では、なぜ藤原はこの本を「いまこそ語りたい『絶版本』」に選んだのか？

一つには、藤原が大学四年生のとき、卒論執筆のために貴重なバイト代をつぎ込んで購入したことによるのであろう。藤原は、「これまでの貴重な二十年を私は『血と土』という僅《わず》か三文字の言葉の解読に費やしてきてしまった」という（同32頁）。

だが、藤原は次のようにも言っている。

地球の危機、土壌浸食の危機、農業の危機が叫ばれる今だからこそ、私はこの本に膨大な註《ちゅう》を付けた新訳版が世に出て然《しか》るべきだと考える。ダレーの思想を普及させるためではもちろんない。世界恐慌時に、ナチスがなぜ農村で多数の支持を得たのかを知るのに役立つからだ。逆に、どうして共産党や社会民主党がナチ党ほど農村票を獲得できなかったかを見極めることもできる。（同34頁）

つまり、「絶版でも当然であるような本にも重要な役目がある」（同35頁）のである。

書店人としての大きな課題

もう四半世紀前の話になるが、書籍の「重要な役目」について、ぼくも同じような思いを持ったことがある。ジュンク堂書店京都店に勤務していた一九九五年、「地下鉄サリン事件」

の犯人がオウム真理教の幹部だったことが判明した後、全国の書店のほとんどが書棚から外した麻原《あさはら》彰晃《しょうこう》の著書を含めてオウム出版の本を販売し続けたときである。

もちろん、ぼくの決断に対して、疑問の声も上がり、クレームも寄せられた。しかしぼくは、事件発覚後もオウム出版の本を売り続けることを、三つの理由をあげて宣言したことはすでに述べた。その一つが次のものだ。

> オウム真理教があのような大事件を起こしたのであれば、識者と言われる人々は、つまりは学会やジャーナリズムは、その原因や発生させてしまった「状況」について発言する、少なくとも考える責任がある。その原資料として、オウム出版の本を販売する場を設けることこそ、書店人の責任と思う（現に、京大のある社会学の研究室から、手に入るオウム出版の本をすべて入手したいという依頼があり、その時持っていた商品を何十冊も車でお届けしたことが、その後あった）。（福嶋聡『希望の書店論』人文書院、１９３〜１９４頁）

事件を起こしたオウム真理教幹部たちは、ほぼぼくと同世代である。彼らが何ゆえに無差別殺戮《さつりく》を計画・実行したのか、それはぜひ知りたい、知らなくてはならないと思った。

ぼくと同学年の大澤真幸《おおさわまさち》（社会学者）は『虚構の時代の果て——オウムと世界最終戦争』（ちくま新書）を書いた。年は少し上だが映画監督の森達也《もりたつや》は映画や著作でオウム真理教を追い続け、最後まで彼らの処刑に反対した。森もまた、決して彼らの犯罪を弁護するのではなく、なぜあのような事件が起きたのかを知ることにこだわり続けたのである。

麻原はじめ教団幹部の著作は、それによって多くの若者が入信したことを考えても、事件の究明に不可欠な原資料ではないか。

だが、注意深く読むと藤原は、「膨大な註《ちゅう》を付けた新訳版が出て然《しか》るべき」と言っている。「膨大な註を付けた」という条件を読み飛ばしてはならない。「膨大な註」はおそらく、『血と土』の主張を読者が鵜《う》呑《の》みにしないための予防線であろう。ナチズムを称賛するような本の販売を禁止する法律がドイツにはあると前述したが、藤原はより正確に、次のように書いている。

ナチスの思想を代表する本を膨大な註釈を付けずに刊行するのは、ドイツでは禁止されている。(『絶版本』34頁)

すなわち、膨大な註釈を付ければドイツでも刊行できることになる。つまり、その本の存在さえも秘し、決して人目につかぬようにする、ということではないのだ。それは、かつての国を挙げて行ってしまった過ちを、決して忘れないという姿勢にもつながるかもしれない。どこかの国は、明らかにその姿勢を欠いている。

　ただし、ぼくがかつてオウム出版の本を事件発覚後も販売し続け、今もすべての「ヘイト本」を書棚から外《はず》すという行き方に留保を表明していることには、その「註釈」が付されていないと指弾されうるのも確かだ。だから、批判をする。置く以上は批判という形の「註釈」をつける。ケント・ギルバート『儒教に支配された中国人と韓国人の悲劇』（講談社+α《プラスアルファ》新書）、百田尚樹『日本国紀』（幻冬舎）、李栄薫《イヨンフン》『反日種族主義──日韓危機の根源』（文藝春秋）などの批判的な書評（「百田尚樹『日本国紀』は歴史書ではなく『物語』」、「K・ギルバート氏の本で心地よくなってはならない」、「『反日種族主義』の『ありがたい』解釈に、心地よくなってはならない」）を朝日新聞社の「ウェブ論座」に寄稿した。*2

　だが、「ウェブ論座」と書棚との距離は遠い。断乎《だんこ》として「ヘイト本」の店頭販売を認めない人たちからは、「そんな書評はアリバイづくりにすぎない」と言われるかもしれない。「棚から外せ」とまでは言わないが「せめて他の本と区別して、展示エリアを特定すべき」

＊2──三著は、通常「ヘイト本」とは名指しされない。何十万冊も売れたベストセラーだからか。だが、これらの本の主張が日本の戦争責任を免罪する「歴史否定論」であることは間違いない。多くの読者に受け入れられやすいこうした本こそ、ぼくは危険だと思うのである。対して、「地下鉄サリン事件」へのオウム真理教の関与が明らかになった後のオウム出版の本は、読者がそれらの本に感化されて入信する危険性はきわめて低い。それが、ぼくがオウム出版の本を棚から外さなかった理由の一つであった。

という人もいる。だが、「有害コミック」の扱い方への指示と同様、同じ書店内に並べている以上、そのことの効果には疑問を否《いな》めないし、かえって目立たせるような気もする。展示の仕方について工夫が必要であることは、ぼくも感じているが、今のところ、決め手となるような策は思いついていない。書店人として、大きな課題であると思っている。

「復刊」の必要性

『絶版本』を読んでいると、「絶版本」の意味が昔とは変わってきたと言える。文筆家の吉《よし》川《かわ》浩《ひろ》満《みつ》は言う。

いまはプリントオンデマンド（ＰＯＤ）も普及してきたし、電子書籍版もあったりして、こうなるとまた絶版の意味と価値も変わりそう。（「『絶版』がモンダイなのだ」『絶版本』１５９頁）

新刊文芸書の絶版までの期間の短さをかこつ斎《さい》藤《とう》美《み》奈《な》子《こ》（文芸評論家）も、「この忌々《いまいま》しい状況は、近年急激に改善されつつある。ひとつはAmazonマーケットプレイスに代表されるインターネット上の古書店である」と言っている（「『本がない！』からはじまる旅」『絶版本』１９８頁）。

プリントオンデマンド（POD）や電子書籍の登場、インターネット上の古書店の充実によって、「絶版本」を読むことは、随分と容易になっている（ぼく自身も、Amazon マーケットプレイスを使って、出版社にも残っていなかった「絶版本」を入手したことがある）。加えて、図書館も、質量ともに、かつてよりもずっと充実してきている。今や、「絶版本」は、読みたくても読めない本ではなくなりつつある。その状況を受けて、社会学者の西田亮介《にしだりょうすけ》は「事実上の絶版が生じるのは、版元が電子化を行わず、紙の新刊本をストックし流通させることに経済合理的理由を見出せなくなった結果、在庫切れ状態が放置されるからだ」（「知の散逸を防げるか」『絶版本』85頁）と言う。

言われていることは確かにそのとおりだが、出版社の怠慢が「事実上の絶版」を発生させ、研究者や読者に不便を被らせているという非難のニュアンスには、出版流通の一端にいる者として、やや抵抗感がある。

西田が「経済合理的」という言葉を使っているように、売れず利益を生まない本を後生《ごしょう》大事にしていられるほどわれわれの業界に余裕があるわけではない。吉川や斎藤が言うように、「絶版」になったからと言ってまったく読めなくなるわけではないし、また、電子化が万能なわけでもない。西田は次のようにも言っている。

それどころか中小の出版社のなかには、積極的にAmazon での流通すら行わないところもある。過渡期においてはそうした選択肢もあり得たかもしれないが、勝敗決したあとの現在においては、もはや日本語の知識流通を明確に阻害していると言わざるをえない。電子化に抗《あらが》うことも到底現実的ではないし、版元の美学以外に特段利点は見いだせない。(『絶版本』90頁)

「勝敗決したあとの現在」には、ぼくは不快感を隠せない。

読書猿《どくしょざる》(ブロガー、読書家)の「なぜ本を読む猿は『復刊』をライフワークとしたのか」は、他の回答者とは着眼点と議論の方向性が違っている。彼は、「昭和三十八年、今はなき中央図書出版社から刊行された」学習参考書『現代文解釈の基礎』をちくま学芸文庫の一つとして復刊し、文庫解説を担当した。そして、「今は受験でもここまでいらないんですよ」と言われかねない往年の難度の高い名参考書を、「学習参考書」としてではなく、「〈国語や読むことが軽んじられるこの時代に、真剣に読むことを鍛えたい人のための教本(トレーニングブック)〉」として復刊し、多くの新たな層の読者を獲得、ちくま学芸文庫のベストセラーの地位に就かせたのである。(「なぜ本を読む猿は『復刊』をライフワークにしたのか」『絶版本』167頁)

「電子書籍、電子古書店、納本制度によってすべての書物を収集、保管する国立国会図書館の資料デジタル化と個人配信によって、事実上『絶版本』はなくなる」、そうした「風説」

が広まる中、「なぜ復刊が必要なのか」という問いに対して、読書猿は次のように答える。

その答えは、「書物は、閲覧可能であるだけでは、読まれるようにならないから」である。『個人配信』は確かに画期的だが、これを利用するのは、そもそも国会図書館を利用していた／少なくとも国会図書館がどういうところか（納本という制度の趣旨から言えば刊行されるすべての書物が集まるところ）を知っていた人に（当面の間は）とどまるだろう」（同165頁）

読書猿は、「良書の存在を知らせるだけでは十分ではない」と言う。「『良い本』であるだけでは、いかなる読書家であろうと、希少な人生の時間の一部を差し出したりはしない。書物は、各読み手の知的好奇心や情報ニーズ等に触れない限り、開かれることはない」からである（同166頁）。

「復刊」の必要性、そして「復刊」にあたって必要なことを、彼は次のように纏《まと》める。

内容（コンテンツ）は同じでも、その書が世に出た状況は、現在とは異なる。異なる時代に生まれた良書を召喚するためには、新たな文脈（コンテクスト）を与えてやらなくてはならない。

「何故《なぜ》いまこの書物なのか」という問いに、復刊に携わる者は答える義務がある。（同

１６６頁）

『現代文解釈の基礎』を文庫の形で復刊し解説を加えるという仕事は、読者がその本に出会い手に取るために必要な、「コンテンツを変えずコンテクストを変える」（同１６７頁）作業だったのである。

ここに、書店という生業の存在理由（レゾン・デートル）もあると思う。立ち寄ってくださったお客様が、思いもかけなかった本に出会える空間を創造し、整えること。もちろん、書店もまた、「何故いまこの書物なのか」という問いに、答えなければならないのだ。

第22章　名もなき人々の歴史を伝える著作

「いま、ヘイトクライムを問う」

MARUZEN&ジュンク堂書店梅田店では、二〇二二年十月八日（土）、トークイベントとして、『IMAJU《イマージュ》』83号刊行記念「いま、ヘイトクライムを問う〜相模《さがみ》原《はら》障害者《しょうがいしゃ》殺《さっ》傷《しょう》事件と在日コリアンへのヘイトをどう考えるか〜」を開催した。登壇者は、「態変《たいへん》」（当時は「劇団態変」）代表の金満里《キムマンリ》とフリージャーナリストの中村一成《なかむらいるそん》。

「態変」は、「身体障碍者の障碍じたいを表現力に転じ未踏の美を創り出す」という着想で、金が一九八三年に立ち上げたパフォーマンス集団である。舞台に上るアクターは全員が身体障碍者で、金自身も三歳のときにポリオに罹患《りかん》し、麻痺《まひ》の後遺症が残る障碍者。子供時代には十年間施設に収容され、「全国青い芝の会」の活動にも参加、「態変」では、主宰・芸術監督・作家・演出家を務め、自身も舞踊家として舞台に上る。

以前からその活動に関心を持っていたぼくは、二〇二〇年にジュンク堂書店難波店で、劇団発行の雑誌『IMAJU』のバックナンバーフェアを展開。金満里のトークイベントも、第一回大島渚《おおしまなぎさ》賞（映画の未来を拓《ひら》く新しい才能に贈られる賞）を受賞した小田香《おだかおり》（監督、フィルムメーカー）との対談を二〇二一年三月に、上念省三《じょうねんしょうぞう》（舞台芸術評論家）との対談を二〇二二年八月に難波店で開催した。

劇団態変の活動、金満里のパフォーマンスをメインテーマにした前二回の難波店でのトークに対して、二〇二二年十月のMARUZEN&ジュンク堂書店梅田店では、ヘイトクライムをテーマとした。

相模原障碍者殺傷事件とウトロ放火

ヘイトクライムは、在日コリアンの障碍者である金にとって、舞台でのパフォーマンスに勝るとも劣らず重要なテーマである。

二〇二二年夏号の『IMAJU』83号の特集は、「ヘイトクライムを許さない」。「クロスオーバー談義　郭辰雄《カクチヌン》（コリアNGOセンター代表理事）×金満里『日本が許容するヘイトクライム　7・26虐殺×ウトロ放火—優生思想とレイシズムへの闘いを結ぶ』」が巻頭を飾った。

「7・26虐殺」は、二〇一六年七月二十六日未明、神奈川県相模原市の障碍者施設「津久井《つくい》やまゆり園」に元施設職員の男（事件当時二十六歳）が侵入し、入所者十九人を刺殺、二十六人に重軽傷を負わせた相模原障碍者虐殺事件をいう。

「ウトロ放火」は、二〇二一年八月三十日、在日コリアンが集住する京都府宇治市ウトロ地区の空き家に二十二歳の男が火をつけ、周辺の住宅を含めて計七棟を全半焼させた事件である。けが人はなかったが、犯人は同年七月、名古屋市にある韓国民団の系列施設と韓国学校にも火をつけていた。犯人は、「朝鮮人に対して恐怖を与え、これが社会的に注目をされればインターネット等では自分に対する賞賛の声がおくられてくるはず」という動機を嘯《うそぶ》いている。

この二つの事件は、決して別々の事件ではない。『IMAJU』83号の巻頭対談から、金満里と郭辰雄の言葉を引く。

郭　〈前略〉2016年は障碍者差別解消法であったり、ヘイトスピーチ解消法、部落差別解消推進法など、いろんな人権に関《かか》わる法律ができたにもかかわらず、ヘイトスピーチは広がって相模原の事件は起こった。

金　ねえ、その年に起こったっていうところがショックなんですけど。〈中略〉2012年前後くらいから、そのヘイトデモが酷《ひど》くなってきて「鶴橋《つるはし》大虐殺、やりますよ」っていう中学生の発言が出てしまった後に、2016年に本当に障碍者が19人も殺されてしまったっていうのは、まさしく私にとってはね、ヘイトのデモがずっと続いてきた延長線上に障碍者の虐殺があったという風に思ってるんですよね。時代はどんどん変な方向に経過する。そういう中で、本当に殺されてしまったのが、障碍者なんだってことをやっぱりものすごく力説したいんですよ。（15頁）

二人は、相模原障碍者殺傷事件で被害者の名前が公表されていないことも、問題にしている。

金〈前略〉私は在日コリアンとして、自分の名前を奪われてきたっていうところには非常に敏感でして、障碍者の名前を同じようにその殺されてもまだ奪うっていうところのね、その問題っていうのは、普通日本人が感じるよりも、これは絶対犯罪なんやと、二重の意味で殺してるんやっていうことを強く思うのですよ。*（16頁）

郭〈前略〉相模原のヘイトクライムがどういう事件であるかを踏まえ、ウトロ、愛知の民団施設などへの連続放火事件という在日コリアンへのヘイトクライムと連なるものとして、考えていく必要があるとは思います。（17頁）

金は、二〇一六年七月二十六日に神奈川県相模原市にある障碍者施設津久井やまゆり園で殺された十九人の障碍者の四十九日から毎年行われている大阪梅田での追悼アクションに欠かさず参加している。二〇二二年七月二十六日のアクションでは、最初のスピーチを行っている。

ウトロの起源

二〇二二年十月八日のトークイベントのもう一人の登壇者中村一成には、これまで『ルポ　京都朝鮮学校襲撃事件』『ルポ　思想としての朝鮮籍』（ともに岩波書店）などの著書があり、二〇二二年四月に『ウトロ　ここで生き、ここで死ぬ』（三一書房《さんいちしょぼう》）を上梓《じょうし》した。

この本は、中村が二十年にわたってウトロの人たちから聞き取りを行い、生きた言葉によってウトロに住んだ在日コリアンの戦中戦後から今日までの苦難の歴史を描き出している。

ウトロの在日コリアン集落は、戦争勃発《ぼっぱつ》を見据え、一九四〇年に着工された「京都飛行場」建設に起源がある。中国との戦争の長期化、欧米との関係悪化の中で空軍力の増強が目論《もくろ》まれたこの飛行場建設は、逓信省《ていしんしょう》と民間飛行機会社「日本国際航空工業」が事業主体とな

＊―二〇一九年七月十八日に三十六人が死亡した「京都アニメーション放火事件」でも被害者の実名報道の是非《ぜひ》についての議論があった。事件の背景は異なるが、金の言葉は、報道姿勢に対して示唆《しさ》を与えているように思う。

り、京都府の実務を仕切った。

本来の地名は宇治の入口を意味する漢字の「宇土口《うどぐち》」だったが、「口」をカタカナと思い込んだ役人の誤記で通称化したと言い、宇治市発足の一九五一年までには正式な地名となっている。（『ウトロ　ここで生き、ここで死ぬ』3頁）

一日約二千人が働き、うち千三百人が朝鮮人労働者だったという。一九四三年、滑走路用の土砂を採集したあとのくぼ地に、いくつかあった朝鮮人の飯場《はんば》が統合された。

日本の敗戦（朝鮮にとっては解放）後、朝鮮人労働者は補償もないまま置き去りにされる。「解放」後の状況は、過酷だった。地名が表すようにウトロは「くぼ地」であるから、何度も水害に襲われた。下水道も浄化槽もないから、廃材を貼り合わせた箱の下に壺《つぼ》を置いただけの共同便所から、糞尿《ふんにょう》が溢《あふ》れ出す。

台風がくると水浸しですわ。私ら正直、ウンコの中を泳いでいたようなもんです。（同162頁）

住《す》み家《か》は、雨漏りはもちろん、隣家との隔ても十分ではなかった。

松の木だから節が多くて、子どもが押すと穴が開いて向こうが丸見えになる。どこの家も同じようなことをやった。隣の様子が筒抜けになるから、「隣はあんなええもん食べてる、おかずが多いなあ」なんて言ってたら、みんなで一緒に食事したりしてね。みんな貧乏やったけど仲良くてな。助け合ってたわ。だからやっていけた。（同59頁）

安普請《やすぶしん》は、住民の結束を強めた。

一夜にして「外国籍」となる

敗戦直後の混乱を抜け出した日本は、在日コリアンを、より過酷な状況に追いやった。

日本では「主権回復の日」とされる一九五二年四月二八日、ウトロ住民らを含む在日朝鮮人、台湾人は、植民地化で強要された日本国籍を今度は一方的に喪失させられる。

（『ウトロ　ここで生き、ここで死ぬ』191頁）

一夜にして「外国籍」となった彼らは、戦後補償、社会保障の対象外とされる。そして、「解放」された祖国を分断する戦火。住処《すみか》に隣接する、自分たちが建設した軍事飛行場には、連合軍が進駐していた。

「鉄くず拾って売ってたけど、あれ結局朝鮮に流れて、戦争で使ってたんだと今思うのです。〈中略〉自分の国、滅ぼしてくれいうて鉄、運んでいるようなものです。当時そんなん分からへんやん。ただ食うだけのことや。〈後略〉」（同108頁）

「戦後の混乱が収束し、才覚や力で糊口《ここう》を凌《しの》げた時代が終わると在日朝鮮人の経済状況は悪化」していた。生きるための「闇《やみ》」酒、「闇」煙草の製造は警察の介入の恰好の材料となり、唯一可能だった生活保護は、しばしば「不正受給」摘発の対象となった。

そのように在日コリアンを経済的に追い詰めることは、一九五九年に始まる北朝鮮への「帰国」事業とセットであった、と中村は指摘する。

歴史の証人であり、謝罪と補償の対象である在日朝鮮人の国外追放が政府にとっての「帰国事業」だった。（同168頁）

「段取りはしたんや。帰りたい気持ちはあったよ。でも帰る余裕なかった。今になれば、『いかんでよかったな』って思ったりもする。解除なってから二つに分かれた。それで大変やってな、食べるもんもないとか、ヨモギ一本もないちゅうて、評判が余りようなかった。そやから一緒になったらと思って、うちらそのまま朝鮮籍持ってた。そやからなかなか帰られへん〈後略〉」(同48頁)

「そやから一緒になったらと思って」という言葉は重い。今なお指示する対象のない「国」籍の存在の意味を、(とくに「在日特権」などと言う人たちは)ぜひ知ってほしい。

郷土史家不在のウトロ

時代は下り一九八〇年代、思いもしなかった問題が住民たちを襲う。土地登記者である日産車体(飛行場建設時に登記した日本国際航空工業が戦後、日産と提携した会社)が、「不法占拠」としてウトロの在日コリアンに土地明け渡しを迫ったのだ。騙《だま》し同然で集めて重労働を課し、何の保障もなく放ったらかしにしておいて今さら出ていけとは、何をか言わんやである。そもそも土地の所有権とは一体何なのかと思わされる。

裁判への戸惑《とまど》い、強制執行の恐怖、地上げ屋の跋扈《ばっこ》、同胞の「裏切り」……。だが、一方で日本人協力者、援助者も現れ、韓国では、一九九八年の金大中《キムデジュン》大統領誕生を象徴的な出来事として大きく進んできた民主化が、故国の人々の目をウトロに向けさせた。韓国政府や運動団体の日本の政府や行政への働きかけ、そして市井《しせい》の人々の広範な寄付がウトロの人々を支援し、奮い立たせる。

ウトロの歴史は、戦後日韓史の縮図なのだ。それは、植民地支配の歴史的責任、戦後補償の棚上げを問う、ウトロ住民の困難にして不屈の闘いの歴史である。

『ウトロ　ここで生き、ここで死ぬ』での中村一成の仕事も、そうだったのではないか。戦後ウトロに生き続けた在日コリアンは、敗者、死者ではないが、戦後日本の欺瞞《ぎまん》に抑圧され、苦しめ続けられた人々だ。しかも、彼らには自分たちの苦難に満ちた生活を記録する術《すべ》もなく、そうした発想を持つ余裕もなかった。

中村は、聞き書きを本にするにあたっての困難を、次のように書いている。

> 日常、しかもそこに住む者にとっては「普通」である日々の営みを後々のため記録する者など滅多にいない。ましてや極貧の集落である。識字率の低さもあり、ウトロに「郷土史家」はいなかった。(同346頁)

にもかかわらず、否《いな》それゆえにこそ、中村の聞き書きは、豊穣《ほうじょう》である。ウトロの人たち一人ひとりが、書き留めることができなかった歴史を、溢れ出す思いで中村に語っている。ただし、ほぼ聞き書きであることに、中村はいささかの危惧《きぐ》を覚えている。

加えて住民たちの体験を時系列に位置づけることの難しさだ。（同346頁）

参照する記録もなく住民たちの記憶の正確さを検証できるのか、時系列でさちんと整理することができるのか、膨大な証言を一冊にまとめる困難は、想像に余りある。だが、ウトロの歴史的経緯と、敗戦後も振るわれ続けた構造的暴力の量と質、今なお残る（ときにますます強まる）レイシズムを思いながら、中村はその困難に立ち向かう。

遺された者が歴史と向き合う上で大事なのは、客観的事実以上に、彼彼女らにとっての真実だと思う。誤解を恐れずに言えば、語られたことが事実である必要はない。（同347頁）

証言も筆記も人間の営みだから、誤りも虚偽もそこに潜入し得る。相互に矛盾する場合もあるだろう。そもそも膨大な数の史料のどれを選択して「歴史」を組み立てるかに悩む。

打ち捨てられた歴史

中村の悩みに答え、エールを送ると思われるのが、歴史学者・藤原辰史の研究姿勢である。藤原は、自らの歴史学を「屑拾《くずひろ》い」と言う。歴史はつねに勝者、生存者によって描かれ、敗者、死者は歴史を語る口を封じられてきたので、それぞれの時代の全体像をつかむためには、「屑」として打ち捨てられた後者の証言を掘り出すことが不可欠だからだ。藤原は、それぞれの時代の人々の具体的な生を復元せんがため「大きな物語」に接続しえず顧みられなかった名もなき人々の日記や生活記録を大切に、丁寧に拾い上げる（『歴史の屑拾い』講談社）。

膨大な候補から有意な史料を発見するのは、干し草の中に針を探す作業である。それを支えてくれるのが、研究者仲間や先人の研究、すなわち時空を超えた歴史研究者のネットワークである。歴史研究は共同作業であり、個人の恣意的な創作ではないのだ。

中村が悩む個々の史料の参照適格性については、藤原も「一次史料を恣意的に選択し配置することは、読者の感情にダイレクトに訴えるのと引き換えに、ひとりよがりな歴史観への扇動や誘導にも容易につながる」（『歴史の屑拾い』１０３頁）と言い、慎重な扱いの指針として次のように語っている。

できるかぎり多くの史料と歴史研究を読み込み、出来事の文脈を探らなければならない。それができてようやく一次史料の「手触り」を保ちながらの歴史叙述の方法を探り続けるという困難な道への扉を、開くことができるのである。（同１０３頁）

藤原は、その「困難な道」をたどるための道標、エネルギー源を、次のように言っている。

大事なのは、方法をあれこれ模索すること以上に、自分を惹《ひ》き付けてやまないテーマと出会い、それに振り回されつづける、ということに他ならない。（同63頁）

中村一成にとって、「自分を惹き付けてやまないテーマ」は戦後日本が在日コリアンを遇してきた「歴史的経緯と、敗戦後も振るわれ続けた構造的暴力の量と質」（『ウトロ　ここで生き、ここで死ぬ』347頁）であろう。

ウトロの人たちの証言が汲《く》み尽くせぬほど溢れたように、そのテーマは戦中戦後の清算がまったくされずに先送りされている（あわよくば、ないものとされようとしている）この国において、より深く究《きわ》められねばならないものだ。中村の執筆活動は、その一里塚である。

この国の多くの人が、『ウトロ　ここで生き、ここで死ぬ』をはじめとした中村の著作、また、在日コリアンの歴史と現在を知ることのできる良質な著作に出会い、この国が何をしてきたかを知らなければならない。今日、そのことがまったく不十分であるからこそ、冒頭に書いた放火事件が起こり、その犯人が法廷で許すことのできない発言をするのである。

二〇二二年十月八日のMARUZEN&ジュンク堂書店梅田店のトークイベント、『IMAJU』83号刊行記念「いま、ヘイトクライムを問う～相模原障碍者殺傷事件と在日コリアンへのヘイトをどう考えるか〜」で、中村一成が作成、使用した資料から、ウトロ放火事件の被告が法廷で語った言葉を引用する。

「今や日本や世界で多くの罪のない人たち、困窮者たちが支援を受けられず見殺しにされている。その一方で戦争の被害者だという一方的な理由で国民以上の支援を受けようとしている人たちがいる。〈中略〉私のように差別、偏見、ヘイトクライムの感情を持っている人たちは至る所に多くいる〈中略〉仮に私を極刑で裁いたとしても、一個人の身勝手な事件だと部分的に切り取って終息させたとしても、今後いろいろな事件、さらに凶悪な事件が起こることが容易に想像できる」

「今後、同様のそれ以上の事件が起き、その時は命を失う人が出るかもしれない。この事件は単なる個人的な感情の問題ではない」(二〇二二年六月二十一日)

この言葉を受けて中村は「彼が法廷でなしたもの。彼の犯行を『悪感情』『嫌悪感』などと評して『個人的感情』に押し込めようとする検事と、『考えを変えつつある≒反省の色が見え始めた』と主張して情状を求める弁護士の意見陳述に反発したのだろう。最後に自らの行為をヘイトクライムであると事実上、宣言し、後に続く者たちの犯行を予言した」と記している。

第23章
反差別の発信

放火犯が〝誇らしげに〟名乗りを

ウトロ放火事件被告の法廷での差別意識に溢《あふ》れた「居直り」発言の際の様子を、フリージャーナリストの中村一成《なかむらいるそん》が月刊雑誌『部落解放』で再現している。

謝罪も反省もない。検察の仕立てを否定、弁護人の陳述を無視し、自らの犯行をヘイトクライムだと宣言、次の「犯行予言」までやってのけたのである。廷内の空気がざわめき、裁判長が目を剝《む》いて被告の顔をまじまじと見つめる。傍聴席からは「求刑やりなおせ！」との怒号が飛んだ。（「ウトロ放火事件判決とヘイト犯罪との闘い―反差別規範の積み上げの先にある差別認定」『部落解放』二〇二三年一月号、81頁）

怒号。無理もない。放火事件が起きてから、ウトロの人たちの心は、かき乱されている。火事が起きた直後は、警察は「事件性なし」、つまり放火ではなく失火と判断した。住民側には、放火を疑う人が何人もいたが、「失火」を願う声も少なくなかったという。そのことは、「自らと家族、そして同胞たちの歴史、喜怒哀楽を刻み付けた故郷が、ここにきてなおヘイトの対象であるなどと思いたくはない」という気持ちの反映だ、と中村は説明している（同74頁）。

そんな人たちの前に、「放火犯」が〝誇らしげに〟名乗りを挙げたのだ。「住民の衝撃、『やっぱりな』との悲しみと落胆」（同75頁）は大きかった。

被告は、「拘置所内でメディア各社の取材に応じ、『朝鮮人が嫌い』『恐怖を与える』『ブツを狙った』『ヤフコメ民にヒートアップした言動を取らせる』などと語り続けた。〈中略〉『ヘイトクライム』であるのは明らかだった。後は裁判所が『差別的動機』を認定し、量刑を加重すればいい」（同75頁）と中村は重い刑罰を期待した。

だが、「求刑は懲役四年だった。明確なヘイト犯罪で、死傷者が出る恐れもあった事件でこの量刑だ」（同80頁）と、中村は天を仰ぐ。

法律として明文化されていないヘイトクライム

放火は非常に悪質な犯罪である。刑法第一〇八条は、「放火して、現に人が住居に使用し又は現に人がいる建造物、汽車、電車、艦船又は鉱坑を焼損した者は、死刑又は無期若《も》しくは五年以上の懲役に処する」と量刑の幅を規定している。死刑もありうる重罪なのだ。「懲役四年」の求刑は、この規定には当てはまらない。すなわち、ウトロ放火事件は、「現に人が住居に使用し又は現に人がいる建造物」への放火とは見なされなかったのだ。

被告は、地区の共有倉庫として使われていた空き家に侵入して、手製の発火装置で火を放った。確かにそこは「現に人が住居に使用し又は現に人がいる建造物」ではなかったが、その結果全半焼させた七棟のうち二棟には子供二人を含む五人が住んでいた。筋向かいの住宅にも住む人がおり、死傷者が出なかったのは運がよかったからなのだ。立派な「殺人未遂」ではないか。

傍聴席から、「求刑やりなおせ！」の怒号が飛んだ所以《ゆえん》である。

しかし、判決も「懲役四年」。中村を含めた傍聴席の人々の落胆、怒りはいかばかりであったか、と思う。

一方、弁護士で外国人人権法連絡会事務局長の師岡康子《もろおかやすこ》が『世界』二〇二二年十一月号に寄せた論考「ウトロ等連続放火事件　判決の意義と課題」での判決への評価は、少しニュアンスが異なっている。

求刑の八掛けほどの言渡《いいわた》しをするのが一般的であり、特に被告人が犯行当時二二歳と若く、初犯であることを考慮すると、動機の悪質性等を踏まえて通常より量刑を重くしたともとらえることが可能である。（『世界』二〇二二年十一月号、17頁）

また、判決文についても、次のように書いている。

判決は「社会の不安をあおって世論を喚起する」ことなどは「民主主義社会において到底許容されるものではない」と指弾し、〈中略〉検察の論告求刑にはなかった「民主主義」という用語から、裁判官のヘイトクライムに歯止めをかけなければならないという危機感がうかがわれる。（同17頁）

中村もまた、「裁判体は彼の言動を『民主主義社会において到底許容されるものではない』と断罪した」（『部落解放』二〇二三年一月号、81頁）と言う。最初に挙げた「裁判長が目を剝いて被告の顔をまじまじと見つめる」という中村の報告とも整合する。

だが、これはあくまで求刑―判決の関係性の下《もと》での評価である。事件の、そして勾留《こうりゅう》中から法廷における被告の言動を見る限り、「求刑やりなおせ！」の怒号にリアリティがある。

師岡も、判決文について、次のように批判している。

他方、同判決文には「差別」「ヘイトクライム」との用語はなかった。被告人自身が「差別偏見、ヘイトクライム」との用語を使い、かつ量刑の内実はヘイトクライムの実体をかなり踏まえていることから、あえてその用語を避けたと思われる。「差別」「ヘイトクライム」そのものへの非難はなく、在日コリアン全体にもたらす被害についても言及がないため、ヘイトクライムを抑止する一般予防効果は不十分であり、画竜点睛《がりょうてんせい》を欠くと言わざるを得ない。（『世界』二〇二二年十一月号、17頁）

それでも、「そもそもヘイトクライムを含む差別を禁止する法律もない現状では、個々の裁判官にとって、とりわけ罪刑法定主義から類型的な判決が求められる刑事裁判においては前例のない判決を出すのは容易ではないことは想像に難くない」（同17頁）のである。

罪刑法定主義は、どのような行動がどのような刑罰に値するかをあらかじめ法律で定めておかなければならないという、民主国家なら当然採用している原則である。人々を、国家などの権力による恣意的な量刑の決定から守るため、裁判においてこの原則は遵守されなければならない。

逆にいうと、罪悪極まりないと思われる犯罪でも、法律に定められていない限り罰せられることはないのである。そして日本に、「ヘイトクライム」を罪として明文化した法律は、ない。「ウトロ放火事件」の公判で、被告が堂々と「ヘイトスピーチ」を繰り返すことができた所以である。
世界的な潮流は、決してそうではない。

無視する司法、看過する政府

中村一成は言う。

差別との対峙《たいじ》は第二次大戦後国際社会における大きなテーマだった。人種差別撤廃条約が発効したのは一九六五年、国連の人権条約では最も早い。個別国を見てもドイツ刑法の民衆扇動罪（一九六〇年）を皮切りに、欧州各国では差別を禁止する法整備を行い、その後も改定を重ねてきた。ヘイトスピーチを「表現の自由」とする米国でも、一九六四年には新公民権法を制定し、差別を禁止している。ヘイトクライムについても、米国や欧州諸国など、量刑加重を制度化した国も少なくない。

なぜか。端的に言えば「過去」に学んだのだ。植民地支配、奴隷貿易、二度の世界大戦、人種隔離政策を見据えた「国際社会」が、今のままではいけない、二度と繰り返すまいと考えたとき、対処すべき元凶の一つは「差別」だった。世界人権宣言と、そこに続く国連の人権条約の数々はその誓いだ。（『部落解放』二〇二三年一月号、75〜76頁）

翻《ひるがえ》って、日本ではどうだったか？

植民地化で朝鮮人、台湾人を「臣民」の枠に引きずり込んだ日本は当時、戸籍の違いで彼らを「二級臣民」とした。レイシズムの制度化である。

敗戦後はその「戸籍」を「国籍」に切り替えた。日本が執《と》った敗戦後初の外国人政策は「戸籍」の違いを理由にした参政権停止だった。その後の外登・入管体制による管理、監視、追放の対象化や、戦後補償、社会保障からの徹底した排除など、これら旧植民地出身者に対する差別措置の「根拠」は、軒並み国籍だ。「戦後」のスタートにあたって日本は、差別をその背骨とした。（同76頁）

日本は、「過去」に学ばなかった。そして、ここに書かれた内容は、敗戦後八十年近くを経た現在も変わっていない。今も、日本は「過去」に学ばないままなのだ。世界も、そのことを知っている。日本は、国連などの国際組織から何度も勧告を受けてきた。

日本も加盟する人種差別撤廃条約第四条（a）はヘイトクライムについて、「いかなる人種若《も》しくは皮膚《ひふ》の色若しくは種族的出身を異《こと》にする人の集団に対するものであるかを問わずすべての暴力行為又《また》はその行為の扇動」等を「法律で処罰すべき犯罪であることを宣言すること」と定めている。また同条約により設置された人種差別撤廃委員会は「市民でない者に対する差別に関する一般的勧告30」(二〇〇四年)において「人種的動機または目的をもって犯罪をおこなったことが、より厳格な刑罰を認める刑の加重事由となるとする規定を刑事法の中に導入すること」(二二項)とし、明確にヘイトクライムの加重処罰を求めている。(『世界』二〇二二年十一月号、16頁)

「悪意の観点から参照し、量刑の重さに反映される」

これは、二〇一〇年二月、ジュネーヴの人種差別撤廃委員会が日本政府の報告書審査を行った年の日本政府代表の答弁である。この答弁自体、玉虫色《たまむしいろ》だが、それでも、「量刑の重さに反映される」との答えはヘイトクライム対策における日本政府の「国際公約」である。

ところが、同時に起こっていた「在日特権を許さない市民の会」(在特会)などのレイシスト集団による京都朝鮮第一初級学校に対する度重なる襲撃事件の主犯格四人に対して、京都地裁が翌年言い渡した判決は、執行猶予四年付きの懲役一〜二年であった。果たして彼らの多くは執行猶予中に同様の街宣を繰り返し、二人は実刑判決を受け、執行猶予を取り消され収監された(『部落解放』二〇二三年一月号、72〜73頁)。

明らかに「国際公約」違反による失態である。今回のウトロ放火事件の判決を見ても、日本の司法は十年以上、「国際公約」を無視し、日本政府もそれを看過してきたと言わざるを得ない。

「差別を裁く」とは何を裁くのか

こうした事態、経緯を鑑み、中村は最後に三つの提言をしている。

「まずは進行中の民事訴訟を支援し、判例を積み重ねること」（『部落解放』二〇二三年一月号、82頁）。具体的には、在日コリアン三世の崔江《チェカン》以子《イヂャ》、フォトジャーナリストの安田菜津紀《やすだなつき》がそれぞれインターネット上での差別、中傷に満ちた投稿の主に、損害賠償を求めて提訴した二件を挙げている。

「加えて立法である。〈中略〉法的応戦の『成果』を基に、新規立法、条例制定を視野に、国や自治体、議会を動かす必要がある」（同82頁）。前述のとおり、そもそもこのような立法については、二〇〇四年に日本も加盟する人種差別撤廃条約により設置された人種差別撤廃委員会から、「人種的動機または目的をもって犯罪をおこなったことが、より厳格な刑罰を認める刑の加重事由となるとする規定を刑事法の中に導入すること」（22項）との勧告を受けている。

日本は、二十年近く、その宿題を放ったらかしにしてきた。二〇一六年六月三日に「ヘイトスピーチ解消法」（「本邦外出身者に対する不当な差別的言動の解消に向けた取組の推進に関する法律」平成二十八年法律第六十八号）が公布・施行されたが、「取組の推進に関する法律」という名が示すとおり、この法律に罰則規定、すなわち「より厳格な刑罰を認める刑の加重事由となるとする規定」はない。

中村は、「次の山は相模原市の反差別条例制定運動である」と、知的障碍者施設「津久井やまゆり園」で十九人の入所者が刺殺され、入所者・職員二十六人が重軽傷を負った「やまゆり園事件」が起きた相模原市の条例制定に期待を寄せている。

師岡もまた、「川崎市では二〇一九年にヘイトスピーチを犯罪とする条例が制定されている。現在神奈川県相模原市では、ヘイトスピーチの禁止と罰則に加え、『ヘイトクライム』という用語を条例に明記すること等を市に求める答申を作成中」（『世界』二〇二二年十一月号、18頁）と、注目している。

だが……。

ヘイトスピーチ規制を含む人権条例に関する答申について検討している相模原市人権施策審議会が24日、開かれた。不当な差別的言動（ヘイトスピーチ）に罰則規定を盛り込むことを7月の審議会で決定したが、市作成の資料には「罰則を付すか否かは決着していない」と記載されており、委員らが軌道修正する事態となった。（神奈川新聞、二〇二二年九月二十五日付）

相模原市長の本村賢太郎《もとむらけんたろう》は、二〇二二年内の成立を目指していたが、断念した。* どうして、こうなるのだろう。差別発言を禁じ、違反者に刑罰を科すことが、どうしてこれほど難しいのか？

国の反差別の法律としては、二〇一六年六月、ようやく「ヘイトスピーチ解消法」が施行されたが、前述したとおり「理念法」で罰則規定を含んでいない。川崎市は全国に先駆けて罰則規定を設けた条例を二〇二〇年七月に全面発効させたが、「ヘイトクライム」を防止するにはその罰則規定は未《いま》だ不十分という声も多い。

なぜ、明らかに人の心を傷つける、言い訳の余地のない犯罪に対して、法律が十分な対抗措置を、なかなか取れないのであろうか？

中村の三つ目の提言は、「一人ひとりがあらゆる回路を使って、『反差別』を発信すること」（『部落解放』二〇二三年一月号、82頁）であった。

直感的かつ結論的には、「差別を重罪に！」という思いは揺るがないが、それを具体化するプロセスでは複雑な問題が輻輳《ふくそう》し、実際に法律化し実効性を持たせるためには、熟慮と議

＊―その後、二〇二二年十月十九日夜、本村が諮問《しもん》していた市人権施策審議会が答申案を発表、二〇二二年十二月十三日には、反差別条例の制定を求める五つの市民団体が合同で約十三万筆の署名を市長に手渡した。

論が必要だと思われる。

憲法第二十一条の「表現の自由」を声高に掲げられることには、すでに提出されている多くの説得力ある反論が参照可能だが、「差別を裁く」とは何を裁くのか、差別者の内面か？実際の行為か？　それによって被差別者に被害感情を与えたことか？　それらは、量刑に反映すべく定量可能なのか？　さらに、そもそも人を裁くとは何か？

考えるべきことは多い。学ぶべきことは多い。参照すべき言説、議論は、多くの書物の中に刻印されている。課題が困難であればあるほど、書店の役割は重要となる。

Ⅷ
ヘイトスピーチ・クライムの厳罰化は、なぜ進まないのだろうか

第24章
『ヘイトスピーチはどこまで規制できるか』を読む

差別行為の放置とヘイトクライム

ここまで見てきたように、ヘイトクライムを裁く仕組み、防ぐ仕組み、具体的には法の制定と執行が、日本には不足ないし欠落している。日本政府は、他国に遅れて締結した「人種差別撤廃条約」第4条が要請する、人種差別を「処罰すべき犯罪であることを宣言すること」を、未《いま》だに留保しているのだ。

ヘイトスピーチ解消法はできたが、そこに処罰規定はないから、「処罰すべき犯罪であること」を未だに宣言できていないと言っていい。

「我が国の現状が、既存の法制度では差別行為を効果的に抑制することができず、かつ、立法以外の措置によってもそれを行うことができないほど明白な人種差別行為が行われている状況にあるとは認識しておらず、人種差別禁止法等の立法措置が必要であるとは考えていな

い」（二〇〇一年八月、人種差別撤廃委員会への日本政府報告・第四条関連）

この政府報告を引用したあと、同志社大学社会学部教授で朝鮮近現代社会史・植民地主義研究を行う板垣竜太《いたがきりゅうた》は次のように補足する。

このように日本政府は、新たな立法をするほどの深刻な人種差別被害はないといい切っています。京都の襲撃事件の前にあたる二〇〇八年八月の報告でも、事件直後の二〇一〇年一月のときも、裁判で審議中の二〇一三年一月も、日本政府は人種差別撤廃委員会で第4条の留保について一貫してこの論理をくりかえしてきました。（LAZAK編『ヘイトスピーチはどこまで規制できるか』影書房《かげしょぼう》、45〜46頁）

「京都の襲撃事件」とは、二〇〇九年十二月四日に起きた「京都朝鮮学校襲撃事件」である。「在特会」メンバーらは二〇一〇年一月十四日にも同様のデモを学校周辺で行い、裁判所による街宣差止仮処分命令も無視して、二〇一〇年三月二十八日にも差別街宣を強行し、威力業務妨害、器物破損（刑事）で有罪、民事訴訟でも京都地裁が千二百二十六万円の賠償と学校から半径二百メートル以内での街宣を禁じる判決を下す。

二〇一四年七月八日大阪高裁が被告の控訴を棄却、二〇一四年十二月九日最高裁が二審判決を支持し、原告（学校側）勝訴が確定した。

> 「ヘイトスピーチ判決」として国内外に広く報道されたこの判決は、日本の裁判所がはじめて「人種差別の違法性」を正面から認めたものとして、画期的であると評価できる。（具良鈺《クリャンオク》「人種差別の違法性を認定――京都朝鮮学校襲撃事件判決」『ヘイトスピーチはどこまで規制できるか』66頁）

判決文には、「刑事事件の量刑の場面では、犯罪の動機が人種差別にあったことは量刑を加重させる要因となるのであって、人種差別撤廃条約が法の解釈適用に直接的に影響することは当然のこととして承認されている」と、はっきり言明されている（同82頁）。

こうした事件とそれに対して下された司法判断を経てなお、日本政府は「明白な人種差別行為が行われている状況にあるとは認識しておらず」と言い続けているのである。

あるいは、原告（学校側）勝訴を「既存の法制度で」「差別行為を効果的に抑制することができ」ることの証左にしようとしているのだろうか。そうだとしたら、民事訴訟において、自分たちの被害が否定されるかもしれないとの不安を抱えながら法廷に通った在日コリアンの労苦を無視している。

そして、襲撃当日「ここは北朝鮮のスパイ養成機関」「こいつら密入国の子孫」「犯罪者に教育された子ども」「スパイの子ども」と大声で罵倒《ばとう》され（中村一成《なかむらいるそん》「ヘイト・スピーチとその被害」『ヘイト・スピーチの法的研究』金尚均《キムサンギュン》編、法律文化社、36頁）、怯《おび》え切って「朝鮮人って悪いことなん？」「朝鮮学校ってアカンのん？」「オンマ、私ら何か悪いことしてるの？」と親に問いかけた子供たちの大きな心の傷に思い及ぶこともない。

何よりも、昼日中子供たちが就学中の学校を、いわれもない罵詈雑言《ばりぞうごん》を浴びせかけるヘイトデモの一団が襲撃した時点ですでに「明白な人種差別行為が行われている」のであり、そのことを「認識して」いない日本政府は、完全に誤っているのだ。すぐさま立法措置をとるべきところ、その後も繰り返されたヘイトデモを等閑視《とうかんし》した。

その結果、二〇一三年二月には、「在特会」「神鷲皇国会《しんしゅうみくにかい》」などの自称「保守系市民団体」が、在日コリアンの集住地である鶴橋《つるはし》周辺で「日韓国交断絶国民大行進」なるデモと街頭宣伝が実施されるに至る。鶴橋駅前で、女子中学生が「ここにいるチョンコが、憎くて憎くてたまらないんです！」「もう、殺してあげたい。みなさん（周囲に集まって歓声を上げる日本人たち）もかわいそうやし、私も憎いし、死んでほしい！　いつまでも調子に乗っとったら、南京大虐殺じゃなくて鶴橋大虐殺を実行しますよ！」のヘイトスピーチを連呼したのだ。

そして、二〇二一年八月の「ウトロ放火事件」である。犯人は、その前に、愛知県民団（在日本大韓民国民団）本部への放火事件も起こしている。

日本政府が放置している間に、ヘイトクライムは、次々と繰り返されている。

法制化が困難なのはなぜか

日本政府が頑《かたく》なに法制化を拒《こば》む理由は、いったい何か？

政府のトップは、選挙によって選ばれた政治家である。政治家がもっとも恐れるのは、自らの支持層が離れ、票を失うことだ。では、彼ら彼女らは、自らの支持基盤をなす厚い選挙民層が、ヘイトクライム、ヘイトスピーチに同調しているとでも思っているのだろうか？

そうではあるまい。ヘイトクライムのあからさまな「差別」は、いかなるものでも許されないという原則は、多くの国民が共有しているはずである。ただし、いまの政府の支持する保守層が、その名の通り日本国を保守することに熱心なあまり、排外的な方向性をヘイト派と共有する傾向がありうることは否《いな》めない。だが、そうした層も、ヘイトデモにおける在日コリアンに対する激しい罵倒や誹謗《ひぼう》を、その多くは認めていないだろう。

では、なぜ、日本政府はヘイトクライムの処罰を定める法制定を躊躇《ためら》うのか？　だが、処罰規定を伴った法制化を躊躇っているのは、日本政府だけではない。

LAZAK（在日コリアン弁護士協会）代表の金竜介《きんりゅうすけ》は言う。

「朝鮮人をぶっ殺せ」というような文言に対して刑罰を科すのは難しいということは私もわかります。しかし、これを取り締まれないのはなぜなのか。なぜ、これに対応する法律をつくることに弁護士たちは反対するのか。私の感覚では、特に人権派と呼ばれているような弁護士さんのほうが強く反対するという傾向があるように思います。（『ヘイトスピーチはどこまで規制できるか』１４５頁）

人権派は、社会的弱者の味方である。そして在日コリアンは、明らかに社会的弱者である。本来ヘイトスピーチ規制最先鋒《せんぽう》の法律の専門家であるはずの人権派の弁護士が、なぜその法制化に反対するのか？

以下は、「法律時報」64巻9号（一九九二年）に掲載された座談会「『差別的表現』は法的に規制すべきか」における横田耕一《よこたこういち》（法学者）の発言である。

「議論の前に、わかりきった話ですが、あらかじめはっきりさせておきたいのは、ここでの議論は、差別表現がいいとか悪いとかの問題ではないということです。差別的表現が悪いのは当然であるとしても、それを法的に規制することがいいかどうか。しかも、その場合にも、政策的にいいかどうかではなく、憲法的に許されるかどうかに、もっぱら議論を集中していきたいと考えています」（櫻庭総《さくらばおさむ》「刑法における表現の自由の限界」『ヘイトスピーチの法的研究』１０７頁での引用。傍点は櫻庭による）

この発言に、人権派の逡巡《しゅんじゅん》のポイントが集約されている。

「差別的表現が悪いのは当然」は、人権派にとって疑いようのない前提である。ところが、「法的に規制することがいいかどうか」「憲法的に許されるかどうか」は、議論しなくてはならない問いなのである。この二つの問いは、一見同じことのようだが、分けて考える必要がある。言い換えれば、法律と憲法には当然強い関係があるが、その役割には真逆な部分もあるのだ。

ときとして法律と憲法は矛盾・対立する場合があり、だからこそ法令その他の処分が憲法に違反していないか（憲法適合性）を審査し公権的に判断する、違憲審査制が存在する。違憲審査制という名が示すとおり、公準として強いのは憲法の方である。それが憲法が憲法である所以《ゆえん》である。

「一切の表現の自由」とは

ヘイト・スピーチの規制が合憲なのであれば他の表現の規制も合憲であると主張されて、政府や議会多数派に不都合・不人気な言論を禁止する法律を制定する突破口になるおそれがある。たとえば、ヘイト・スピーチ規制の成立を受けて靖国《やすくに》神社批判の表現についても、戦死した兵士や遺族の尊厳を根幹から否定する強烈な害悪を発するものであるから規制すべきであると主張された場合に、これに対する従来の違憲論が通用しなくなるおそれがある。（小谷順子《こたにじゅんこ》「言論規制消極論の意義と課題」『ヘイトスピーチの法的研究』95

頁）

リベラルな憲法学者である木村草太《きむらそうた》も、次のように言っている。

私は憲法学者ですから、「ヘイトスピーチについてどう思われますか」と聞かれれば、憲法解釈の基本に照らして、「表現の自由は尊重しなければならない」的な発言をすることが多いです。（『ヘイトスピーチはどこまで規制できるか』１１７頁）

憲法第二十一条　集会、結社及び言論、出版その他一切の表現の自由は、これを保障する。

ヘイトスピーチの規制については、それが声に出して発せられたものであれ、書かれたものであれ、出版物その他に印刷されたものであれ、あるいはインターネット上に書き込まれたものであれ、常にこの憲法の条文が問題となる。「一切の表現の自由」が「保障」されているからである。

そもそも、条文全体を見ても、また歴史的経緯を見ても、第一にこの条文は、権力者を縛るものである。それまで、集会、結社、言論、出版などが禁止、処罰されたのは、主に権力者への批判的な表現に関してだったからである。

ヘイトスピーチの法規制を渋《しぶ》る本当の動機が、在日コリアンに対する誹謗中傷《ひぼうちゅうしょう》を行う人びとが自身の権力基盤の一部でもありその支持を失いたくないということであれ、あるいは国民に過度の「愛国」を求める自らの思想信条が排外主義的な言説に親和性を持っていることであれ、日本政府は本来自身に向けられた矛《ほこ》であるこの条文を、自身を守るための盾《たて》としてしまっているのだ。

一方、人権派にとっては本来、権力者の差別的な攻撃から弱者を守る（すなわち、ヘイトスピーチやヘイトクライムを禁止する）ための言論の盾となるべきこの条文が、その言論に対する矛となってしまっている。

その文字どおりの、かつ二重の「矛盾」によって、ヘイトクライムを規制・禁止するための動きが取れなくなっている。その袋小路から、脱出することはできないのか？

「言論の自由」は「何を言っても構わない」ということを意味しているわけではない。その認識は広く共有されている。脅迫、誹謗中傷、煽動《せんどう》の類《たぐい》が刑事罰の対象になることは、憲法第二十一条には抵触しない。木村草太は、先の発言に続けて、次のように言っている。


ただ、そういうと「ヘイトスピーチなんてどうでもいいと思っているんだろう」と思われがちですが、そうではありません。私の立場としては、表現の自由のために規制してはいけない一線はある、しかし現状は、絶対に規制すべきラインを超えた行為がなされているのに、規制されていない。このことについては、まったく否定するものではありません。（同117頁）

そのラインの決定の困難さが、ヘイトスピーチを規制する法律の制定を遅らせていることも事実であろう。そのことは理解できる。書籍についても、ヘイト本とそうでない本を分けるラインを確定するのは、とても困難だと感じるからだ。

だが、実はそのラインの最終確定にこだわる必要はないのではないか？

木村が言うとおり、「絶対に規制すべきラインを超えた行為」が現になされている。そうした行為を犯罪とすべきことには、ラインの微妙な位置取りは関係ない。明らかに犯罪的な行為を規制すること、そこから始めるべきではないだろうか。

そのために、犯罪とはなにか、法とは何かを改めて考えてみる。

「でも、その気もちもわかる」の怖さ

日本では、どのような行為が犯罪となり、それに対してどんな刑が科されるかは、国会が制定する法律で決められなければならないという原則（これを罪刑法定主義といいます）が憲法上に存在しています（憲法三一条・三九条・七三条六号但書《ただしがき》）。（山口厚《やまぐちあつし》『刑法入門』

岩波新書、21頁）

「罪刑法定主義」は決して間違いではない。政治権力者や経済力を持つものの恣意《しい》で犯罪が定義されたり、量刑が決定されるべきでは、絶対にない。

「国会が制定する」とは、われわれ国民一人ひとりとは無関係な第三者が制定するということでは決してない。国会議員は、われわれの投票によって選ばれた人たちである。政局がどうの、世論がどうの、リーダーシップがどうのと言われる。だが、そうしたさまざまな夾雑《きょうざつ》物《ぶつ》が存在していようと、民主主義国家においては、法を制定するのは、主権者である国民であることが基本中の基本なのだ。そのことを否定することも、そしてその責任から逃避することも、民主主義の否定である。

在日コリアンへのヘイトクライムがあとを絶たず、ヘイトスピーチが巷間《こうかん》に蔓延《まんえん》し、それを咎《とが》め、防ぎ、罰するシステムがないことの責任の真の所在は、ネトウヨたちにあるのでも、日本政府にあるのでも、まして被害者である在日コリアンにあるのでもない。主権者である日本国民一人ひとりにあるのだ。

ＬＡＺＡＫ代表の金竜介の次の言葉は、そのことをぼくたち一人ひとりに突きつけている。

「朝鮮人をぶっ殺せ」という人間だけが怖いのではない。あれをみて「気にしなければいいでしょ」「たいしたことじゃないよ」「マイノリティに任せておけばいいんだ」と、そういう反応をしてくる大多数の人間が怖いのです。あるいは「たしかに朝鮮人ぶっ殺せはひどいよね、でも、韓国の「反日」活動をみてると、そういいたくなる気もちもわかる」というような、「自分は「朝鮮人をぶっ殺せ」といっているあいつらのような下品なまねはしたくないけれども、でもその気もちもわかる」という、大多数の人間が私は怖いのです。（『ヘイトスピーチはどこまで規制できるか』172頁）

第25章
『刑法入門』で考えるヘイトクライム

犯罪とは何か

ヘイトスピーチ、ヘイトクライムを処罰する法律が、日本には存在しない。

「人種差別撤廃条約」を批准した日本政府も、処罰規定を伴う法律の制定には躊躇《ちゅうちょ》し、一方「人権派」の人々にも逡巡《しゅんじゅん》が見られる。その間、在日コリアンに対するヘイトクライムが横行しているにもかかわらず。

それがなぜなのかを考えてきた。そして、日本が民主主義国家である以上、法を制定する最終的な責任は、政府や国会ではなく、また、法曹界の人たちでも学問界の人たちでもなく、主権者である国民にある、と言った。前章の最後に引いたLAZAK（在日コリアン弁護士協会）代表の金竜介の『『気にしなければいいでしょ』『たいしたことじゃないよ』『マイノリティに任せておけばいいんだ』と、そういう反応をしてくる大多数の人間が怖い」という言葉は、そのことと通底する。

ならば、国民が制定と執行に最終的な責《せめ》を帰《き》せられる「法律」とは、一体何なのか、そのことをぼくたちは改めて知り、考えなくてはならない。

憲法第三十一条　何人《なんぴと》も、法律の定める手続によらなければ、その生命若《も》しくは自由を奪はれ、又はその他の刑罰を科せられない。

日本国憲法のこの条文は、犯罪に対して決定され強制される刑罰は、すべて法律に依拠《いきょ》することを定めている。それは、刑罰を受けるべき犯罪もまた、法律に依拠していることを意味する。

「刑罰」は「犯罪に対して科せられるもの」と定義されるが、そのことは同時に、「犯罪」は「刑罰を科せられるべき行為」であると定義することを意味するからだ。

日本では、どのような行為が犯罪となり、それに対してどんな刑が科されるかは、国会が制定する法律で決められなければならないという原則（これを罪刑法定主義といいます）が憲法上に存在しています（憲法三一条・三九条・七三条六号但書《ただしがき》）。（山口厚『刑法入門』岩波新書、21頁）

憲法は、（このことは十分に理解されていないようだが）国民を（国家その他の）権力から守るために存在している。山口はこの引用部分に、次のように続ける。

> つまり、犯罪とそれに対する刑罰の内容を決める罰則は、ほかならぬ「法律」として定められることが必要で、行政府や裁判所が、何らかの行為を新たに犯罪として決め、それを処罰の対象とすることは許されていないのです。こうして、法律として制定される罰則は、何が犯罪で、どのような刑が科されるかを私たち国民に示すだけではなく、そこに定められた行為だけを犯罪とし、決められた刑だけを科すことを可能にして、国家機関を縛るという重要な意義があるのだといえるでしょう。この意味で、罰則は国民の行動を規制・統制する法であるとともに、国家機関の行動を規制する法でもあるのです。（同21頁）

憲法第三十一条の条文にあるとおり、刑罰とは「その生命若《も》しくは自由を奪はれ、又はその他」の行為である。人の「生命若しくは自由」を奪う行為は、行為としては犯罪と同じである。法律とは、そうした国家権力の「犯罪行為」を例外的に容認する「お墨付き」とも言える。

人権派の弁護士が法律の制定に慎重になる理由は、おそらくここにある。誤解を恐れずにいえば、「犯罪は法律で作られる」(『刑法入門』第二章の章見出し)からだ。ならば、その制定と執行に最終的な責を帰せられるわれわれ国民が知るべきは、まず人のどのような行為を「犯罪」とすることができるか、である。ところが、この第一の、最も重要と思われる公準が、一律不動のものではない。

「倫理に反する行為」から「他人の利益の侵害」へ

山口厚によると、刑法学の世界には二つの基準があり、しかもどちらが本流の基準であるかが、時代とともに変わってきたという。

一九七〇年代まで、日本の刑法学の世界で有力な見解は、犯罪とは社会で守られるべき倫理・道徳(社会倫理)に反する行為だというもので、処罰の理由は「悪い行為をした」から。一定の倫理規範を、強制力を用いて守らせ、国民を倫理的に教化・教育することが刑法の目的・役割であった。現在の主流は、犯罪とは、私たちの生命や身体、そして自由、さらには財産など、私たちのかけがえのない「利益」を害する行為であり、国家が国民の行動を禁止することが正当化されるのは、それが「他人に迷惑をかけた」、すなわち、他人の正当な利益を害したから(『刑法入門』33〜34頁)。

一九七〇年代を境に、犯罪の定義は「倫理に反する行為」から「他人の利益の侵害」へと変わったのである。犯罪の本質から倫理を外したのは、時代が下るとともに、人びとの価値観が多様化していったことと並行する。

一定の倫理を国民に刑罰によって強制することは国家としてなすべきことではない、という理解が広く受け入れられているからです。（同33〜34頁）

昭和初期から太平洋戦争期にかけて、「国家主義」「軍国主義」的な「倫理」の国民への押し付けと、それに抗する人々への弾圧がどんどん亢進《こうしん》していったことへの反省という意味では、それは歓迎すべきことであるようにも思われる。しかし、注意すべきはその変更が、戦後すなわち日本が民主主義国家として再出発してから、四半世紀を経てのことであったことだ。

それは人々が従うべき確たる規範がなくなったことの反映でもあり、日本社会が民主主義的な価値観の否定が台頭する余地を与えた、あるいは隙《すき》を見せてしまったことも否《いな》めないだろう。

さらに四半世紀（戦後半世紀）を経た二十世紀末から今日にかけて、歴史修正主義者やいわゆるネトウヨが、排外主義的な主張を展開し始める。「ヘイトスピーチ」が大手を振って、声高に語られるようになったのである。

証明が難しい精神的被害

「ヘイトスピーチ」を犯罪とし、処罰する法を制定しようとするとき、そうした時代背景を踏まえる必要がある。

まず、「犯罪＝他人の利益の侵害」という図式では、犯罪が成立するためには「利益を侵害された」被害の存在が必要である。たとえば、「『人の身体を傷害した』ことを要件としている傷害罪（刑法第二〇四条）が成立するためには、人の身体の傷害という結果が発生したことが必要となります。人の身体の傷害とは、人の健康状態を悪化させることをいい、人の健康状態という保護法益の侵害を意味しているのです」（『刑法入門』１０３〜１０４頁）。

「ヘイトスピーチ」には、確かに被害者がいる。その声高で暴力的な言説に、多くの在日コリアンをはじめとするマイノリティが、心に大きな傷を受けている。

「京都朝鮮学校襲撃事件」で、「朝鮮人って悪いことなん？」と怯《おび》えきって問いかけた子供たちの大きな心の傷、「いつまでも調子に乗っとったら、南京《ナンキン》大虐殺じゃなくて鶴橋《つるはし》大虐殺を実行しますよ！」と罵声《ばせい》を浴びて関東大震災時の「大虐殺」を想起し、実際にその可能性に恐怖した人たちの心の傷は、明らかに犯罪的行為による被害である。

しかし、被害の申し立てては、被害者に多大な負担を要求し、さらなる脅威を覚悟させてしまう。被害者として名乗り出ることは、自らの個人情報を晒《さら》すことになり、危険があっても決して警察の保護を受けることができない現在、さらなる身の危険を感じながら生きていかなければならないからだ。

木村草太は言う。

適切に警察権力を発動させるために、警察に対する市民監視のしくみをつくるとか、あるいは〈中略〉専門の警察の部局をつくるなどして継続的に見張り、「彼らはこういう行動をしていますよ」、「とりあえずは安心ですよ」とか、「ちょっと気をつけてください」というようなコミュニケーションを朝鮮学校の方たちと定期的にとるようにする。そういうことをしてくれていたら、どれほど朝鮮学校の方たちが楽になっただろうかと思います。（ＬＡＺＡＫ編『ヘイトスピーチはどこまで規制できるか』影書房、１３１頁）

日常的に被害者たちを守るためには、そうした状況が必要だった。法律は、一部「法益が実際に侵害されるのを待たずに、それ以前の段階で成立する」犯罪も裁くことができる＝「危険犯」（『刑法入門』１０５頁）。しかし、そもそも「ヘイトデモ」「ヘイトスピーチ」を犯罪と認める法がなければ、それもかなわない。「京都朝鮮学校襲撃事件」後も、警察は木村の言うような対応、朝鮮学校に通う子どもたちを守る姿勢は見せなかった。

傷害罪（刑法第二百四条）が、このような被害をもたらした行為に適用されるかは微妙である。それが、「人の身体を傷害した」ことを要件としているからだ。「ヘイトスピーチ」による被害は、多くの場合、精神的な被害である。それがいかに甚大《じんだい》なものであっても、「身体を傷害」したわけではないという強弁による反論がありうるだろうし、目に見える身体的な被害と比べて、精神的な被害を証明するための被害者側の負担は、さらに大きくなるだろう。だが、そうした精神的な被害がきわめて甚大であり、「人の健康状態を悪化させ」、「人の健康状態という保護法益の侵害」をしたことは間違いない。だからこそ、新たな法律が求められているのだ。

自分たちが被害者だと思っている加害者

もう一方のアクター、加害者についても、犯罪が成立するための条件がある。

刑法第三十八条一項　罪を犯す意思がない行為は、罰しない。

犯罪が成立するためには、犯人は、自分の行為によって犯罪となる事実が生じることを知っていなければならないのが原則です。このように、犯罪となる事実が生じることを認識し、予見している心理状態を故意といいます。このような故意がなければ犯罪とはならない、故意のない行為は処罰しないのが、日本の刑法の大原則です。(『刑法入門』

149頁）

これも、「ヘイトスピーチ」を断罪する際の障壁となるのだろうか？

「ヘイトスピーチ」をためらいなく発し「ヘイトデモ」を断行する人々に、おそらく「罪を犯す意思」はない。在特会などの人たち、「鶴橋大虐殺」に「そうだ！」と呼応する人たちは、むしろ自分たちが被害者だと信じている。だから彼ら彼女らは無罪である、とはならないだろう。逆にわれわれには、そこに罪の意識がないことが、より一層大きな問題だと感じられる。

「ヘイトスピーチ」が、罪の意識を伴いながら発する場合は罰せられ、罪の意識をまったく感じないで発する場合は無罪となる、というのは、あまりに不条理である。その不条理を回避するためにも、立法化が急がれるのだ。法律に犯罪であると記された行為は、その行為の主体が何と思おうと、犯罪として罰せられるからだ。

あるいは「そんな法律は知らなかった」と嘯《うそぶ》くかもしれないが、それは免罪の理由にはならない。

刑法三八条三項は、「法律を知らなかったとしても、そのことによって、罪を犯す意思がなかったとすることはできない」としています（「罪を犯す意思」とは故意のことです）。つまり、自分の行った事実を知っていれば、それが犯罪になるとは思わなかったとしても、故意は否定されないのです。

自分の行為が犯罪となること、法的な禁止に反している（違法である）ことを知らなかった場合に故意を否定するのでは、国民としては、法を知らない方が処罰されることもなくてよいことになりかねません。したがって、自分の行為が違法だという意識が故意犯の成立に必要ないとするのは理由のあることです。この意味で、国民は法を知る義務があるといえるのです。もちろん、その反面として、国は国民に法を知らせる責務を負います。（同158〜159頁）

法律を知らなくても処罰されるが、法律がなければそれも叶《かな》わない。だからこそ、「ヘイトスピーチ」を断罪する法律が必要なのだ。

「国民は法を知る義務がある」という表現は、法による国家の強制を感じさせ、かつての国家主義的な権力の横暴を想起させるかもしれない。だが、それは、法律とは政府＝国家権力が恣《し》意《い》的に作るものだという誤解によるものだ。実際にそうなっているのなら、それは権力の恣意を許してしまっている国民の側の問題なのだ。法律は、あくまで憲法によって主権者であると規定されている国民がつくる。ある行為を犯罪であると見なす、国民の総意の反映であるはずである。

「ヘイトスピーチ」を禁じる法律をつくる第一の理由は、レイシスト（人種差別主義者）たちに罪の意識を感じさせるため、あるいは彼らを罰するのに必要だから、ではない。マイノリティの被害を補塡《ほてん》するためではない。そこにとどまっている限り、すべてが後追いになり、レイシストたちの犯罪行為が先行し、マイノリティの被害が止まないのではないだろうか。

そうではなく、「ヘイトスピーチ」が疑う余地もない犯罪であるから禁じるのだ。国民は法律制定に、その確信を持って当たるべきだと思う。

確かに、在日コリアンやその支援者に罰則をともなった「反ヘイト法」の制定を求めさせているのは、レイシストたちの野蛮で暴力的な発言、行為であり、それが在日コリアンをひどく傷つけている事実だ。だが、それが野蛮で暴力的なのは、そもそも彼らの差別的言動が、倫理的に許されないものだからである。

だから、引き返してもいいと思う。「犯罪とは倫理に反する行為だ」という定義に。

書物、出版、書店でウェーブを生み出せるか

誤解されやすいが、倫理とは、家父長制や国家主義につながる儒教倫理だけではない（儒教倫理もまた、つねに家父長制や国家主義と結びつけられるのは、不本意であろう）。ドイツの哲学者イマヌエル・カントのいう定言命法（定言的命令）のような、抽象的な公準だけではない（カント自身、さまざまな具体的な状況を考察している）。同じくドイツの哲学者ゲオルク・ヴィルヘルム

ム・フリードリヒ・ヘーゲルは、「人倫」に、土地の風土や歴史を踏まえた習俗に近い意味を持たせている。

目指すべき反「ヘイトスピーチ」立法も、在日コリアンのたどった歴史を踏まえ、それを条文に具体的に反映させなければならない。そうして初めてわれわれは、権力による悪用を恐れて立法化を躊躇《ためら》うのではなく、反レイシズムの倫理を法に体現させ、逆にその法を活用して反レイシズムを強化する道を歩むことができるのだ。

そのとき必要なのは、日韓の歴史を遡《さかのぼ》って、そこで起こったこと、その結果としての在日コリアンの苦難の歴史を、知ることである。そして、歴史的事実を自分とは無関係なこととは決して思わず、その負債を放置することが自分たちの加担であると認識し、その認識を広く日本全体に広げていくことである。

「言論には言論で」という立場に対し、「ヘイトスピーチ」を吐く側と吐かれる側の力の非対称、吐かれる側は暴力によって黙らされてしまうから、そもそも対等な言論闘争は不可という意見がある。

現状では、確かにそのことは認めざるをえまい。だが、その現状をそのままにしているのは、「ヘイトスピーチ」を吐く人々ではない。もちろん、吐かれる人たちでもない。あえて言えば、「ヘイトスピーチ」の被害者を支援する側にある。ここまで述べてきた歴史認識と反レイシズムの思想を、日本の国民に広く浸透させることができていないからだ。

「ヘイトスピーチ」を耳にしたら即座に反論、糾弾する日本人が増えてきたら、すなわち在日コリアンへの「加勢」が当たり前になってきたら、いつか力の非対称がなくなり、さらには逆転していくのではないだろうか。それを目指すべきではないだろうか。

書物、出版、書店という場が、そのような動きに連動する、もっといえば、そのようなウェーブを生み出し拡大強化していくことを、願う。

第26章　ヘイト言説と向き合う場

刑罰を処す根拠

ここまで、いくつかの「事件」を検証した上で、ヘイトスピーチを糾弾し、ヘイトクライムを防ぐためには、それを禁止する法律の制定が不可欠であるという結論に至った。その上で、そうした法律の制定に対する政府の怠慢のみならず人権派の逡巡《しゅんじゅん》にも目を向け、それらが何故《なにゆえ》なのかを手繰《たぐ》っていくと、そもそも「法律」というものの役割、何のために法律があるかについての見解が実は一枚岩ではなかったことがわかってきた。

法律の役割は、人のどのような行為を犯罪と見なすか、罪を犯した人にどのような刑罰を科すかを確定することであるが、犯罪を形成する要件は重層的であり、ある行為を犯罪と断ずる根拠も一九七〇年代に「倫理に反する行為」から「他人の利益の侵害」へと変化したことを、前章で見た。

一方、刑法が定める刑罰についても、事情は同様である。山口厚の『刑法入門』によれば、罪を犯した人間を刑罰に処す根拠については、大きく分けて二つの考え方がある、という。その一つである「応報刑論」は、「刑罰は行われた犯罪に対する反作用であり、罪を犯したことに対する応報として正当化されるとする」(同46頁)。もう一つは、「目的刑論」。これは、「国民の共同生活の安全を確保し、そのかけがえのない利益を保護することを目的として刑罰を科し、それによって追求される犯罪予防効果によって刑罰を正当化する考え」(同48頁)である。

「目的刑論」は犯罪予防効果を及ぼす対象によって、さらに二つに分かれる。罪を犯した者が将来再び罪を犯すことのないようにする「特別予防」と、国民に対し、犯罪を行うと刑罰が科されることを予告し、それによって犯罪が行われることを防ごうとする「一般予防」である。

刑罰は「応報刑論」では犯した罪の「報い」であり、「目的刑論」の「特別予防」では犯罪者自身の再犯を防ぐ「更生、矯正」、「一般予防」では他の人々が同じような罪を犯さないための「見せしめ」ということになる。

感情論から言えば、刑罰とは犯罪者にやったことの報いを受けさせるものだという「応報刑論」が、被害者や被害者家族はもとより、報道などで犯罪を知った第三者にとっても受け入れられやすいだろう。「犯人には、罪を償ってほしい」ということだ。

被害者や被害者家族にとって

第23章の冒頭で紹介した、「ウトロ放火事件」法廷での「求刑やり直せ！」の怒号《どごう》も、傍聴席のウトロ住民が自分たちの居住地への放火という犯罪に対する求刑があまりに甘すぎることへの怒りから発したものであり、決して被告の更生のための期間の短さを勘案してのものではないだろう。

その思いの根底には、怒りの感情がある。あえて言えば、仕返し／復讐《ふくしゅう》願望がある。だが、民事訴訟における損害賠償と違い、刑事罰は被害者に被害の補償をもたらすわけではない。殺人の場合、犯人が死刑を含むいかなる重罪に科せられたとしても、被害者が戻ってくるわけではない。被害者家族の悲しみが犯人の受刑で癒《い》やされ、生活が復旧するわけではない。喪失感は、決して癒やされない。

だから多くの場合、被害者や被害者家族からは、次のような言葉も聞かれる。

「犯人には、自分の犯した罪をしっかりと見つめ直し、二度と同じ過ちを繰り返さないように反省してもらいたい」

「自分のような悲しみを、また他の人が味わわないように」

このとき、被害者や被害者家族の刑罰への期待は、「特別予防」や「一般予防」に移っているといっていい。

「ウトロ放火事件」法廷での怒号も、きっかけは「検察の仕立てを否定、弁護人の陳述を無視し、自らの犯行をヘイトクライムだと宣言、次の『犯行予言』までやってのけた」「反省も謝罪もない」被告の態度であった。

すなわち、ウトロの人たちも、被告の再犯や模倣犯《もほうはん》を防ぎたいという思い、いわば判決が「特別予防」や「一般予防」につながってほしいという願いを強く持っていると言えるのだ。

刑罰にはらむ危険

「応報刑論」によってのみ刑罰が科される、すなわち刑罰は被害者や被害者家族らの仕返し・復讐願望の実現であるとすると、おそらくその仕返し・復讐願望は加害者に「転移」する。

加害者が受刑を、すなわち刑罰によって自由を奪われたことを自らへの加害と見なした場合、その原因となった犯罪被害者を加害者とみなすからだ。そうして出所後に、あるいは服役中でも仲間を使って仕返し・復讐、――今もそうした表現が使われるのかどうか確信はないが――いわゆる「お礼参り」が目論《もくろ》まれるとするならば、それは復讐の連鎖へと発展してしまう。

本来、社会の安寧《あんねい》のために設けられたはずの法が、社会不安を増幅してしまうのである。

それゆえ、個々の事件における被害者や被害者家族の心情も、また社会一般の刑罰観も、

「目的法論」へとシフトしていくのは、望ましいと言える。

だが、近代哲学史上の先哲はそうは考えなかったと山口厚は指摘し、「犯罪予防のために処罰することは、個人を他人の目的のための手段として物のように扱うことになってしまうとして、それ〈目的法論〉を否定したカントや、犯罪を法の否定とし、刑罰を否定の否定、犯罪を止揚《しよう》するものと理解したヘーゲル」の「刑罰を科することが社会に対してどのような効果をもたらすかとは無関係に、犯罪に対する反作用であること自体によって正義にかない、正当化される」とする「絶対的応報刑論」に言及している（『刑法入門』46〜47頁）。それは、当初の刑罰論や被害者・被害者家族の最初の反応と近い。

このような応報刑論は、犯罪に対する応報という私たちの素朴な感情に合うものであるだけに、根強い支持を受けています。（同47頁）

だがすぐに山口は、応報刑論には、先にぼくが指摘した仕返し・復讐の連鎖を生む危険以外にも、疑問や問題が提出されるという。

応報刑論は、正義の実現を根拠として刑罰を正当化するものですが、果たして正義を実現することが国家の任務なのかということ自体、そもそも問題となりえます。〈中略〉

国民の幸福や共同生活の安全といった現実的目的・利益から離れた観念的な理念の実現のために、国民の生命を奪い、その自由を制限することが正当化されるかについては疑問があるということができるでしょう。（同47頁）

犯罪者に刑罰を科して執行するのは国家であり、犯罪者の立場からみれば「国家的暴力」である。国家にそこまでの権限を許していいかということが留保されているというのである。とはいえ、応報刑論をそのままに、刑の執行をたとえば被害者や被害者家族に委《ゆだ》ねるとすれば、それは「リンチ（私刑）」であり、さらに許されるべからざるものであろう。

ヘイトクライム法においても

応報刑論の下でわれわれにできるのは、刑罰の執行は国家に委ねるが、その範囲を法によって明確に定め、正義の名の下での「国家的暴力」の行き過ぎを防ぐことぐらいであろう（○○年以下の懲役、○○円以下の罰金」というように）。だから、国家が刑罰を処す根拠としては、「目的刑論」が穏当《おんとう》であろう。国家の存在理由が社会の安定・安寧にあることを思えば、国家にとっての刑罰の目的は、犯罪の「一般予防」に重きが置かれるであろう。

ただし、目的刑論の下でも、刑罰の範囲を定めておくことは必須である。刑罰＝見せしめ論である「一般予防」論を徹底すれば、刑罰は重ければ重いほど他の人々がその罪を犯さないように威嚇《いかく》でき、その効果は大となると考えられる。そのため、さして重罪でない場合でも「市中引き回しの上、打首獄門《うちくびごくもん》」が妥当になってしまうからだ。

ことほどさように、刑罰に関しても、その根拠や目的についていくつもの議論が絡み合いながら、おそらく未《いま》だ決着を見ないまま、錯綜《さくそう》しているのである。もちろん、処罰の根拠をどれか一つに限定・確定する必要はないかもしれないが、私見では、「特別予防」論が最も穏当であると思う。

「特別予防論」には、「一般予防論」のように犯罪者以外の人々に対する「見せしめ」（≒脅《おど》し）の要素はなく、個人を他人の目的のための手段として物のように扱うとは言えず、また、「応報刑論」のように仕返し・復讐の連鎖への発展の蓋然《がいぜん》性が低いからだ。

われわれの課題、処罰規定を伴う反ヘイトスピーチ・クライム法の制定に際しても、この観点が有効かつ必要であると、ぼくは考える。

在日コリアンに対してヘイトスピーチを繰り返し、ときに暴力に及ぶ人々は、それが犯罪だとは思っていない。むしろ、自分たちは「在日特権」による被害者だと信じている。彼らの言動は、彼らにとっては「正義」なのである。その「正義」に「応報刑論」による贖罪《しょくざい》を求めても、彼らは決してそれが「贖罪」だとは思わないだろう。理不尽な法律によって、謂《いわ》れのない被害が加わったと感じるだけであろう。そうして、仕返し・復讐の連鎖が限りなく増幅していく。

「一般予防論」もまた然《しか》り。「見せしめ」的な懲罰《ちょうばつ》は、被害者、加害者双方が自らの「正義」を主張しあっている限り、仕返し・復讐の連鎖を亢進《こうしん》させていくばかりだろう。

『それでは釈放前教育を始めます!』を読めば

元吉本興業専務の竹中功《たけなかいさお》は、二〇一五年七月に退社後、吉本時代の宣伝広報室などでの実務体験を生かして、謝罪・広報マスターとして活躍している。その活動の一環が全国の刑務所での釈放前教育だ。竹中は、自らの活動への思いと実際、今の刑務所や受刑者の実態をまとめて、二〇二三年三月に『それでは釈放前教育を始めます! 10年100回通い詰めた全国刑務所ワチャワチャ訪問記』(KADOKAWA)を上梓《じょうし》した。

竹中の釈放前教育は、満期釈放または仮釈放で出所日が決まった受刑者に対して行われる、四時間の「コミュニケーション授業」である。刑務所に赴《おもむ》く竹中がいつも念頭に置いているのは、その大きな目的である、「やり直しが利く人生を!」「被害者を出さない社会作り」というワードだという。

再犯防止のための「改善指導」の担当者として私のような民間人、しかも教育界からではなく、エンタメ界、それも吉本興業から現れ出た者が心に決めて伝えたいことがこの二つです。(『それでは釈放前教育を始めます!』35頁)

そのための授業のミッションは、「出所者が二度と刑務所に戻らないこと」「出所者が再犯で被害者を作らないこと」であり、そのことを叶《かな》えるために、「『出所後の社会とは人に助けられ、人を助ける所だ』、そして『それぞれの人間の足りるところと足りないところを補い合う関係が重要だ』ということを話すことは決めていました。平穏無事な社会生活を過ごしてもらうためには『コミュニケーション力』を身に付けることが大切だと考えたからです」(同90頁)。

そして竹中は、「刑事施設として、本来の目的は『更生』です。〈中略〉更生は、刑務官他の職員の生の教育なくしては成し得ないことです」(同32頁)と言い切っている。法学者らが刑罰の目的についてアレコレと議論している一方で、竹中がその最後を締め括《くく》る現場の刑務官たちの活動は、「特別予防論」を当然のこととして採用していると言える。

そして、塀の外に出る元受刑者に対して、彼らは一様に声をかけるのである。

「もう、二度とここに帰ってくるんじゃないぞ」

ところが、二〇二二年の『犯罪白書』によると、「前年に刑法犯で検挙された人のうち、再犯者(道路交通法違反を除く)の割合を示す『再犯者率』は48・6%」(同5頁)だという。このことは、受刑によって犯罪者が更生していたら、すなわち刑事施設による「特別予防」が成功していたら、犯罪は半減するということなのである。犯罪が半減するということは、被害者もまた半減する。

竹中はそのために刑務所の「出口」で尽力し、刑事施設の職員も日々の努力を続けている。だが、「二度と帰ってくるな」という彼らの願いも虚《むな》しく、その多くが再び刑務所の門をくぐるのである。

懲罰が足りないのか？　十分に反省させることができていないのか？　刑事施設での「教育」の失敗というべきなのか？　それらの疑問を完全に否定することはできないだろうが、おそらく問題はそれ以上に、出所後の元受刑者が「娑婆《しゃば》」で生きていけているか、社会が彼らをどう受け入れているかにあるのではないか。

反ヘイト法が成立したとしても

処罰規定を伴う反ヘイトクライム法が成立し、実際にそれを犯した者を処罰した場合、刑事施設での「教育」はさらに困難だろう。「ウトロ放火事件」の被疑者の法廷での様子を見ても分かるように、そもそも多くのヘイトクライムの実行者には自分が悪いことをしたという自覚がないからだ。ヘイトクライムが文字通り「犯罪（クライム）」であることを、受刑期間に「教育」することは、残念ながら現状では困難であると言えるだろう。

「教育」のためには、少なくとも刑務官ら関係者がヘイトクライムが犯罪であることを確信していることが必要である。そのためには、社会全体がそのことを確信していることが前提となるのではないか？

　仮に、刑務所などでの教育が功を奏して、受刑者が偏見をあらため改心したとしても、出所後の「娑婆」がむしろ受刑前の、すなわち偏見に満ちた心性《しんせい》を持つ人間をより歓迎するような社会であったならば、改心は転覆し、刑務官らの努力は水泡《すいほう》に帰《き》すであろう。

　誤解しないでほしいが、ぼくは処罰規定を伴った「反ヘイト法」の制定に反対したり、それが無駄だと言いたいわけではない。ぼくが言いたいのは、「反ヘイト法」を成立させるための前提として、そして「反ヘイト法」成立後にそれを有効たらしめるためにも、ヘイトスピーチやそれを生み出す言説への反論と糾弾の手を緩めてはいけないということなのだ。「反ヘイト法」は、それが成立しただけではヘイトクライム撲滅への決定打とはなれない。それを支える世論の醸成《じょうせい》、ヘイト的言説・感情への持続的で粘り強い反撃こそが、それを生かす。

「反ヘイト法」が差別なき社会をつくってくれるのではなく、差別なき社会が「反ヘイト法」を成立させ、実効化させるのである。

　反撃のためには、まず、世に蔓延《はびこ》り、実際に扇動的な力を今持っているヘイトスピーチ、ヘイト言説が一体何を言っているのか、それを知る必要がある。ヘイト言説と向き合うための一つの場が書店の棚であり、課題は、そこに戻ってくる。

第27章
「動かぬ証拠」としての書物

「ヘイトクライム」立件の難しさ

なぜ、人を洗脳するかもしれないヘイトスピーチ、ヘイト言説の内容に向き合うことが、それらへの反撃の糸口になるのか？　なぜ、それらをコンテンツとする本が並べられた書店の棚が、その風景こそ差別攻撃の対象となっている人たちを傷つけるリスクを孕《はら》むにもかかわらず、ヘイトと向き合う場でなければならないのか？　敵の武器を逆に敵に向かわせることが、どうして可能なのか？　本という武器は、どのように敵にとっての両刃の剣《つるぎ》となるのか？

刑法第三十八条一項に、「罪を犯す意思がない行為は、罰しない」とある。「故意」は、犯罪の成立要件の一つである。つまり、ある行為が他者を害する意図をもってなされたかどうかが、犯罪成立↓有罪↓処罰の条件である。

「ヘイトクライム」成立の一つの条件は、その発言や行為が、在日コリアンをはじめとする被差別者を害する意図があったかどうかにある。さんざん相手を誹謗《ひぼう》し、相手の存在を貶《おとし》めておいて、「害する意図はなかった」というのは通らない。だが、現実には、加害の意図を明確にすることは、難しいかもしれない。「韓国や中国という国や歴史、日本に対する悪感情、行動を批判したが、今『被害者』であると訴えるこの人を害する意図はなかった」という弁明を覆《くつがえ》すことは、難しいかもしれない。

だが、刑法第三十八条一項の条文には次の一文が続く。

「ただし、法律に特別の規定がある場合は、この限りでない」

つまり、「犯罪が成立するためには、普通、故意が犯人に必要なのですが、例外的に、過失致死罪など、法律にそれと違う特別の定めがある場合には、犯人に過失があることでよいのです」（山口厚『刑法入門』岩波新書、１０３頁）。

おそらく、その制定が待たれる「反ヘイト法」にも、「過失」を罪とするという「特別の規定」は必要だろう。

「ヘイトスピーチ」を繰り返す側は、それが誰かを傷つけることには無頓着《むとんちゃく》で（それゆえ、「そこに目的はない」と言い張るだろう）、自らの言説が、騙《だま》されている日本国民を覚醒させる真実であると信じているケースが多いからだ。ときにはその言葉を聞かせて覚醒させたい日本国民も巻き込んで、むしろ自分たちこそ被害者であると、それも確信をもって主張しながら。彼らにとっての「真実」が、いかに被差別者を害しているかを、まったく理解していないこと、想像すらしていないことの方が多いのではないだろうか？　その場合、「故意」を証明することは困難であろう。「故意」にこだわることは、「ヘイトスピーチ」が悪質であればあるほど誰かを害するための「故意」的な行為ではなくなる、という逆説的な結果を呼び込んでしまうかもしれない。だから、「反ヘイト法」には「過失」規定が不可欠なのだ。「故意」ではなく「過失」を処罰の根拠とするときには、被疑者の意図はもはや問題ではなく、発せられた、あるいは書かれた言説そのものの差別性の証明が重要となる。「ヘイトクライム」を立件し裁判において有罪を勝ち取るには、その言説のどの部分が被害者を害するものになっているかを明確に指摘し、その加害性を説得的に証明しなくてはならないだろう。それは、想像以上に骨の折れる仕事かもしれない。

「敵」の存在をあきらかに

インターネット時代となり、誰もが、自らの意見を簡単に公の場に書き込むことが可能になった。「簡単」な分だけ、内容が軽くなる。匿名可能な分だけ、内容に無責任になる。やりようによっては収入源ともなるので、多数の耳目を引くため、派手になり過激になる。書いた本人もそれを自覚しているのか、「ヘイトスピーチ」だけでなく、政治家の「失言」等、批判されるとすぐに削除されるものも多い。曰《いわ》く「本意ではなかった」「誤解を生じさせるような表現だった」。サイバー空間では、言葉は間違いなく軽くなった。そんな軽い言葉が、被害者にとっては、重くのしかかる、鋭い刃をともなった言葉となるのである。

それゆえの「反ヘイト法」であり、「過失」責任を問うことが重要である所以《ゆえん》なのだが、いかんせん、すぐに消されてしまう軽い言葉に重い責任を負わせることは、感覚的に難しいかもしれない。もちろん、ときに「炎上」し、「炎」がまたたくまに拡《ひろ》がっていくことはあるが、その場合も、尻馬《しりうま》に乗って批判する言葉自体がどんどん軽くなり、多くの場合問題の本質からずれていくことを否《いな》めない。

本の場合はそうはいかない。一度印刷・製本され、全国の書店で販売された本をすべて回収するのは難しい。売れて読者の手に渡ってしまった本は、どうしようもない。その分だけ、世に出す前に推敲《すいこう》が重ねられ、編集者等のチェックも入る。「本意ではなかった」という言い訳は簡単には通じないし、著者・出版者の連帯責任も問われる。

いわば、本はネット上の言説に較《くら》べて、著者のより確信的な言説とすることができる、「動かぬ証拠」なのである。そこに差別的言説があれば、著者の差別感情が確定される。差別感情に満ちたものと認定された言説は、よしんば著者が誰かを害する意図はなかったと弁明しても、人を傷つける言説であったことは否定できないから、「過失」責任を問える。ネット上の言説も、同じように厳しい目を注がれることがあるだろうが、いわば言説が書物として「モノ」化して消せない分だけ、証拠能力は高いと思われる。

「ヘイト本」を、それとわかっていても店の書棚から外さない理由の一つが、そこにある。せっかくレイシストが動かぬ証拠を残してくれているのだ。「証拠隠滅」して、どうする⁉　むしろ、「晒《さら》す」べきではないか？　見たくない本、あってほしくない本を排除して自らが管理する空間を「無垢《むく》」なものに保つよりも、「敵」の存在を明らかにし、批判して戦うべきではないか。

そこに、リスクはある。前述したように、「売れて読者の手に渡ってしまった本は、どうしようもない」。「ヘイト本」はウイルスのように、買って読んだ人の心を侵し、影響を与え、洗脳するかもしれない。少なくとも「ヘイト本」の著者たちはそれを狙《ねら》い、これまでもある一定の戦果を得てきたから書き続けるのだろう。

それは「変えるべき現実」の放置

主に「左派」論客から、ぼくはそこを突かれてきた。「NO！ヘイト」フェアで、そもそも「ヘイト本」とは何かを具体的に提示するために桜《さくら》井《い》誠《まこと》の『大嫌韓時代』を一緒に並べたのを見た人から、「私たちには君の意図はわかるが、問題をよく理解していない人が、そんな本を間違って買って、悪い影響を受けたらどうするのだ⁉」と非難された（第2章）。

「ならば、戦ったらどうだ」というのがぼくの反論である。今言った非難を行う人たちは、歴史や人権についての「専門家」であることが多い。職業が研究者であるかどうかはともかく、「問題をよく理解していない人」ではなく、「ヘイト本」が孕む問題、「ヘイト本」には虚偽の記載があり人を誤った方向に導こうとする思惑《おもわく》があることを見抜いている人たちであり、だからこそ、否定すべき本としてぼくがそれを展示しているというぼくの「意図をわかる」人たちである。「わかる」のならば、なぜ敵を隠匿《いんとく》せよというのか？　その本が悪影響を及ぼす危険を知っているのなら、なぜ戦いを避けようとするのか？　戦いにリスクはつきものだ。打って出れば向こう傷を防ぐことはできない。だが、敵の証拠を隠すことで向こう傷を防ごうとする姿勢こそ、やがて、より大きなダメージの原因となるのではないか。

歴史研究者が、前世紀末に蠢動《しゅんどう》しはじめた歴史修正主義者たちを単にバカにし、彼らの著書について議論するのもバカバカしいと専門家としての責任を放棄したときにどうなったか、第4章で紹介した経緯を思い出してほしい。

最初期に「ヘイトスピーチ」「ヘイト本」に正面から向き合わなかったことは、明らかに禍根《かこん》を残した。

「私たちには君の意図はわかるが、問題をよく理解していない人が、そんな本を間違って買って、悪い影響を受けたらどうするのだ⁉」と言う人は、本当に「問題をよく理解して」いると言えるのか？　彼らが問題としている本を読んで、どの部分が事実誤認であり、論理の飛躍であり、誤謬《ごびゅう》推理であると整理できているのか、その上で、「問題をよく理解していない人」に説明し、「悪い影響を受け」ることを防ぐ用意があるのか？

少なくとも、「ヘイト本」の著者たちに誤りを指摘し、考えを改めさせるという発想は皆無であろう。本書では「反ヘイト法」の必要性を論じながら、その法によって断罪する相手の思考を変えさせることが、大きな目的の一つであるべきだと確認してきた。「ヘイト本」を隠し、正面から向き合って批判することを忌避するのは、そのこととは真逆の姿勢であるというべきであろう。

真剣な批判が「ヘイト本」の著者に届く可能性は、決してゼロではない。「頭がお花畑」と言われるかもしれないが、ぼくは、そのような揶揄《やゆ》こそ、変えるべき現実を放置すると思っている。

『ネット右翼になった父』の教訓

ルポライターの鈴木《すずき》大介《だいすけ》は、二〇一九年に亡くなった父との「死後の対話」を『ネット右翼になった父』(講談社現代新書)として上梓した。タイトルのとおり、鈴木は、晩年の父を「ネット右翼」と見、父と子の対話も拒《こば》みがちだった。遺品整理の作業の中、父のノートパソコンに保存された嫌韓嫌中のコンテンツを目《ま》の当たりにした鈴木は、父の枕元《まくらもと》にあった右傾雑誌を含め、商業化したヘイト出版物が父を偏向させたとの怒りをこめた文章を、父の死後二か月後にWebメディア「デイリー新潮」に寄稿する。

だが、冷静さを取り戻した彼は、父は本当に「ネット右翼になった」のかを、改めて問い始める。「ネット右翼」について書かれた本を何冊も読み込んで「ネット右翼とは何か」を改めて学び、一方で、子供時代からの父の思い出を想起し、自分自身が聞いた父の言葉を反芻《はんすう》し、母や姉、叔父《おじ》への聞き取りを続ける中で、父が「ネット右翼になった」という断定がゆらぎ始める。

確かに晩年の父は、「火照る《ファビョる》」「マスゴミ」「パヨク」「ナマポ」などのヘイトスラングを口にしていた。それが、鈴木が父と距離を取り、対話が途絶えがちになり父子の間の溝《みぞ》を深めた原因であり、鈴木に、父の死後すぐに、父が「ネット右翼」となったと断定した文章を寄稿させた所以である。しかし、いくつもの書物によって「ネット右翼」の定義、属性を調べてみると、父には当てはまらないものも多い。靖国《やすくに》神社については、他国からとやかく言われることは否定したもののその是非については語っていないし、「平和憲法」の改憲に絡む発言もなかった。権力の強制を徹底的に拒んだ父は、国旗や国歌を重視することもなく、安倍政権の政策を無条件に奉ったわけでもなかった。

母や姉に対するミソジニー（女性嫌悪蔑視《べっし》）的な言動も、本人たちはそうは受け取っておらず、母は父の生前の、そして闘病生活時の姿勢に、感謝と称賛の言葉を送る。自分の子供時代に受けたと思っていた暴力も、父の愛情表現ではなかったかと思い始める。在職中、あるいは退職後の社会福祉協議会での活動での、ミソジニーとは真逆のエピソードをいくつも聞く。ハングルの合理性に感心したり、退職翌年に中国に語学留学したことも、「嫌韓嫌中」

とは相容《あいい》れない。叔父からは父たちの世代の経験が左翼嫌いにつながったこと、父たちの年代になると意見や性格がどこか頑《かたく》なになることを教えられた。

鈴木は、結論する。

父は決してわかりやすく価値観の多様性を失ったネット右翼ではなかったし、保守ですらなかった。〈中略〉父をネット右翼にしたのは、僕自身だったのだ。（『ネット右翼になった父』164頁）

『ネット右翼になった父』は、「ネット右翼」糾弾の本ではなく、鈴木の父との和解の物語であり、赦《ゆる》しの物語なのだ。鈴木の苦悩、格闘を自ら丹念に辿《たど》る物語は、読み応えがある。だが、この章の文脈の中で取り上げたいのは、当初鈴木が父の言動のある部分を言挙《ことあ》げし、出版物やネットの言説による「ネット右翼」化を決めつけたことだ。「ネット右翼」ならば、Cという言動をする。父はCという言動をした、ゆえに父は「ネット右翼だ」という推論は、A↓C、B↓C、ならばB↓Aという誤謬推理であり、こうした安易なラベリングには、大きな危険があるということである。

そして、和解の物語を離れて言えば、鈴木の父の言動は、明らかにマイノリティを傷つける部分を含んでおり、それは彼が「ネット右翼」でなかったとしても免罪すべきではない。

それは言い換えれば、鈴木があるときから父の言動を嫌悪するあまり、それを糺《ただ》すのではなく、父と距離を取ってしまったことにより父との和解が遅すぎたという教訓である。間違った言動を忌避し、それと正面から向き合うことを回避する姿勢は、決して良い結果を生むことはないのである。

ところで、鈴木は、「3・11を境に、日本人が右と左に分断された」（同64頁）と見立てている。「3・11を境に」すなわち福島第一原子力発電所の事故を境に社会が大きな変化を遂げたことは、社会学者の酒井隆史《さかいたかし》も、先ごろ上梓した『賢人《けんじん》と奴隷《どれい》とバカ』（亜紀書房《あきしょぼう》）で言っている。だが、その変化とは、「右と左に分断された」のではなく、むしろ「逆である」と。二〇一〇年代を総括する上で実に説得的で刺激的なこの本の主張を、次章で見ていきたい。

Ⅷ

書店は、「言論のアリーナ」になりうるのだろうか

第28章 『賢人と奴隷とバカ』と『NOヘイト！』フェア

「ドレイのためになりたいといつも公言している賢人」

二〇二三年四月に上梓《じょうし》した『賢人《けんじん》と奴隷《どれい》とバカ』（亜紀書房《あきしょぼう》）の冒頭に、著者の酒井隆史《さかいたかし》は魯迅《ろじん》の小説のパロディである一つの寓話《ぐうわ》を据《す》えている。

「ドレイのためになりたいといつも公言している賢人がいました」で始まるその寓話を要約すると、次のような内容だ。

賢人は、バカを主人よりも嫌っているのである。バカは、ドレイのために即座に直接行動に出て、いったん決めたら譲らず、賢人の言うことを聞かず、賢人の「思慮《しりょ》にあふれる計画」を台無しにするからだ。

苛立《いらだ》った賢人は、嫌いだったはずの主人の側の賢人たちと一緒にバカの意見が通らない仕組みをつくる。バカの意見は通らなくなり、ドレイは賢人にあこがれて賢人のマネをする。

ところが、バカが力を失うと主人の側の賢人は、ドレイやドレイの側の賢人をバカだとみなし、追い出そうとする。正真正銘のバカがいなくなった世界では、ドレイもドレイの側の賢人の声も完全に無視され、彼らの「おれたちはバカではない」という叫びも、むなしく大空に消えていくのみだった……。

酒井がこの寓話で伝えようとする二〇一〇年代の総括は、ズバリ、デモクラシー（民主主義＝大衆統治）の崩壊である。崩壊というかぎりは、この国においてデモクラシーが、かろうじてでも存在していたことを前提とする。そしてその崩壊は、過去のデモクラシーの存在を否定する作業と並行している、すなわち過去のデモクラシーの隠滅《いんめつ》と、今日《こんにち》のデモクラシーの崩壊が、同期《シンクロ》しているのである。その下手人《げしゅにん》は、知識人、それもデモクラシーの味方であると公言してきた知識人、すなわち、寓話に登場する「ドレイのためになりたいといつも公言している賢人」である。

賢人たちは、「戦後民主主義」「全共闘運動」を、そうしたラベリング（名付け）によって葬《ほおむ》り去ろうとしてきた。しかし、「戦後民主主義」という「主義」があるのではない。そして民主主義を求める戦いは、もっとずっと前から（そして「もはや戦後ではない」と一方的に宣言されたあとにも）続いてきた。「戦後民主主義」というラベリングは、そうした持続をある一定の期間で切り取り、「民主主義」をあたかもその一時期に現れた「敗戦国日本が戦勝国によって与えられた」イデオロギーに貶《おとし》めてしまう。

戦後の節目節目に「賢人」たちがこぞって生み出した言説＝「『戦後民主主義』をどうするか、などという問い」が、「そもそも『戦後民主主義』的ではないかもしれないのである」と酒井は言う。『『戦後民主主義』を担《にな》ったとされる人たちは、たいてい『戦後民主主義』なるものを担おうとか、守ろうとか考えていたわけではなく、たんに、デモクラシーの確立や、深化、根づき、あるいは実現をもとめていたであろう」（『賢人と奴隷とバカ』93頁）。

「賢人」に消し去られた「バカ」

同様に「賢人」たちは、「全共闘《ぜんきょうとう》運動」を、「一九六八年」の出来事、例えば東大安田講堂《とうだいやすだこうどう》落城という時点で終焉《しゅうえん》した短い時間幅の「事件」にすり替える。そうではない、と酒井は言う。

全共闘運動なるもの、一九六八年なるものは、当然、個別の闘いは物理的に消えはするが、なんにも終わったものではなかった（いまでも終わっていない）。だから、そもそも「総括」されるような特権性はみとめられない――というよりまったく実感と一致しない――し、そのような特権性を騙《かた》る人間がいるとしたら、わたしたちにとってのそれとはなにか別のことをいっているのだ、というところだったのである。（同１２３頁）

酒井が「いまでも終わっていない」と言う「全共闘運動」の「核心」とは、「境界の攪乱《かくらん》」であり、「本来受動的であるべき存在が能動性をもってたちあらわれた」ことなのだ（同133頁）。その「全共闘運動」の「核心」の継続の事実こそ、時代が下るにしたがって隠滅されてきたのである。酒井は、評論家である津村喬《つむらたかし》の『横議横行論《おうぎおうこうろん》』（航思社《こうししゃ》）の「第II章　群衆は増殖する」から、次の文章を引用する。

六八、六九年の大学を舞台とした祝祭の群衆が去ったあとで登場した七〇年代の群衆は、基本的に迫害群衆であった。公害と開発に反対する住民闘争、そして消費者運動は、具体的な怒りを抱き、直接の敵をもっていた。三里塚《さんりづか》や富士川《ふじかわ》火力をはじめとして、「武装した学生軍団」よりもはるかに徹底した反権力の暴力を行使しえた群衆の形成例を、われわれはいくつも挙げることができる。局部的であれ、秩序の顚覆《しんぷく》をめざす群衆がたちあらわれ、その裾野《すその》ははかりしれなかった。（『賢人と奴隷とバカ』127頁）

津村の証言を受けて、酒井は言う。

近年の顕著な知的傾向に一九七〇年代の忘却というものがあるが、それがなにを忘却しようとしているのか、この一節はよく示している。「過激派」学生などよりはるかに

徹底して反権力たりえた、とここでいわれている大衆（運動）の存在である。（同127頁）

酒井の言う「全共闘運動」の「核心」＝「本来受動的であるべき存在が能動性をもってたちあらわれた」の「本来受動的であるべき存在」とは、「被統治者」であり、もっとありていにいえば「被支配者」である。この国の「大衆」は、（「お任せ民主主義」的傾向を鑑《かんが》みてあえて言えば自ら進んで）「被支配者」の立場に置かれ続けてきた。だが、ときに例外もあった。それが、「全共闘運動」だったのだ。そのとき、「被支配者」であった民衆は「支配者」となり、そのことによって、デモクラシー（大衆の支配）の萌芽《ほうが》が見られたのである。だが、その後の歴史の中で、その記憶は消し去られていった。

「過去のデモクラシーの存在」を消し去った「賢人」とは、そう、「民主主義」を標榜《ひょうぼう》する「知識階級」の人たちである。消し去られたのは、ときに暴力をも厭《いと》わず直接行動に出る「過去のデモクラシー」の担い手＝「バカ」であった。

自分たちの「民主主義」の計画に邪魔《じゃま》になると「バカ」の力を削《そ》ぎ、デモクラシーの芽を摘《つ》んでしまった「賢人」は、「ドレイ」（労働者）のためを思いながら結果的に「主人」（資本家）に利することになった。「主人」は、実際に行動に出る「バカ」を最も恐れていたからである。

恐れるものがなくなった「主人」は、「賢人」の言うことも決して聞かない。「賢人」は無力となり、「ドレイ」の力には、まったくならないのである。「この魯迅のパロディに遭遇して、目の前でみていることをおそろしくそのまま表現していることに感服した」（9頁）と酒井が言う所以《ゆえん》である。

そして「過激中道」が跋扈する

こうして、バカの排除と「賢人」の無力化のプロセスが進んで、今日《こんにち》行き着いたところが、「エキセン」の跋扈《ばっこ》である。「エキセン」とは、酒井の造語で、ExtremeCenterの略、ExtremeLeft（極左《きょくさ》）、ExtremeRight（極右《きょくう》）の中道《ちゅうどう》版である。「中道」に「極」がつくのは言語矛盾《むじゅん》のようで日本語に訳しにくい概念であるが、酒井は、「これがまた、日本の現象を理解するのに、めちゃくちゃ役に立つ」（『賢人と奴隷とバカ』171頁）と言い、仮に「過激中道」と訳している。彼が高く評価してその著書を何冊も訳している人類学者のデヴィッド・グレーバーは「二〇二一年に、エキセン現象についてこれから取り組むのだ、と宣言して、その手始めであるYouTube《ユーチューブ》の動画を残したまま亡くなった」（同173頁）。酒井は、「二〇一〇年代を考えるときに不可欠であるとおもわれるこの『過激中道（エキセン）』概念について、どうしても書いておきたかった」（同441頁）と言い、本書のために一章を書き下ろして、次のように題した。

「穏健派《おんけん》」とは、世界で最も穏健じゃない人たちのことだ」（同169頁）

「エキセン」はCenterであるから、確かに「右でも左でもなくその中間」であるが、それにExtremeがつく。酒井は次のように説明している。

ふつう中道というと「中庸《ちゅうよう》」をイメージする。しかしここでの中道はそうではない。それはそうした中庸とかそれにつらなる穏健のイメージを利用しながら、独特の仕組み、すなわち、一見、脱政治化したテクノクラート的合理性を掲げる政治だ。これがエキセンと呼ばれるものだ。〈中略〉

左右の対決は、それが代表制のフレームに制約されていたとしても、まだ社会が利害による諸勢力によって分割されていること、そしてその分割を超えて社会を運営していくためには、なにがしかの対話的モメントが必要であること、要するに、デモクラシーのモメントの一片は保持している。ここであらわれる中道はそれ自体を拒絶するものだ。（同181頁）

つまり、「エキセン」は、「対立自体を拒否する」、そしてそのことによって「デモクラシーそのものに対立的」（同181頁）なのである。

「既得権益の擁護者」とか、「時代遅れの左翼」とか、いろんなかたちで対立的要素を「極端」であると――「極左」、あるいは日本ではこの呼称自体が忌避されるのであまり実感がないが「極右」であると――周縁化していって、より「冷静」「穏健」で「合理的」である、「是《ぜ》は是《ぜ》、否《ひ》は否《ひ》」的な態度でのぞむ（と自認する）ものが糾合《きゅうごう》する。（同182頁）

そのようにして、「エキセン」勢力が発生し、増殖してきたと酒井は言う。だが、ときに暴力や殺人、テロ、内ゲバをも辞さない「極左」「極右」を排除することは、正しいことではないのか？

世間で蔓延《まんえん》している「極左」「極右」観のステレオタイプの是非《ぜひ》については置くとしても、そのステレオタイプに含まれている諸悪は、「極左」「極右」を排除した「エキセン」の中で生き延びていることを見逃してはならない。それは、あからさまには目に見えないだけに、より厄介《やっかい》なのだ。

「極左」「極右」を排除し、「穏健」を自称する「エキセン」には、「テクノクラート的発想が浸透している」と酒井は言う。

それは多かれ少なかれデモクラシーの不信や否認とむすびついているし、「大衆嫌悪」

とむすびついている。まさに二〇一〇年代における知識人の「大衆の恐怖」だ。これには政治的立場のおもてむきの左右は関係ない。（同185頁）

「大衆嫌悪」「大衆の恐怖」、それが赴《おもむ》くところは、すなわちデモクラシーの排除である。「エキセンは、おもてむきは『穏健』だが、経済的リベラリズムの原則と権威主義的行政府主導の政治を志向するものだ。〈中略〉エキセンとファシズムの親和性には注意する必要がある。いうまでもなく、スターリニズムもだ。とりわけ、スターリニズムが、革命の『中道化現象』であったことは示唆的なはずだ」（同180頁）と酒井は言っている。

「エキセン」勢力の増殖・跋扈の結果、日本では「世界的には『極右』とされる要素（レイシズム、セクシズム、『歴史修正主義』など）でも、日本のなかではそれがエキセンのフレームの内側に投入され」ていると酒井は指摘する。「極右」がいなくとも、「極右」的な差別構造は温存されているのだ。「エキセン（過激中道）」の中に。例えば酒井は、「差別言語糾弾《きゅうだん》」の変《へん》貌《ぼう》を指摘する。

それはむしろ、言葉とイメージを制約する言葉の権力性を解体し、自由と創造性の幅を拡大するものであったのだ。ところが、「一方にテレビ局の『放送用語言いかえ集』の頽廃《たいはい》を置き、他方に諸党派による糾弾ごっこの政治主義的利用という愚劣」によって、

その意義が見失われている〈後略〉。（同158頁）

隠蔽される差別構造と書店の棚

「極左」や「極右」、すなわち寓話の「バカ」がいなくなり、あからさまに差別する者も、それを声高に糾弾する者もいなくなった。隠蔽《いんぺい》されながら存続する差別構造は、ますます破壊しづらくなる。ぼくが、「書店店頭から『ヘイト本』を外せ」という罵声《ばせい》に対して態度を留保し、むしろ書店店頭は本を介して主張と主張が正面からぶつかり合って闘う「言論のアリーナ」であるべきではないかと言うのは、それゆえなのだ。以前より見えにくくなり、それゆえにさらに陰湿・強靭《きょうじん》となった差別構造の存在、そしてそれを支持する、それを利用する人たちがいることを白日のもとに晒《さら》し、批判・糾弾するためなのだ。

酒井が「エキセン」の「大衆嫌悪」「大衆恐怖」（すなわち「バカ」をバカにしながら恐れる姿勢）を批判し、「これには政治的立場のおもてむきの左右は関係ない」と書いているのを読んだとき、ジュンク堂書店難波店で「『NOヘイト！』フェア」（第2章）をやった際、そのフェアにクレームをつけてきた一見対照的な人たちのことを思い出した。

ある人たちは、ぼくが「ヘイト本」に「NO！」を表明し「ヘイト本」を批判・糾弾する本を集めたそのフェアの主旨に対して、「憲法で保証された思想・表現の自由」を盾《たて》に取ったり、「書店員は公平中立であるべき」と主張するなどしてクレームをつけてきた。

一方の人たちは、ぼくが、代表的な「ヘイト本」といえる本をそのフェアのラインナップに加えたのを見て、『『ヘイト本』を批判するフェアには賛同するが、そこに『ヘイト本』そのものを置くことには反対だ。知識の乏しい読者、事情をよくわかっていない読者が、そのような本を読んで感化されたらどうするのだ」と意見してきた。

ぼくは、「書店員は公平中立であるべきだ」と誰が決めたのだと思っているし、「知識の乏しい読者」を慮《おもんぱか》る人たちが、飛び抜けて「事情をよくわかって」いるとは思わない。

二手の批判者は、その立場は正反対なのだろうし、ご本人たちもそう自覚しているにちがいない。だがぼくには、双方の言葉に、同じ音調を聞きとっていた。どちらも、みずからの気に染《そ》まない本を書店店頭から追放し、「対立自体を拒否する」、そしてそのことによって「デモクラシーそのものに対立的」な「エキセン」であったからだろうかと、今思う。

第29章　「闘争の場」の消失

「反知性」的でもあり、「反・反知性」的でもある

前章で取り上げた『賢人と奴隷とバカ』（亜紀書房）の第Ⅰ部に、酒井隆史は「01　現代日本の『反・反知性主義』?」を措《お》いている。これは、もとは二〇一五年二月号の『現代思想』（青土社）に掲載された文章である。それを書いたときの自身の思いを、酒井は書き下ろしである「02『反知性主義』批判の波動」の冒頭で、次のように書いている。

「反知性主義」というテーマで『現代思想』誌から依頼があった。だが「反知性主義」という概念のにわかな流行には、共感したことがいっさいないどころか、きわめて大きな違和感があったので、そのタームをかこむ知的フレーム、知的感性を引き受けて分析する気にはとてもなれない。しかし、同時にこの概念が流行する時代的雰囲気はなんと

なくわからないではない。というのは、この概念が二〇一〇年代の言説の傾向をなんらかのかたちで表現しているのではないかという直感はある、という意味においてである。(『賢人と奴隷とバカ』45頁)

酒井は言う。

大学制度における人文科学的知の排除の傾向や、「教養主義の衰退」とみなされるような趨勢《すうせい》はたしかに存在している。(同23頁)

大学で教鞭《きょうべん》を取っている酒井の、偽《いつわ》りなき実感であり、その実感ゆえに彼は、「この概念が流行する時代的雰囲気はなんとなくわからないわけではない」と言うのであろう。

だが一方、「現代ほど『知性』があふれている時代がそうあるのかという疑念に駆られたりもしまいか。TVニュースには、人文社会科学系の学者がひんぱんに登場しているし、討論番組もけっしてすくなくない。〈中略〉『知識人』らはやはり、文化一般において『重んじられて』いる」(同23頁)。酒井が『「反知性主義」という概念のにわかな流行には、共感したことがいっさいないどころか、きわめて大きな違和感があった」という所以《ゆえん》である。

酒井によれば、この傾向は、インターネットが「知の空間」の多くを占めてきたことによって増殖している。

この現代の「知性」の過剰が鮮明にみえる場は、マスメディアよりもインターネットの世界である。いまや、どのようにささやかな趣味であっても、知的に彩ることへの情熱に事欠くことはない。そしてここでも、「プロ」「アマ」問わず、現代の「有機的知識人」たちが、専門領域を軽々と越境しながら「普遍的知識人」と化しつつ、ほとんどあらゆる事象にみずからの意見を表明することをやめない。そこでは「知的であること」「賢明であること」が競い合われ、「頭が悪い」「教養がない」といった言葉が、議論を打ち切り、討議の相手を一蹴《いっしゅう》する決め言葉として氾濫《はんらん》している。現代ほど「バカ」という言葉がサディスティクなまでに否定的な感情の負荷を高め、その両義的なニュアンスを失った時代もないのではないか。（同23〜24頁）

後者、つまり現代は決して「反知性」を志向しているわけではないという見立てはそのとおりだと思うし、一方前者の「反知性」的傾向は、「本が売れなくなった」というぼくら出版・書店業界の実感とも整合する。つまり、酒井の今日の「反知性」というテーマに対する両義的（アンビバレント）な思いを、ぼくも共有している。

「反知性」的でもあり、「反・反知性」的でもある、一見矛盾した今日的情況を読み解くポイントは、酒井の次の言葉にあると思う。

知そのものは人を解放するために機能することもあれば、人を拘束したり押さえつけたりするために機能することもある。いっぽうで、ヒエラルキーを解体し、わたしたちの共にある条件をよりよくすること、促進することにも決定的に寄与することもあるが、いっぽうで、ヒエラルキーを形成・強化し、専制支配を正当化し、不平等な富の配分に寄与することもある。（同63頁）

後者の「知」＝支配体制や富裕層に寄与する「知」への抗戦こそ、「かつてポール・ウィリスが生き生きと記録してみせた労働者階級の『反知性主義』」（同30頁）であったのかもしれない（カルチュラル・スタディーズの古典的著作であるポール・ウィリス『ハマータウンの野郎ども』ちくま学芸文庫）。

日本においても、「『アウトロー』『不良』、あるいは『ツッパリ』の『肉体言語』のようなものが、『蒼白《あおじろ》き文化系』になにがしかの畏怖を与え、またそこにみずからの思考を挑発する課題がみいだされていた時代はそれほど遠いものではない」（『賢人と奴隷とバカ』26頁）と酒井は言い、そのわかりやすい例として「『おまえさしずめインテリだな』という車寅次郎《くるまとらじろう》の有名なセリフに浮上する、『インテリ』が、不信と警戒を示すべき代名詞となる民衆文化の分厚い層があった」（同27頁）と指摘している。

抑圧する側に手を貸す知性

「知」は、ときに解放の原動力であり、ときに抑圧に資する。「反知性」の両義性はそもそも「知性」が両義的であることに由来するのである。酒井もぼくも、「知」が抑圧の源であるときに「反知性主義」であり、「知」が解放の力であるときに、「反・反知性主義」となるのだ。

問われるべきは「知性の不在」あるいは「知性への反撥《はんぱつ》」ではなく、支配的趨勢のうちで働いている諸知性の形態である〈後略〉（同31頁）

当初戸惑《とまど》いを隠せなかった「反知性主義」というテーマへの酒井のこの回答は、ぼくが本書で考え続けている、ヘイトやレイシズムにどう対していくかという課題に、大きな示唆《しさ》を与えてくれる。なぜなら、ヘイトスピーチを撒《ま》き散らし、レイシズムを助長する言説もまた、「抑圧に資する知」を武器としているからだ。

酒井も、そのことに触れている。

ある立場からどれほど欺瞞《ぎまん》と隠蔽と「無知」に満ちているようにみえようと、ネット上にあふれる排外主義、レイシズム、あらゆる差別の攻撃的な言語が、「出典」と「引用」をあげ、かれらの敵にもそれを要求する、ある種の「知的論戦」のようなみせかけをとることも見逃すことはできない。（同24頁）

続けて酒井は言う。

こうした言説のうちには「論破」への執拗《しつよう》なこだわりがみられ、いわゆる「反知性主義」につきものの、知識人のありかたそのもの、知性そのものへの懐疑のかたちをとることはすくない。極端にいえば、「反知性主義」どころか、むしろどこにも知識人しかいなくて、だれもが「賢明」であることを競い合っているというのが現代日本の風景であるようにもおもえてくるのだ。（同24頁）

「『出典』と『引用』をあげ、かれらの敵にもそれを要求する、ある種の『知的論戦』のようなみせかけをとる」ことや「『論破』への執拗なこだわり」は、第19章で取り上げた「歴史戦」や「思想戦」でも同様であった。そして重要なのは、「歴史戦」や「思想戦」、そして「ヘイトスピーチ」が、かつても今もある一定数の（あえて言えばかなりの数の）人々に説得的に響いてしまっていることである。そのとき「知性」は、あきらかに「抑圧する」側に手を貸しているのである。

まさに、フランシス・ベーコン（イギリスの哲学者）が言った「知は力なり」である。「力」は、残念ながらしばしば「暴力」として顕現《けんげん》する。

ならば、「抑圧する知」＝「暴力」を封じ込めるべきではないか？

相手の「知」を一つの「知」として認められるか

すべての「ヘイト本」を書店店頭から外せという主張は、そうした「抑圧する知」の影響を阻止し、蔓延《まんえん》を防止するのに有効な、もっともな意見であるように見える。だが、隠されれば隠されるほど、その「知」の影響力は増す。昨今の陰謀論の流行を見ればわかるように、隠されれば隠されるほど、それが「真実」に見えてくる。だから、「抑圧的な知」に闘いを挑むならば、敵を見えなくしてはならない。逆にそれを白日《はくじつ》のもとに晒《さら》し、敵の誤り＝弱点を露《あら》わにして、打ち負かさなければならない。

自然科学の数学的な抽象だけでなく、どんな「知」も、汲《く》み尽くすことはできない世界の無限の情報の抽象である。それゆえ、すべての「知」は一面的である。必ず「裏面」がある。Aという概念または命題が立ち上がれば、必ず非Aという概念、命題が立ち上がる。意見の対立は、二項対立の形で生じる。思想の闘いは、この二項対立の場でなされる。非Aは

Aの論理的な否定であるから、Aは非Aを論破し、その闘いに勝たなくてはならない。非Aもまた、Aを論破し、その闘いに勝たなくてはならない。

ゲオルク・ヴィルヘルム・フリードリヒ・ヘーゲルが『精神現象学』で鮮やかに描写した「生死を賭《か》けた闘い」は、あくまで相手を自分と同じ自立した「自己意識」であると認識、尊重することが前提となっている。「知」同士の闘いもまた、対極にある相手の「知」を一つの「知」と認めることを前提とする。その前提を引き受けず、闘いの前に相手の退場を要求することは、すなわち闘いの場（アリーナ）の解体を希求することであり、実は自身の闘いの場からの逃走を意味するのである。

「すべての『ヘイト本』を書店店頭から外すべし。そうしない書店は、『ヘイト』の片棒を担いでいる」と指弾する「正義派」は、よもや自分たちが闘いの場から逃げているなどとは思いもしないし、そのように言われたら激怒するだろう。

だが、相手の言説と直接対峙《たいじ》し対決するのではなく、それを見えなくする戦略が奏功したときに得られるのは、「勝利」ではなく「停戦」ではないか？「停戦」を「勝利」と言いくるめることが決して闘いを終わらせはせず、戦闘と同様の、あるいはより大きな悲劇を生むことは、「北緯38度線」が立証してきたのではないか？そしてそれは、間違いなくその後今日に至るまでの「在日」コリアンの苦悩の大きな原因となったのだ。

哲学者の戸谷洋志《とやひろし》は、『未来倫理』（集英社新書）で、次のような例を紹介している。

ロングアイランドはニューヨークの保養地として知られており、その地を訪れるためには橋を通らなければならない。しかし、その橋の車の高さ制限は非常に低く設計されており、大型のバスはその橋を通過できないようになっている。

なぜ、設計者はわざわざそうした制約のある橋を設計したのだろうか。ラングトン・ウィーナー〈米国の哲学者〉によれば、それは大型バスの通過を妨げることで、自家用車を所有できない低所得者層、具体的には黒人たちをロングアイランドから排除するためだという。

〈中略〉誰かが黒人に対する憎悪を言葉で表現しているわけではない。「黒人はロングアイランドに来るな！」と叫ばれているわけではない。ただ、黒人がロングアイランドに来ることができないよう、技術的な設計が行われているのである。そしてそうした設計は、ヘイトスピーチによって黒人を差別するよりも、はるかに効率的に、黒人差別を実現してしまう。その橋を利用して白人がロングアイランドにやってくるとき、白人たちは自分が黒人差別に加担していることに気づかない。そして、それに気づかせないことによって、黒人差別はより根深く、解消することが困難なものになっていくのである。

（『未来倫理』１８２〜１８４頁）

無言、かつ効率的な差別の実現である。無言は、差別者の姿を見えなくくし、差別そのものさえ見えなくする。誰も、自分が差別の加担者であることに気づかなくなる。見えなくすることは、差別と闘い、それを解消することを困難にするのだ。

一方、A対非Aの二項対立そのものも、世界の一面を切り取ったものにすぎない。それゆえ、Aという知の一面性に起因するA対非Aという対立自体が、必ずその裏に、あるいは傍《かたわ》らに他の二項対立を持つ。そして、本来の対立が、傍らにある別の二項対立の方へとすり替えられていく場合も多い。

戸谷が言及している「ロングアイランドの橋」は、その典型例と言える。差別を目論《もくろ》む者たちは、「白人／黒人」の二項対立を、「富者／貧者」の二項対立にすり替えた。アメリカは「自由の国」であり、個々人の経済状況はその人の行動の結果であって貧者であることは自己責任であるという意識が強く、「富者／貧者」の二項対立の方が、「白人／黒人」の二項対立よりも「差別である」という糾弾を受けにくいからである。

何と対決すべきなのか

第27章で取り上げた『ネット右翼になった父』でも、著者の鈴木大介《すずきだいすけ》が生前の父親の言動に対して覚えたさまざまな違和感が、「ネット右翼／ネット右翼でない」という二項対立に収斂《しゅうれん》され、母や姉、叔父《おじ》の証言によって「父はネット右翼ではなかった」という結論に落ち着いている。だが、世間が、あるいは鈴木自身が定義した「ネット右翼」の範疇《はんちゅう》に収まらないことが、父親の示した他民族や女性に対する差別的な言動を免罪するものではないはずだ。

また、第19章で触れたように、安倍元首相狙撃事件についての議論が、政治家と統一教会の癒着《ゆちゃく》問題に終始してしまったことも、安倍氏の政策や事績《じせき》を考えたとき、あまりの矮小《わいしょう》化であるように思う。そのことによって、国家権力にとって都合の悪い問題のいくつもが、霞《かす》んでしまったからだ。ある種の作為の疑いさえ、感じさせる。

酒井隆史は、津村喬『横議横行論』の読みの中で、津村がそもそも「言葉の権力性に対する読み手の叛乱《はんらん》」であった「差別言辞糾弾」がまったく違ったものに変容していったことを述懐している箇所を取り上げている（第28章参照、『賢人と奴隷とバカ』158頁）。

つまり、本来「差別言辞糾弾」が持っていた、権力の言葉が有する差別性との闘いが、「言いかえ」によってその差別性を隠蔽することに変容し、なされるべき闘争が「言いかえ」の失敗の糾弾合戦へと矮小化してしまうことによって、本来の闘争の場が消失してしまったのである。

同様のことが、津村喬らの闘争の半世紀後の今も、起こっているように思う。

差別意識に満ちた「ヘイト本」の内容に反論するのではなく、「ヘイト本」を店頭に置く書店を糾弾する。「ヘイト本」を書いた著者の差別意識を批判するのではなく、「ヘイト本」

を並べた書店を非難する。「ヘイト本」をつくった出版社に真意を問うのではなく、流通させた取次や現在の出版流通システムを槍玉《やりだま》に上げる。

今日の出版流通システムに問題があることを、ぼくも認めるに吝《やぶさ》かではないし、指摘されている問題点について「然《しか》り」と思う部分も多い。だが、それは別の問題であって、「ヘイト本」の量産という問題、それを書く人間がいて、それを読み共感する人間が少なからずいるという社会的情況を明らかにして、その情況と対決していくという本来の課題からは、逸《そ》れていってしまっているというべきではないだろうか。

第30章　「ヘイト本」の駆逐が意味すること

「水洗トイレ」の社会的便益

「いかなる『ヘイト本』も、それらが攻撃し誹謗《ひぼう》する人たちの受ける傷を鑑《かんが》み、すべからく速やかに書店店頭から駆逐《くちく》すべし」という言説に接するときに、ぼくがいつも思い出すのは、今から約三十年前に出された、非常に刺激的で説得的な一冊の本、評論家・翻訳家金塚《かねづか》貞文《さだふみ》の『人工身体論――あるいは糞をひらない身体の考察』（青弓社《せいきゅうしゃ》）である。この本の主題は、「水洗トイレ」。

今日では、トイレすなわち「水洗トイレ」である。この本が出た一九九〇年代においても、すでに「水洗トイレ」が一般であった。それでもまだかろうじて「汲取式《くみとりしき》トイレ」が、あるいはその記憶が残っていた時代に、「なぜ『水洗トイレ』への移行が『必然』と感じられたのか？」を問う金塚の文明論的考察は、二十一世紀の今日《こんにち》を生きるわれわれにとって、

「当たり前」を問い直す、重要な示唆《しさ》に富んでいる。金塚は問う。一体、「水洗トイレの社会的便益」とはいかなるものであろうか。(『人工身体論』34頁)。

その答えとして、「コレラ、チフス、赤痢《せきり》といった消化器系感染症、及《およ》び、寄生虫病が減った」(同33頁)ことがある。だが、すぐに金塚は、「直接的な因果関係で結ばれるかどうかは大いにあやしいし、水洗トイレ以外の形態でも、病原菌の伝染阻止は十分に可能であったはずである(ヴァン・デア・リン前掲書〈『トイレットからの発想——人と自然をよみがえらせる法』〉、三木和郎《みきかずろう》『都市と川』等参照)」(同34頁)と、その「効用」を決定的な理由とすることを否定する。

「下水道の建設」「浄化槽の設置」が、「経済活動を賦活《ふかつ》」したという論も、そうした結果論を「社会的便益とは言わない」と退け、「肥料となり得る糞尿《ふんにょう》を流し捨てることによって、化学肥料の需要を作る」という動機も、「事情は逆で」、「化学肥料を使った方が経済的」だから糞尿が下水処理されるようになったと否定する。

その上で金塚が提出する答えは、「水洗トイレの社会的便益とは、悪臭とはね返りからの解放、要するに、『一時的にあなたの目の前から、見えないどこかへ移すだけ』のことにすぎない」というものである。そして、「不潔を嫌うという、いわば審美的な満足感のためだけだとしたら、しかし、それは社会的便益と言い得るだろうか」と問いかけ、「莫大な資源を浪費し、しかも、水質汚染等のいわゆる外部不経済をもたらしている」ことが、「水洗トイレの社会的便益」の割に合わないのではないか、というのである（『人工身体論』34～35頁）。いうまでもなく、「水洗トイレ」の普及のためには下水道や浄化槽などの巨大なインフラの建設が必要とされ、水質汚染などへの対策も十分ではないからである。

「見えないどこかへ移すだけ」という手段

「ちょっと待て」というツッコミが聞こえてきそうだ。「冒頭の一文、『ヘイト本を書店店頭から駆逐すべし』という言説からこの本のことを思い出すということは、つまり、お前は『ヘイト本』を『糞便』扱いしているのか⁉」。

「然《しか》り」と答えれば、「ヘイト本」を「ヘイト本」などとは決して思わず、反「自虐史観《じぎゃくしかん》」が紡《つむ》ぎ出す「歴史修正」を真実の歴史と信じる人たちの怒号《どごう》を覚悟せねばなるまい。一方、過去に肥料としての糞便の有用性があったことを引き合いに出したりしたら、「『ヘイト本』にも価値があると言いたいのか⁉」と、「正義派」の突き上げをくらうことになるだろう。

左右両極からの攻撃には馴《な》れているが、ぼくがここで注目したいのは、糞便の価値云々《うんぬん》ではなく、糞便に負性を見出して選択された「一時的にあなたの目の前から、見えないどこかへ移すだけ」という手段選択であり、そのための装置としての「水洗トイレ」なのだ。

先の引用の中で、金塚は「水質汚染等のいわゆる外部不経済」について述べている。「外部不経済」とは、内部に留めては不利益を生じさせるものを「外部」（具体的には発展途上国などの、より立場の弱い地域）に押し付けることによってその不利益を解消する、資本主義の常《じょう》套《とう》手段である。金塚は、糞便以外のゴミ、産業廃棄物などとともに、放射性廃棄物を発生させ蓄積する原子力、大気汚染を引き起こす自動車など、現代文明を支える装置が、「外部不経済」によって成立していることを述べ、「水洗トイレ」もその一環であると見ている。「外部不経済」は、資本主義にとって必要不可欠であり、かつ、世界的な格差の原因であり、世界的な危機の温床でもある。それゆえ、富者は、権力は、そのことを隠す。とりわけ、「水洗トイレ」は、誰にも身近な装置であり、誰もが毎日目にしているものでありながら、その機能は、外部不経済を引き起こす糞便を「一時的にあなたの目の前から、見えないどこかへ移す」ことであり、そのことが蓋《ふた》付きの清潔な外観によって隠されているのだ。そこに、ぼくは、「ヘイト本」を書店の棚から外すべしという「正義」と同質のものを感じるのである。

これまで何度も言ってきたように、「ヘイト本」の書店店頭からの放逐は、「ヘイト本」の殲滅《せんめつ》ではない。「ヘイト本」の存在を隠すだけだ。「ヘイト本」を書く、読んで共感する心《しん》性《せい》、すなわち差別感情は、隠すことではなくならないし、おそらく弱体化もしない。むしろ、目の前から見えなくなったことで、対峙《たいじ》・攻撃することが難しくなるだろう。ならば、「ヘイト本」が書店店頭からなくなったのを見て安心する「正義派」は、そもそも差別感情と正面から闘う決意を欠いていると言えるのではないか？

「水洗トイレ」が「一時的にあなたの目の前から、見えないどこかへ移す」糞便は、差別感情そのもののメタファーなのである。差別感情を真に闘うべき相手と見定めるならば、「目の前」に「動かぬ証拠」を置き続けるべきなのだ。

ところで、糞便はすべての人間の「製作物」、食物を原料とする加工製品である。一部の人間だけの「作品」ではない。ならば、ぼくが今「糞便」がそのメタファーであると言った差別感情もまた、一部の人間のものではなく、すべての人間が抱く感情なのか？

然《しか》り。少なくとも、すべての人間が抱き得る感情である。そのことには合理的説明が可能だ。人間は、あるいは生物は、「敵／味方」の区別が適切にできることによって生き延び、子孫を残すことができるからである。今生きている人は、「敵／味方」の区別が適切にできた生命体の長大な歴史の末裔《まつえい》であり、そして自身「敵／味方」の区別をする能力を持っているのである。

その能力が間違った情報によって作動して生じるのが、差別感情といえるのではないか？いくつもの情報のあやまった布置《ふち》、統合によって、間違った「敵／味方」の線引が行われること、それが「差別」なのではないか？

人間は、間違う。人間はそのことによって学習するから、間違いは必然であり、必要である。自身の間違いに気づき、気づけば正すことができる人間が、差別感情から自由になり、差別と闘うことができる。間違い、気づき、正すという作業能力は、多くの情報に接し、その情報を処理していく経験によってのみ獲得される。
「隠す」ことではなく「知る」ことこそ差別と闘う道である。

エスカレートする「戦争ヒステリー」

第二次世界大戦を対独レジスタンスの闘士として経験した、百歳を超える哲学者エドガール・モランは、戦争に勝った側の大量殺戮《さつりく》、略奪、非戦闘員の殺害などの戦争犯罪的行為が隠され、忘れられがちであることを指摘する。

> 当時ナチスのレイシズムによる虐殺が数百万人ものユダヤ人に及び、他の犯罪をも含めると膨大な犠牲者がでたことは確かだとしても、同時に、連合国軍による三千メートル上空からの無差別爆撃によって、数十万人もの市民の命が奪われたことも確かなのである。（エドガール・モラン『戦争から戦争へ――ウクライナ戦争を終わらせるための必須基礎知識』人文書院、14頁）

ナチスの恐ろしさ、ナチスが占領した国々、とくにソ連において行なったことのおぞましさのために、連合国軍によるドイツの市民の恐るべき大量殺戮――それは戦闘員以上に女性や子どもや老人を含み町全体を破壊するものであった――については、われわれ反ナチスのレジスタンス活動家は概して無頓着《むとんちゃく》であった。もうひとつ、連合国軍のノルマンディー上陸作戦のとき、ノルマンディー地方の市民の死者の六十パーセントは連合国軍の爆撃によるものであった〈後略〉。（同9頁）

モランが、戦勝国の「戦争犯罪」を言挙《ことあ》げしているのは、歴史修正主義者たちのように、戦勝国を断罪し、敗戦国の戦争犯罪を免責するためではない。あらゆる戦争が必然的にもたらす悲惨、戦争当事国双方の「正義」など吹き飛んでしまう悲惨を訴えているのだ。モランによれば、その悲惨をもたらす最大の要因は、戦争当事国となった両国民の、敵国民への憎しみ＝「戦争ヒステリー」のエスカレートである。

戦争ヒステリーはとりわけ憎しみの爆発として表出される。その感情は敵を犯罪者として扱い、その責任を集団的なものと見なすようになる。つまり連帯責任ということだ。個人的犯罪あるいは小部隊の犯した犯罪でも敵軍全体の責任になるだけでなく、敵国の指導者の犯罪とされ、さらには敵国民全体の責任とされるのである。たとえば、ドイツ人全体がナチスの犯罪に責任があるとみなされたということである。逆に、敵国の文化に対する憎しみは、ナチスドイツの大きな特徴のひとつであった。フランスのシャンソン、ロシアの音楽、民主主義諸国の〈退廃芸術〉が、ナチス統治下のドイツでは禁

止されたのである。（同25頁）

かつて太平洋戦争中、英語を「敵性言語」として禁止し、連合国の文化を受容し愉《たの》しむ人びとを「非国民」とラベリングした過去を持つわれわれ日本人にも、想像に難くない話である。

先に自国の戦争犯罪的行為は隠されがち、忘れられがちであると言ったが、敵国への憎しみがエスカレートしたとき、それらは隠される必要も、忘れられる必要もなくなる。そうなると、さらに危険である。敵国民への非道な行為は、むしろ「戦意高揚」の材料になる。先の戦争中、そうした「戦意高揚」の材料を、新聞、ラジオなどのメディアは、自らの存在意義の伸長のために利用した。それが、国民の「戦意」を高揚させ、差別感情を増長したのである。

モランは、そうした「国民的」状況を、誤った考えを持つ国の統率者、指導層よりもずっと危険なものと見ているのだ。

一九一四～一九一八年の戦争ヒステリーは、敵を憎み、敵を全面的に犯罪者扱いし、すべての犯罪を敵が犯したものと見なした。そして自軍の行為や成果を一方的に正当化して称揚《しょうよう》し、とりわけ塹壕《ざんごう》戦のむごたらしい現実を隠蔽《いんぺい》するものだった。（同17～18頁）

敵への憎しみに取り憑《つ》かれた兵士たちは普通の市民を平然と殺すことになる。また軍の階級が上位の兵士は殺害命令を平気で出すことにもなる。

加うるに、兵士たちは敵の町や村の征服に陶酔して無軌道になり、盗みや略奪だけでなくレイプや殺害を行なうようになる。（同28頁）

そして、今まさに目の前で起こっている事態に、悲惨な過去と共通した状況を見出す。

ウクライナ戦争においてもエスカレーションは日増しに深刻化している。抵抗する被侵略者に対する侵略者の憎しみ、侵略者に対する被侵略者の憎しみ、この二つの憎しみの爆発が大ロシアナショナリズムをかき立て、プーチンの専制政治を激化させ、ウクライナではウクライナ人のあいだで分有されていたロシア語、なかんずくすべてのロシア文化の拒絶が始まった。（同46頁）

それが、モランが本書を急いで書き上げた理由である。

他国（隣国や地理的に近い国の場合が多い）の指導者、あるいは一部の人びとの行為、志向を、その国の国民全体のものと取り違える、決めつける。そうした「ヒステリー」は、過去のものではなく、一部の地域に限定されるものではない。現代に生きるわれわれにも、常に起こりうることである。そして、「ヒステリー」のエスカレートの端緒《たんしょ》は、さして危険な考えの持ち主でなくとも、誰もが持ちうる心性である。

「北朝鮮のような国にも核爆弾を落としてはいけないのか」という問い

二〇一六年、この年に刊行された『近代仏教スタディーズ――仏教からみたもうひとつの近代』（法藏館《ほうぞうかん》）をテーマとしたジュンク堂書店難波店でのトークイベント「『近代仏教スタディーズ』刊行記念連続講座『学校では教えてくれない近代史』」で、会場から次のような質問が発せられた。

「繰り返しミサイルを飛ばし、核弾頭の使用も仄《ほの》めかしている北朝鮮に対して、どうしても敵意を感じざるを得ないのですが、それはやはりいけないことなのでしょうか？」

仏教書のトークイベントの質問コーナーにおいて、どのような流れでこのような質問が出たのか、明確には覚えていない。思うに、法藏館は浄土真宗系の仏教書版元で、浄土真宗はとくに差別の問題に取り組んできたから、トーク本編で差別問題にも触れられ、その流れでこうした質問が出たのかもしれない。この質問の主は、おとなしそうな中年男性で、「嫌韓派」には見えない。質問の趣旨も、北朝鮮への敵意にではなく、敵意を持ってしまうことへの煩悶《はんもん》にあるようだった。

核ミサイルの使用を仄めかす国家への怒りは当然であり、ぼくも共有する。加えて「拉致《らち》事件」を思えば、北朝鮮の国家指導層への否定的評価は、当然であろう。

だが、国家指導層への怒りと、その国家に住む人々への感情は別物であるべきだ。他国を核兵器で攻撃、少なくとも威嚇《いかく》しようとする国家指導者は、自らの統治する地域の人民に対しても、同様の姿勢で接している可能性が大だからである。このふたつを混同することが、モランのいう「戦争ヒステリー」のエスカレーションにつながるのだ。

くだんの男性の心のゆらぎも、放置すれば、かつて、米軍が投下した劣化ウラン弾によって被爆した女性の衝撃的な写真を世に問うたフォトジャーナリストの豊田直巳《とよだなおみ》のトークショーで、一人の若い男性によって発せられた次のような質問へと「エスカレート」しかねないのである。

「豊田さんは、金正日《キムジョンイル》が支配している北朝鮮のような国にも、核爆弾を落としてはいけないと言うのですか？」

第31章　「加害者の側に立てる勇気」とは

映画『福田村事件』をめぐって

森達也《もりたつや》監督の映画『福田村事件《ふくだむら》』を観《み》た。『A』『A2』『FAKE』『i〜新聞記者ドキュメント』など、ドキュメンタリー映画の秀作を撮《と》ってきた森達也の、はじめての劇映画である。つねづね森は、自分は元々ドキュメンタリーを撮りたかったわけではない。劇映画の監督を志望していたのだが、最初に就《つ》いた仕事がTV・ドキュメンタリーの製作で、その流れでそちらの世界の仕事をしてきたと言っていた。『福田村事件』は、まさに満を持しての初劇映画作品だが、やはりこれまでのドキュメンタリー映画製作の経験は森の心身に焼き付いているのか、映画は日本で実際に起きた百年前の事件を、可能な限り史実に基づいて描き、同時に森自身のメッセージを観るものに突きつける、迫力ある作品となっている。

一九二三年九月一日に発生した関東大震災は、多くの人命を奪う未曾有《みぞう》の被害をもたらし、その猛威は人々の心をも襲った。震災直後に多くの在日コリアン、そして大杉栄《おおすぎさかえ》ら左翼活動家が殺害される。教科書にも載ったそれらの事件の陰で、長く隠されてきた陰惨な事件が、「福田村事件」である。

大震災後、世は徐々に平安を取り戻すどころか、「朝鮮人が集団で襲ってくる」「朝鮮人が略奪や放火をした」という風評が広がり、人びとは疑心暗鬼《ぎしんあんき》に陥《おちい》っていた。地震発生五日後の一九二三年九月六日、利根川《とねがわ》沿いの千葉県東葛飾《ひがしかつしか》郡福田村（現在の野田《のだ》市）を訪れた香川からの薬売りの行商団《ぎょうしょうだん》が、讃岐《さぬき》弁で話していたことで朝鮮人と疑われ、自警団《じけいだん》員らに襲われ、十五人のうち、幼児や妊婦を含む九人が殺害されたのだ。映画『福田村事件』のクライマックスは、その殺戮《さつりく》シーンである。

折《おり》から、内務省《ないむしょう》発の通達により、村の人々は「不逞鮮人《ふていせんじん》」から身を守るために自警団を結成していた。行商団の人たちを朝鮮人と疑った彼らは、武器を手に身構える。民主派の田向村長（豊原功補《とよはらこうすけ》）は、行商団が持っていた行商用の鑑札の真偽を確認するまで待てと制止し、直前に朝鮮から故郷の村に帰ってきていた元教師澤田智一（井浦新《いうらあらた》）と妻静子（田中麗奈《たなかれな》）は、静子が現実に行商団から薬を買っていた経緯もあり、彼らが日本人であると証言する。だが、鑑札の真贋《しんがん》の報告を待つことなく、行商団のリーダー沼部新助（永山瑛太《ながやまえいた》）の次の叫びが引き金となったかのように、殺戮が始まってしまう。

「鮮人やったら、殺してもええんか⁉　朝鮮人なら、殺してもええんか⁉」

この言葉は、その場にいる人すべてを告発する爆発力を持つ。映画は、明らかに関東大震災直後の左翼や朝鮮人の殺戮を糾弾するものとして進行していた。しかし、この福田村の殺戮の場面では、「殺す／殺さない」が「朝鮮人か／日本人か」とイコールで結ばれてしまっている。行商団を救おうとする村長や澤田夫妻も例外ではない。「行商団の人びとは、朝鮮人ではなく日本人だから、殺すな！」と訴えているからである。さらに、「その場にいる人すべて」は、スクリーンのこちら側の人々をも含むのだ。行商団が香川県からきたことを知っている観客の多くもまた、きわめてサスペンスフルな場面に立ち会い、行商団の人びとが日本人であることがわかり、助かってほしいと思いながら見るからである。

沼部新助の叫びは、それらをすべて否定、糾弾する。

映画は、福田村の人びとを、いくつものプロットを交錯させて描いてきていた。映画の冒頭で福田村に帰ってくる主人公澤田智一は、朝鮮で憲兵隊《けんぺいたい》による朝鮮人虐殺の現場を目《ま》の当たりにし、通訳として加担した自らを責めつづけてきた。そのことを四年間妻に話すこともできなかった智一は性的不能にも陥っていた。妻は村の若者に身を任せる。その現場を目にした夫が、ついに朝鮮での出来事を妻に語るシーンが、映画のもう一つのクライマックスである。

この映画は、澤田夫妻の危機と再生の物語でもあった。澤田智一が妻を制して自ら、血気はやる福田村の人たちに行商団の人たちが日本人であると訴える行為は、その再生の証《あかし》だった……はずだ。だが、それは朝鮮での虐殺事件に苦しんできた彼が、「朝鮮人ではなく日本人だから、殺すな！」という論理を採用してしまうことでもあった。澤田夫妻も、そして鑑札の真偽を確かめさせようとした田向村長も「日本人である」ことを、行商団を守る根拠とする限り、思考の枠組みは、行商団の人たちに手をかけた福田村の人々と、同じだと言える。「行商団の人びとは、朝鮮人ではなく日本人だから、殺すな！」という論理に依拠《いきょ》している限り、関東大震災直後の六千人前後とも、実際にはもっと多いとも言われている在日朝鮮人殺戮の、「加害者」の側にいるのである。

「朝鮮人なら、殺してもええんか⁉」という沼部新助の叫びは、自分たちを殺そうとする人たち、守ろうとしている人たち双方に、鋭く突き刺さるのである。

「普通の人が普通の人を殺す」

劇中人物だけではない。夫妻や村長らに感情移入して見ていた観客にも、沼部新助の言葉は突き刺さるはずだ。この場面の感想を直接話したとき、森は、沼部を演じる永山瑛太に、観客席に向かって叫んでくれと注文したと言った。

その森自身も、決して安全な場所にいるわけではない。「映画を撮《と》りながら、自分がもしもその場にいたらと何度も想像した。殺される側ではない。殺す側にいる自分だ」（辻野弥生《つじのやよい》『福田村事件——関東大震災・知られざる悲劇』五月書房新社《ごがつしょぼうしんしゃ》、228頁）と、森は言っている。森は自分自身もそちら側に置きながら、加害者側の、福田村の人びとを重点的に描いているのだ。永山瑛太に「観客席に向かって叫んでくれ」と指示したとき、彼は「俺に向かって叫んでくれ」と言っているのである。

「様々な考え方や、あえて言えば〝階級〟が入り乱れる、価値観の群像劇にもなっています」というノンフィクション作家前川仁之《まえかわさねゆき》の感想を受けて、森は次のように言っている。

多声性は意識しましたね。やっぱり加害側をきちんと描きたかったので。こういう映画の場合、どうしても被害側にウェイトを置きがちです。そうすると加害側がモンスターになっちゃうので、それは僕が意図したものとは一番離れてしまう。(『世界』二〇二三年九月号、248頁)

映画の冒頭近く、行商団は香川県西端の村を出発する。その行商団に密着して、悲劇へと至る道行《みちゆき》を描くというつくり方もありえたであろう。行商団の悲劇を描く映画としては、それが自然なやり方だったかもしれない。しかし、汽車で福田村に向かう澤田夫妻と、やはりプロットの中で大きな役割を果たす、戦死した夫の骨壺《こつつぼ》を抱える島村咲江(コムアイ)が言葉を交わすシーンを幕開きに置いた森は、もちろん行商団の人たちも、集団ではなく一人ひとりの人間として個性的に魅力あふれる仕方で描きながら、それ以上の時間と輻輳《ふくそう》するいくつものプロットを使って福田村の人たちを描いた。

前川の「虐殺の場面を撮るのは心身ともに過酷だったと思います」という感想を受けて、森は、「殺される側（の演出）はある意味楽です。楽と言うのは変な言い方だけど、ふつうの芝居でいい。

殺す側の芝居は本当に現場でいちいち考えて撮りました。どんな表情をするのか。殺して平気でいられるのか。たぶんそうじゃないはずで、銃を撃った瞬間に『当たっちゃった』と思うかもしれない。いやきっと思うはずです。そういった注文は俳優さんたちにしました」（同250頁）と言う。

森の演出は、質量ともに加害者側に、より注力している。それは、森が自分自身を加害者側に置く作業でもある。前川が「過酷」という言葉にこめた以上に、それは森にとって「過酷」な作業であったのかもしれない。その「過酷」な作業ゆえに、沼部新助の言葉が、より強く突き刺さる。

だが、その「過酷」な作業の中で、おそらく森はこれまで何度も繰り返して言い、書いてきた自身の直観の正しさを、改めて確信した。だから森は、「何度でも書く」。「何度でも書く。凶悪で残虐な人たちが善良な人たちを殺すのではない。普通の人が普通の人を殺すのだ」（『福田村事件』236頁）

「普通の人」に「普通の人を殺」させるものこそ、個が個として判断し行動するのではなく、「集団」の一人として行動すること、――一方で、それは人類が生き延びてきた理由でもある――そこに強い「同調圧力」が働くことである。

「独り」と「集団」

森は、かつて、それまでのテレビディレクターの仕事を離れて、「地下鉄サリン事件」後の（事件の犯人ではない）オウム真理教信者たちのドキュメンタリー映画『A』を撮ったときのことを思い出している。

後《うし》ろ盾《だて》がまったくない。仲間もいない。徹底的に一人だった。施設内でカメラを回しながら、（信者は別にして）話しかける相手もいない。だから自問自答の時間が続く。その主語は常に一人称単数だ。テレビがナレーションなどでよく使う「我々」ではない。だから述語が変わる。変わった述語が自分にフィードバックする。視点が変わる。ならば世界は変わる。これまで見えなかった景色が見えてくる。（『福田村事件』232頁）

「徹底的に一人」であることが、「集団の中の一人」でないことが、オウム真理教信者たちの、「これまで見えなかった景色」を、他の人たちには見えない景色を森に見させた。そうしてドキュメンタリー映画の傑作『A』が、同時に稀代《きたい》の映画作家・森達也が誕生したのである。

興味深いことに、『福田村事件』を書いた辻野弥生も、事件後のあるエピソードの中に、「一人」であることの大切さを見ている。生き残った一人の少年を、ある巡査が「うちに同じくらいの息子がいるから家にこんか」と言って少年を二晩ほど保護した」（同192頁）というくだりである。

おそらく吉田刑事は〝独り〟だったからだ。独りだったからこそ、人として何が正しいかを自分の力で考えることができた。対照的に自警団は〝集団〟だった。集団だったからこそ、独りなら決して考えも実行もしなかったであろう凶行に走ってしまったのだ。
（同194頁）

辻野はこの本を、二〇〇三年、事件現場近くの圓福寺《えんぷくじ》の霊園内に追悼《ついとう》慰霊碑《いれいひ》が建立《こんりゅう》された場面で終えている。そして「犠牲者はもとより、八十年近く沈黙を続ける加害者側をも解放しよう」（千葉福田村事件真相調査会）という言葉を引用して締めくくる（同212頁）。そこに至るまで、事件のことを長く黙して語らなかった加害者たちやその周囲の人びとに、何度も焦点を当てている。辻野の視線もまた、被害者だけではなく加害者にも届いているのだ。

これは、とてもとても大切なことだと思う。被害者だけではなく、加害者にもしっかりと目を向ける。その視線は自らにも向かうかもしれない。すなわち、自分自身を加害者の中に見出すかもしれない。他者に「加害者」のレッテルを貼るだけであるなら、その危険はない。加害の内容を、加害の経緯を、加害の動機をしっかりと見つめたときに、自分もまた加害者であったかもしれない、あるいは今も加害者であるかもしれない可能性が、浮かび上がってくるのだ。そのことを恐れてはいけない。そこまで加害を見つめてこそ、被害と加害は止揚《しよう》される。被害者と加害者双方が解放されるのである。

他者にレッテルを貼《は》るだけで、その内容を見ない、あるいは隠すことが、どのような行き方につながるかを、先に引用した「何度でも書く。凶悪で残虐な人たちが善良な人たちを殺すのではない。普通の人が普通の人を殺すのだ」に続けて、森は次のように書いている。

殺す側は邪悪で冷酷。その思いが強いからこそ、過去に自分たちがアジアに対して加害した歴史を躍起《やっき》になって否定しようとする。（『福田村事件』236頁）

これは、今現に、ぼくたちの目の前で起こっていることだ。そして、逆にこうした歴史修正主義に対してレッテルを貼るだけでその中身を見ない、あるいは隠す行き方も、正反対に見えて、同型なのである。

前川仁之による森のインタビューが掲載された『世界』二〇二三年九月号には、「徴用工《ちょうようこう》訴訟の弁護人になったわけ」という記事もあった。徴用工裁判、ベトナム戦争時の韓国軍による民間人虐殺事件の裁判に携わる韓国の弁護士林《イム》宰成《ジェソン》は、そこで、「平和な社会に関し、具体的なイメージはありますか？」という質問に対して、「平和とは加害者の位置に立てる勇気だ」と答えている。

> 被害者の席は多いですが、加害者の席に立てるかどうか。過去にあった過ちの上に現在があるということは、自分もまたそこに関係しているという認識です。過去の出来事について謝罪して終わりというのではなく、今の自分との関係についても考えてみる勇気が必要です。加害者の位置で自らを振り返る勇気を持つ社会が、水準の高い社会だと思います。（『世界』二〇二三年九月号、81頁）

第32章 揺籃《ようらん》としての書店

二者択一と多項的展開

西洋的ロゴスにとって、「Aかつ非A」は、端的に偽《ぎ》である。だから、Aを主張する者と、非Aを主張する者は、互いに相手を否定する「生死を賭《と》した戦い」（ヘーゲル『精神現象学』）の両項となる。ヘーゲルの議論では、その戦いの結果は、どちらかが死すか、奴隷《どれい》となる。今日のわれわれにとって、こうした議論の決着は、どちらが真《しん》でどちらかが偽《ぎ》、どちらかが正しくてどちらかが間違っているという仕方で収まる。

一方、古代インドの論理学においては、「Aかつ非A」も、「非Aかつ非非A」も第三レンマ（常であって無常）、第四レンマ（常でもなく無常でもない）として成立する。つまり、排中律《はいちゅうりつ》（二つの命題の場合どちらかに必ず真理があること）を採用しないので、議論の帰結は二者択一ではなく、むしろどんどん多項的に展開していく。

インドで生まれた仏教の般若心経《はんにゃしんぎょう》にある、「不生不滅《ふしょうふめつ》、不垢不浄《ふくふじょう》、不増不減《ふぞうふげん》……」に象徴される。二項対立は、両項を否定しながら、どんどん他の二項に移って行くのだ。縁起説《えんぎせつ》は、因縁を老死↓生↓有↓取↓……とどんどん辿《たど》っていく。

こうした二項対立の変遷が、われわれが生きる世界で、実にリアルで、きわめて起こりやすいことであるということを、映画『福田村事件』は改めて知らしめてくれている。『福田村事件』が描いた「朝鮮人と間違えての日本人殺害」事件への批判は、もちろん「朝鮮人虐殺」事件への批判を包含する。人びとの「朝鮮人虐殺」への志向があったからこそ、「朝鮮人と間違えての日本人殺害」事件が起こったからだ。

だが、「この人たちは、日本人だ！」と言って福田村で起ころうとしていた虐殺を止めようとした言動には、その瞬間、「朝鮮人虐殺」批判が影を潜《ひそ》めていたことは否定できない。だからこそ、行商団の沼部新助の「朝鮮人なら、殺してもええんか⁉」という叫びが、沼部たちを守ろうとした人々、そして彼らに共感する観客に突き刺さるのである。「この人たちは、日本人だ」から「殺してはいけない」という主張は、厳しく論理的に見れば「朝鮮人は殺してもよい」という相手方の主張と整合してしまうからである。

ここに、「正義」を貫徹することの難しさがある。そして、カントの格率《かくりつ》（客観的・普遍的な道徳の法則に対して、主観的・個別的な行為の規則）がそうであるように、倫理的命題が抽象的なものであらざるをえない所以《ゆえん》がある。「朝鮮人を」「日本人だから」「殺してはいけない」

ではなく、「人を殺してはならない」でなければならなかったのだ。だが、あえて問うとすれば、では死刑制度はどうなるのか？　どちらかを殺さなければならない状況での選択*は？

「書物の堆積」の意味

一つの、あるいは数個の命題でなすべき行動、語るべき言葉をすべて演繹《えんえき》するには、世界はあまりに多様で、複雑なのだ。さまざまな情況が人に決断を迫るとき、無謬《むびゅう》で確かな答えはない。だから人間は悩み続けた。だが、五里霧中《ごりむちゅう》であったとしても、思索《しさく》や試行をやめることはなかった。その所産が、これまで膨大に残されてきた書物の堆積《たいせき》なのである。

書店や図書館には、そうした書物が静かに並んでいる。一冊一冊が、情況との、世界との対決の記録である。既刊書とまったく同じ内容の本には存在理由がないから、同じテーマを扱っていても、主張内容は少しずつずれている、あるいはまったく正反対であることもある。後者の場合は全面対決、そうでなくても書棚に静かに並んでいる本は、手に取る読者を媒介としてある場合は穏やかに、ある場合は激しく戦闘を繰り広げているのだ。第一次世界大戦における膠着《こうちゃく》した塹壕《ざんごう》戦ではなく、熱戦である。

すべての書物は、先行する本の影響を受けて生まれてくる。その主張がまったく相反する本にも、「まったく相反する」という形で、むしろ強い影響を受けていると言える。一冊の本は、それらの本を自らのうちに映し出しているのである。先行する本一冊一冊は、それぞれの仕方で世界と切り結んでいるから（そうでなくては影響を与えることなどできないであろうから）、すべての書物は、自らのうちに世界を映し出しているのである。すなわち、ゴットフリート・ヴィルヘルム・ライプニッツがいう「モナド」（非物質的・精神的実体である「単子」でその視点から宇宙を表現する鏡）なのだ。掌《てのひら》に収まる小さな本の中にも、世界が映し出されている。

その「モナド」＝書物たちが、さまざまに切り結ぶ戦場が、書店である。さまざまな切り結びが生み出す火花が、新たな言論、それゆえ新たな切り結びを生み出す。そのプロセスが、社会を動かす、願わくはより良い方向に変えていく原動力となる。ぼくが、「言論のアリーナとしての書店」と呼んだ自らの職場から、それを構成するいかなる書物をも、安易に排除する（隠す）ことを躊躇《ちゅうちょ》する所以なのである。

「安全地帯」から語ることの「グロテスクな残虐さ」

ある日、強い衝撃がぼくを襲った。

＊―参照として、マイケル・サンデルの提出するアポリア（ギリシャ語で「道のないこと」。一般に解決困難の意）、デイヴィッド・エドモンズ『太った男を殺しますか？』やウィリアム・スタイロン『ソフィーの選択』。

石川義正《いしかわよしまさ》の『政治的動物』（河出書房新社）を読み進めているときである。衝撃は、本書の序章にあたる「二〇一七年の放浪者《トランプス》」で、石川が柄谷行人《からたにこうじん》『坂口安吾論《さかぐちあんごろん》』（インスクリプト）を論じている次の箇所を読んでいるときに訪れた。

　このように見いだされた安吾のファルスは、すでに政治的なものが放棄されている大衆消費社会のシニシズムとほとんど区別がつかない。わたしたちは現在でも安吾を違和感なく読むことができるが、それは安吾とわたしたちに共通するシニシズムによってである。対象からの距離を保証する崇高《すうこう》は大衆消費社会における倫理の代用品となったのであり、安吾の「評価が高まったのは、むしろ［一九］八〇年代後半からである」という事実はそのことを意味している。（『政治的動物』29頁）

衝撃のあと、軽い鬱《うつ》が、ぼくを覆った。

安吾とぼくたちのシニシズムの共通性にショックを受けたわけではない。平成期のシニシズムを論じるものは、北田暁大《きただあきひろ》の『嗤《わら》う日本の「ナショナリズム」』（ＮＨＫブックス）ほかいくつもあるが、それらの議論の多くが含むシニシズムの、全否定ではない両義的な評価を、ぼくも共有している。

ぼくにショックを与えたのは、「対象からの距離を保証する崇高」である。

「我々が安全な場所に居さえすれば、その眺めが見る眼に恐ろしいものであればあるほど、これらの光景は我々の心を惹《ひ》きつけずにおかない」

カントの『判断力批判』を引いたあと、石川は、言う。

読者＝批評家は作品を前にして無力で無能な存在にすぎないが、にもかかわらずかれらのよって立つ安全地帯は作品の崇高さを理解する自由を確保するために必須の足場なのだ。こうした読むことの倫理の所在は、柄谷以降の若い批評家たちにかれらのアイデンティティを保証する結果となった。（同27頁）

石川は、安吾と、安吾を論じる柄谷、そして柄谷らに続く批評家たちが「安全地帯」から書いていることを指摘する。そして、続ける。

しかし安吾がエッセイ「特攻隊に捧ぐ」で特攻隊を「可憐《かれん》な花」かつ「崇高な偉業」と記しているように、たとえそれがアイロニーであったとしても安吾自身はもはや戦争で死ぬことがありえない——超越論的と形容しうる——場所から語っていたのであり、そのような視点のありかそれ自体がすでにグロテスクな残虐さに汚染されているのである。（同27〜28頁）

「グロテスクな残虐さ」という言葉は、石川が、安吾や柄谷、「若い批評家たち」が「超越論的と形容しうる場所」に拠《よ》って立つことを、（断罪とまでは言わないまでも）強く批判していることを明確に示している。

返す刀は、現代の日本文学を代表する村上春樹《むらかみはるき》にも振り下ろされる。『ねじまき鳥クロニクル』（新潮社）のシベリア抑留《よくりゅう》と『騎士団長殺し』（新潮社）の南京《ナンキン》事件の扱い方の差を取り上げ、石川は次のように言う。

> 端的にいって村上には日本人が被害者とされるシベリア抑留を直接的に描くことはできても、日本人が加害者である場合にはそれができない。この点では村上に手の届く想像力は、いかにも戦後民主主義的な自閉した圏域にとどまっているというしかない。（同34頁）

書店は「安全地帯」にすぎないのか

「作家：作品の対象」と「読者（批評家）：作品」はパラレルである。読者もまた作家同様（おそらく作家以上に）「安全地帯」の中に居る。それが、作品が生み出され、読書が成立し、作品の崇高さが認められるための条件なのだ。作品の対象の選び方・描き方が作家の、本というメディアそのものが読者の、それぞれ「安全地帯」の防御壁なのである。対象を作家の防御壁が囲み、そのさらに周りを編集者や読者の防御壁が囲む。その場所が安全であればあるほど、防御壁が厚ければ厚いほど、対象との距離は大きくなる。

ならば、われわれ書店員は、そのさらに外側に居て「安全に」守られ、その分対象との距離がきわめて大きなものになってしまっているのではないのか？

ぼくに衝撃を与え、鬱をもたらしたのは、その図式である。作家、批評家、編集者、読者、書店員の順に安全度が高くなり、防御壁が厚くなり、対象との距離が大きくなっていくならば、本は、書店は、「言論のアリーナ」にはなりえないのではないか？　書店員が「闘技」に加わっていくことなど、夢想にすぎないのではないか？

およそ十年前の東日本大震災のとき、ぼくたちの多くは見たことのない津波が東北地方の町を襲うさまを、テレビの画面を通じて目にした。「安全地帯」に居たぼくたちは、津波に追われて逃げ続けている人たちに襲いかかる自然の猛威に、「崇高」を感じていたのではなかったか？

「崇高は、どう見ても不快でしかなく構想力の限界を越えた対象に対して、それを乗り越える主観の能動性がもたらす快である。カントによれば、崇高は、対象にあるのではなく、感性的な有限性を乗り越える理性の無限性にある」（柄谷行人『坂口安吾論』。『政治的動物』21頁での引用）という言葉は、むしろ「理性の無限性」のグロテスクさを語っているのではないのか？

読書体験においても、ぼくたちは、「どう見ても不快でしかなく構想力の限界を越えた対象」を経験する。それを「崇高」と見ないとしても、普段体験しないそうした対象と本を通して接することで、その対象について知り、考え、意見を持ち、ときにはそのことについて発信する。そうしたプロセスの場となることを、ぼくは「書店」という場の価値であり存在理由だと主張してきた。それが、「言論のアリーナとしての書店」だと思ってきた。

だが、その「アリーナ」で繰り広げられる「闘技」が、何重もの防御壁で守られた疑似闘技にすぎないとしたら。

ぼくは、「ヘイトスピーチ」や「ヘイト本」について本で読み、さらに戦後日本の「在日」差別の歴史も本から学び、書評などの形でそれらについてコメントしてきた。あるいは、辺《へ》野古《のこ》基地の建設や、沖縄に米軍基地が集中している理不尽について学び、トークイベントを開催した。だが、「カウンターデモ」に参加したわけでも、基地建設地の座り込みに参加したわけでもない。書店での、そして本を媒介しての活動や発信は、防御壁に囲まれた「安全地帯」からのものにすぎなかったのではないか？

思い出してほしい。第20章で、「ボット」を使ってネット炎上を引き起こしMBSの斉加《さいか》尚代《ひさよ》を攻撃していた人たちに対し、ぼくは次のように批判した。

「敵は、最初からインターネットの靄《もや》を利用して、攻撃を仕掛けてきていたのだ。自らは安全な場所にいて、相手のみを傷つける、ドローンを使った爆撃のように」

ぼくもまた、「書店」という「安全地帯」に居て、身に危険の及ぶリスクを冒《おか》すことなく、「敵」を攻撃してきたのではないだろうか？

ここまで自分を追い詰めたとき、ぼくは我に返った。

むしろ、この衝撃を、大事にしようと思った。

「危険なもの」にとっても「安全な居場所」

一人の人間にできることには、限りがある。まずは、そのことを自覚しよう。それゆえにこそ、バトンを誰かに渡すべく、人は言葉を発し、文章を書くのだ。言葉の力を、言葉を届ける本の力を、その本を運ぶ仕事の意義を信じよう。メッセージは必ず誰かに届く。『政治的動物』という本がぼくをここまで追い込んだことが、そのことを証している。

本は、人びとの心に種を撒《ま》く。岩波茂雄《いわなみしげお》（岩波書店創業者）が出版社を興すときのシンボルマークに「種まく人《たね》」を選んだのは、まさに慧眼《けいがん》である。種は静かに育ち、いつか実を結ぶ。その実がまた芽をふかせる。

さまざまな本がある。多様な考え方がある。人は、そこから本を選ぶ。あるいは、本に選ばれる。「安全地帯」であるからこそ、武装していない人でも「選びの場」に入ることができる。

思想や学問の揺籃《ようらん》として、本のある場所は、さしあたり「安全地帯」でなくてはならないのだ。ここでいう「安全地帯」とは、「危険」なものがない場という意味ではない。「危険」なものにとっても、「安全」な居場所であるという意味である。それが、ぼくの「書店＝言論のアリーナ」論である。

揺籃といえば、石川は日本の近代文学史を、ちょっと面白い視点から見ている。まず石川は、平山洋介《ひらやまようすけ》『都市の条件――住まい、人生、社会持続』（NTT出版）の次の文章に着目する（いずれも『政治的動物』75頁での引用）。

「高度成長期の大都市は、拡大し続けた。そこに流入する低所得の若年人口を受け止めたのは、おもに木造アパートであった。その家主は、地価に見合う家賃を設定していないという意味において、借家人に『補助金』を供与していた」（『都市の条件』53頁）

平山は、高度経済成長期、公営住宅の建設がその需要にまったく追いつかなかった中で、民営借家の家主が「低質ではあるが、低所得者が入居可能な場所をつくっていた」ことを、「補助金」と表現しているのだ（『都市の条件』53〜54頁）。

それを受けて、石川は次のように続ける。

これが明治期以来の「民営借家」の慣行であったとしたら、二葉亭四迷《ふたばていしめい》『浮雲』（一八八九年）や夏目漱石《なつめそうせき》『こころ』（一九一四年）に代表される日本近代文学もまた、つまると

ころ家主の「補助金」によって成立していた、と断定してもよいはずなのだ」（『政治的動物』76頁）

要するに民営借家の家主が安い家賃を通じて作家に「補助金」を与え、文芸誌を刊行してきたといってもけっして大げさではない。〈中略〉「投資と利回りの関係をほとんど意識せず、収支計画さえもっていなかった」零細家主によるオイディプス的な善意《パターナリズム》が日本近代文学の育《はぐく》まれる素地となったといってもいいのである。（同77〜78頁）

今、書店は、明治期の「民営借家」のように文学や思想が生まれ育っていく揺籃たりえているだろうか？　今後、揺籃たりうるだろうか？　その答えは、それぞれの書店が、多様なあり方で、主張の場、闘技の場、発見の場でありえるかどうかに、かかっている。

あとがき

二〇二〇年末、dZERO《ディーゼロ》の松戸さち子からぼくに打診があったのは、二〇一六年に上梓《じょうし》した『書店と民主主義——言論のアリーナのために』(人文書院)でぼくが提唱した「アリーナとしての書店」という見立てをさらに膨らませて、一冊の本にすることを前提に、dZEROのホームページに連載原稿を書くことだった。

ぼくにとっては大変ありがたい提案で、即座に承諾した。

往々にして、言葉は、それを発信した者の意図を離れて独り歩きする。「アリーナとしての書店」も、自分が勤める書店を宣伝するための単なるキャッチコピーと取られた一方、「ヘイト本」を自店の書棚から外《はず》すこともできない書店店長の強弁と批判されてきた。

確かに「アリーナとしての書店」は、「ヘイト本」をただひたすら排除すべしという論調への違和感から浮かんできた言葉だが、自分たちの仕事や仕事現場について考えを巡《めぐ》らせるうちに、そもそも書店とは本たちの闘技の場であったのではないか、という思いがどんどん強くなってきたのである。

一九九一年の最初の著書『書店人のしごと——SA時代の販売戦略』（三一書房）を皮切りに、三十年余りの間、共著を含めれば約十冊の本を上梓してきた。書物や書店を巡る情況の変化に翻弄《ほんろう》されいろいろなテーマについて書いてきた。終始持ち続けたのは、「書店とはいかなる場」なのか、という問いであった。「アリーナ」というのは、その間ずっと書店現場に立ち続けたぼくの、一つの答えなのだ。そのことを、もう少し丁寧に説明したいと思っていたのである。

「アリーナとしての書店」について思い巡らしながら時折頭に浮かぶのは、「誌上論争」であり、それについて語り合った、ある会合のことである。それはまだぼくが最初の勤務地サンパル店（神戸市中央区にあったジュンク堂書店の二号店）にいたころだから、約四十年前のことである。

そのころよく集まって飲んでいた阪神間の書店、大学生協、出版社の人間が、神戸にあって地元の出版社の本の卸《おろし》などをしていた兵庫出版サービスという小さな取次《とりつぎ》会社に集合した。岩波の『世界』の編集者が関西に来て、雑誌編集のあり方について意見を聞きたいと言ってきたからだ。編集者の一人は、のちに岩波書店社長に就《つ》く岡本厚《おかもとあつし》だった。それぞれ出版について一家言《いっかげん》ある連中が集まっていたのでいろいろな意見が飛び交う中、ぼくは、「誌上論争」を提案した。対立する意見を持つ論者が、各号にかわるがわる自論を述べ、相手の議論を批判するというかたちを構想していた。当時も、おそらく今以上に多様な雑誌が存在していたが、各誌それぞれに色があり、「らしさ」がブレることもなく予定調和的な世界を形成し、ややもすれば緊張感やダイナミズムを欠く感が否《いな》めないのを、ぼくは不満に思っていたからだ。

書店の仕事をはじめてまだ間もないぼくが、門前の小僧よろしく、ロクに中身も知らずに「カミューサルトル論争」「花田《はなだ》（清輝《きよてる》）―吉本《よしもと》（隆明《たかあき》）論争」などの語感に、ある種の憧憬《しょうけい》を抱《いだ》いていたということもあった。人文書担当として書店業務に就き始めた当初、あまりに多種多様な本たちに圧倒され茫然自失《ぼうぜんじしつ》する時期を通り抜け、その多種多様な本の居場所であることこそが書店という場なのだと感じ始め、ときに激しく対立し合う本たちを然《しか》るべく陣立てすることこそ自分たちの仕事と得心《とくしん》したころでもあった。

そんなことを思い出しながら最初に松戸と構想したのは、ここ半世紀くらいのベストセラーが、どのように時代と対峙《たいじ》し、即《すなわ》ち同時代の他の言説と対峙して「アリーナとしての書店」を形成したかを辿《たど》ってみる、というものだった。ぼくの頭には、子供のころ父が買って読んでいた『創価学会を斬る』（藤原弘達《ふじわらひろたつ》、日新報道出版部、一九六九年）があった。ぼくが仕事を始めたときも、そして今も人文書の一角に大きな存在感を持つ創価学会関連本の棚に、その本が「斬り込んでいくアリーナ」をイメージしたのだった。

だが、読んでいない過去のベストセラーを並べてその対極にどんな本があったか、そもそも対極に立つような本があったかも覚束《おぼつか》なく、そもそも各年のベストセラーを追いかけてきた読者ではないぼくがそうしたことを企《くわだ》てても、結局は借り物の文章になるだろうと思い、断念した。そして再び、ぼくが「アリーナとしての書店」に至るきっかけとなった「ロフトプラスワンウエスト」での出来事から、ウェブ連載を始めたのである。

とりあえずぼくが「ヘイト本」を安易に外さない理由を明確にしたうえで、次に進もうと考えていた。だが、数珠《じゅず》つなぎに現れる本たちに教えられ、またトークイベントの登壇者らに触発されながら、結局三年近くにわたって「ヘイト本」「ヘイトスピーチ」について考え、書き続ける結果になったのだ。

それだけ、この問題は根が深く、例えば「反ヘイト法」をめぐる議論ひとつを見ても、決定的な解決法を見出すことがきわめて困難であることを、思い知らされた三年間であった。

改めて読み直すと、「ヘイト」について考察する同時代人、先人の著作の書評の連作集の体《たい》をなしている。より正確には、ぼくが「本たちに教えられ」た記録というべきかもしれない。結果的にさまざまな本の紹介になっている。

それには理由がある。第一にぼくが書店員であり、お客様に提供する（有《あ》り体《てい》に言えば売る）ために本を仕入れ、的確な場所に展示するのがそもそもの仕事であること。

また、その本来の仕事の派生系として、自社のＰＲ雑誌等に四十年間、毎月書評を書き続けてきたので、そのやり方に馴染《なじ》んでいること。

そして何より「本たち」こそが、書店というアリーナの闘技者であり、主役であるからだ。

さらに、もう一つの大きな理由は、ぼくの「ヘイト本」への対処が「外さないが、読んで批判する」ことだと宣言した以上、「ヘイト本」あるいはそれに連なる本を批判する作業が不可欠であり、実際にそれをしないと、「アリーナとしての書店」という宣言じたいが虚偽になってしまうからだ。本書には百田尚樹《ひやくたなおき》『日本国紀』、李栄薫《イヨンフン》『反日種族主義――日韓危機の根源』批判の文章を収録したが、他にもケント・ギルバート『儒教に支配された中国人と韓国人の悲劇』批判を、ウェブ「論座」に寄せている。

その意味では、この本は、十年前に悪戦苦闘した「ヘイト本」を書棚から外す／外さないという問題に、未《いま》だ終始している。本書に対する批判は、再び寄せられるだろうし、批判を避けたいとは思っていないが、一方でこの問題だけに留まるつもりもない。

先に言った「次に進もうと考えていた」とは、そういう意味である。

「次」とは、出版―書店業界が「次に進む」ために何が必要かを考えることだ。

ここでその展望を語る用意は残念ながらまだないし、かいつまんで要約できるようなテーマでもない。

だが、「まえがき」にも書いたように「発信」が不可欠であるということ、そして「多様性」こそが書店業界全体と共に個々の書店の存続に資するということだけは確信している。

そしてその二つのこと、「発信」と「多様性」を支えるのは、個々の書店員の研鑽《けんさん》と思索《しさく》と行動であるということも。

だからぼくは、この本をまとめるにあたって、松井良太《まついりょうた》の小さな店（MoMoBooks《モモブックス》）を訪れた。

今の兵庫県朝来《あさご》市に移転するまで堂島《どうじま》（大阪市北区）にあった「本は人生のおやつです!!」には何年も通い、「勉強会」と称して店主の坂上友紀《さかうえゆき》や彼女を慕って集まる書店員、出版人、図書館員らと語り合った。彼ら彼女らは、それぞれの場で、ぼくができないことをやっている、そうした仕事の総体が、書店なのだ。そこでぼくは、長い書店経験で出会った出来事、考えてきたことを多く語ったが、実は、ぼくのほうこそ、多くを学ばせてもらった。

ぼくは今、ＭＡＲＵＺＥＮ＆ジュンク堂書店梅田店という、二千坪超の大型店で仕事をしている。そこに移る前は、一千坪超のジュンク堂書店難波《なんば》店の店長をしていた。だからこそ、松井や坂上らの店に魅力を感じ、彼らの仕事の大切さがわかる。多様性こそ、書店という業態が存続するための条件なのだ。

何ともベタなものかもしれないが、「多様性」のささやかな例を一つ、挙げておこう。

第20章で取り上げた斉加尚代《さいかひさよ》の『何が記者を殺すのか』には次のような箇所がある。

ドキュメンタリー番組制作のために取材を続けていた歌人の永田和宏《ながたかずひろ》が、『正論』の特集で「反戦学者」とトップにランキングされ批判されていると耳にした斉加は、「すぐにＭＢ

S本社に近い丸善ジュンク堂書店に走り、『正論』七月号の見出しを確かめて購入し、中の記事に目を通しました」（『何が記者を殺すのか』148頁）。

職場に近い大型店で、自らに批判的な言説の載った本を手に入れることが、そのとき斉加には必要だった。大型店は、そうした必要に応えなければならない。「敵」の武器を入手できる場でもなければならないのだ。

年号が昭和から平成に変わる時期に十年間勤務したジュンク堂書店京都店は、ジュンク堂が初めて兵庫県外に進出し、書店の群雄割拠《ぐんゆうかっきょ》する四条河原町《しじょうかわらまち》に乗り込んだ店だった。四条河原町周辺には、当時駸々堂京宝《しんしんどうきょうほう》店、丸善京都店、京都書院、オーム社などの大型店に加え、アテネ書房、海南堂《かいなんどう》、萬字堂《まんじどう》、そろばん屋など個性的な店が林立していた。そうした中で、ぼくたちは何とか他の書店と遜色《そんしょく》なく、かつ個性的な書棚をつくろうと切磋琢磨《せっさたくま》した。苛烈《かれつ》な環境こそが、ぼくたちを鍛えてくれた。その後、京都書院の閉店を皮切りに、二十世紀の終わりを挟んで周りの店がどんどん姿を消していったとき、決して生き残ったジュンク堂が「一人勝ち」したわけではなく、二店目の京都BAL《バル》店の売上を足しても、ライバル店がひしめいていた時期の売上には決して届かなくなっていた。

二〇一五年七月、リブロ池袋本店が閉店する直前にジュンク堂書店池袋本店の店長が、リブロの閉店による売上増を期待する言葉を発したとき、二十一世紀のはじめにリブロと競いながら七年間を池袋本店で過ごしたぼくは、確信を込めてこう返した。

「アホ言うな。リブロが閉まったら、売上がどれだけ落ちるか心配せぇ！」

「アリーナとしての書店」の書棚で本たちが自己主張しながら「闘技」するように、ライバル書店同士も読者に利用してもらおうと工夫を凝らし競い合う。その競い合いが、それぞれの書店の個性をつくっていき、読者に足を運ばせる。そうして、書店は存続していくことができる。


出版流通業界の新会社が、「ＡＩによる需要予測に基づいた仕入で売上増」とぶち上げていると聞くが、愚策である。過去のデータの膨大な収集でしかない機械学習から新しいものは生まれず、そんなものに振り回されて新しいものを提供することはできない。そして読者は過去に読んだのと同じような本を読みたいわけでは決してない。また、どこに行っても同じような本の並びしか見えなければ、読者の足は書店そのものから遠のく。

書店業界のライバルである蔦屋《つたや》書店の三砂慶明《みさごよしあき》は、礼儀知らずのぼくが、彼が担当する人文書売り場の品揃《しなぞろ》えについて「梅田蔦屋書店の品揃えは、ぼくには物足りない。売上シェアは決して高くはなく、ニッチといってもよいかもしれない人文書の棚には、質量ともに主張がないからだ」（『書店と民主主義――言論のアリーナのために』人文書院、94頁）などと批判した文章に、反応してくれた。

「勇気をふりしぼってジュンク堂書店をたずねてみると、予想に反して、福嶋さんは『よく来てくれた』と歓迎してくれました」（三砂慶明『本屋という仕事』世界思想社、12頁）。

歓迎したのは、当たり前である。批判は、その批判に応えてくれる相手に投げかけなければ、意味はないからだ。

三砂は二〇一九年三月三十日に、梅田蔦屋書店で「これからの書店と愛する本」というイベント（『ユリイカ』二〇一九年六月臨時増刊「総特集　書店の未来――本を愛するすべての人に」に詳細）を開催し、そのイベントへの登壇をぼくに依頼してくれた。

鼎談《ていだん》相手の一人は、紀伊國屋《きのくにや》書店梅田本店の百々典孝《どどのりたか》だった。

その日、ぼくが何よりうれしかったのは、三砂も百々もぼくの『希望の書店論』（人文書院）を読んでいて、ぼくがその本の中で最も訴えたかったフレーズを大切に思ってくれていたことだった。

「競争ではなく（今なら「競争を通じて」と思う）、協奏を」

二〇二四年一月

福嶋《ふくしま》　聡《あきら》

引用文献

●まえがき

『創』二〇二三年十二月号、創出版、二〇二三年

●第3章

『ネットと愛国』安田浩一、講談社+α文庫、二〇一五年

『日本型ヘイトスピーチとは何か――社会を破壊するレイシズムの登場』梁英聖、影書房、二〇一六年

●第4章

『歪む社会――歴史修正主義の台頭と虚妄の愛国に抗う』安田浩一・倉橋耕平、論創社、二〇一九年　↓第6章でも引用

『教養としての歴史問題』前川一郎編著、倉橋耕平・呉座勇一・辻田真佐憲、東洋経済新報社、二〇二〇年

●第5章

『世界』二〇二〇年一月号、岩波書店、二〇二〇年

『アンタゴニズムス――ポピュリズム〈以後〉の民主主義』山本圭、共和国、二〇二〇年

『左派ポピュリズムのために』、シャンタル・ムフ、山本圭・塩田潤訳、明石書店、二〇一九年

『民主主義の本質と価値』ハンス・ケルゼン、長尾龍一・植田俊太郎訳、岩波文庫、二〇一五年

『女性たちの保守運動――右傾化する日本社会のジェンダー』鈴木彩加、人文書院、二〇一九年　↓第6章でも引用

●第6章

『アメリカ保守主義の思想史』井上弘貴、青土社、二〇二〇年

『ナショナリズムの美徳』ヨラム・ハゾニー、庭田よう子訳、東洋経済新報社、二〇二一年

●第7章
『人新世の「資本論」』斎藤幸平、集英社新書、二〇二〇年
『未来への大分岐――資本主義の終わりか、人間の終焉か？』マルクス・ガブリエル／マイケル・ハート／ポール・メイソン著、斎藤幸平編、集英社新書、二〇一九年
『反・民主主義論』佐伯啓思、新潮新書、二〇一六年　→第8章でも引用
『民主主義の本質と価値』ハンス・ケルゼン、長尾龍一・植田俊太郎訳、岩波文庫、二〇一五年

●第8章
『考えるということ――知的創造の方法』大澤真幸、河出文庫、二〇一七年

●第9章
『それでも、私は憎まない――あるガザの医師が払った平和への代償』イゼルディン・アブエライシュ、高月園子訳、亜紀書房、二〇一四年
『「イスラム国」よ』鎌田實、河出書房新社、二〇一五年

●第10章
『月刊Ｈａｎａｄａ』二〇一八年十二月号、飛鳥新社、二〇一八年

●第11章
『日本国紀』百田尚樹、幻冬舎、二〇一八年
『百田尚樹「日本国紀」の真実』別冊宝島編集部編、宝島社、二〇一九年
『反日種族主義――日韓危機の根源』李栄薫編著、文藝春秋、二〇一九年
『「大東亜」を建設する――帝国日本の技術とイデオロギー』アーロン・S・モーア、塚原東吾監訳、人文書院、二〇一九年

●**第12章**
『長東日誌――在日韓国人政治犯・李哲の獄中記』李哲、東方出版、二〇二一年
『世界』二〇二一年十月号、岩波書店、二〇二一年
『反日――東アジアにおける感情の政治』レオ・チン、倉橋耕平監訳、趙相宇・永冨真梨・比護遥・輪島裕介訳、人文書院、二〇二一年
『ベトナム戦争と韓国、そして1968』コ・ギョンテ、平井一臣・姜信一・木村貴・山田良介訳、人文書院、二〇二一年

●**第13章**
『沖縄返還と東アジア冷戦体制――琉球／沖縄の帰属・基地問題の変容』成田千尋、人文書院、二〇二〇年
『ひずみの構造――基地と沖縄経済』琉球新報社編著、新報新書、二〇一二年
『沖縄観光産業の近現代史』櫻澤誠、人文書院、二〇二一年

●**第14章**
『沖縄人として日本人を生きる――基地引き取りで暴力を断つ』金城馨著、ロシナンテ社編、解放出版社、二〇一九年
↓**第16章**、**第17章**でも引用
『沖縄の米軍基地を「本土」で引き取る！――市民からの提案』「沖縄の米軍基地を『本土』で引き取る！」編集委員会編、コモンズ、二〇一九年
『世界』二〇一九年六月号、岩波書店、二〇一九年

●**第15章**
『歴史修正主義――ヒトラー賛美、ホロコースト否定論から法規制まで』武井彩佳、中公新書、二〇二一年
『ユダヤ人』j-p・サルトル、安堂信也訳、岩波新書、一九五六年

●**第16章**
『脱アイデンティティ』上野千鶴子編、勁草書房、二〇〇五年

『自我同一性――アイデンティティとライフ・サイクル』エリク・H・エリクソン、小此木啓吾訳編、誠信書房、一九七三年

●第17章
『人間になるということ――キルケゴールから現代へ』須藤孝也、以文社、二〇二一年

●第18章
『スマートな悪　技術と暴力について』戸谷洋志、講談社、二〇二二年
『漂泊のアーレント　戦場のヨナス――ふたりの二〇世紀　ふたつの旅路』戸谷洋志、百木漠、慶應義塾大学出版会、二〇二〇年

●第19章
『世界』二〇二二年九月号、岩波書店、二〇二二年
『歴史戦と思想戦――歴史問題の読み解き方』山崎雅弘、集英社新書、二〇一九年
『未完の敗戦』山崎雅弘、集英社新書、二〇二二年

●第20章
『何が記者を殺すのか――大阪発ドキュメンタリーの現場から』斉加尚代、集英社新書、二〇二二年　**↓第21章、あとがきでも引用**

●第21章
『絶版本』柏書房編集部編、柏書房、二〇二二年
『希望の書店論』福嶋聡、人文書院、二〇〇七年

●第22章
『ＩＭＡＪＵ』83号、二〇二二年

『ウトロ　ここで生き、ここで死ぬ』中村一成、三一書房、二〇二二年
『歴史の屑拾い』藤原辰史、講談社、二〇二二年

●**第23章**
『部落解放』二〇二三年一月号、解放出版社、二〇二三年
『世界』二〇二二年十一月号、岩波書店、二〇二二年
「神奈川新聞」二〇二二年九月二十五日付

●**第24章**
「人種差別撤廃委員会の日本政府報告審査に関する総括所見に対する日本政府の意見の提出」外務省、https://www.mofa.go.jp/mofaj/gaiko/jinshu/iken.html、二〇〇一年
『ヘイトスピーチはどこまで規制できるか』ＬＡＺＡＫ（在日コリアン弁護士協会）編、影書房、二〇一六年　↓**第25章**でも引用
『ヘイトスピーチの法的研究』金尚均編、法律文化社、二〇一四年

●**第25章**
『刑法入門』山口厚、岩波新書、二〇〇八年　↓**第24章**、**第26章**、**第27章**でも引用

●**第26章**
『それでは釈放前教育を始めます！　10年１００回通い詰めた全国刑務所ワチャワチャ訪問記』竹中功、ＫＡＤＯＫＡＷＡ、二〇二三年

●**第27章**
『ネット右翼になった父』鈴木大介、講談社現代新書、二〇二三年

●第28章
『横議横行論』津村喬、航思社、二〇一六年
『賢人と奴隷とバカ』酒井隆史、亜紀書房、二〇二三年　**↓第29章**でも引用
●第29章
『現代思想』二〇一五年二月号、青土社、二〇一五年
『未来倫理』戸谷洋志、集英社新書、二〇二三年
●第30章
『人工身体論――あるいは糞をひらない身体の考察』金塚貞文、青弓社、一九九〇年
『戦争から戦争へ――ウクライナ戦争を終わらせるための必須基礎知識』エドガール・モラン、杉村昌昭訳、人文書院、二〇二三年
●第31章
『福田村事件――関東大震災・知られざる悲劇』辻野弥生、五月書房新社、二〇二三年
『世界』二〇二三年九月号、岩波書店、二〇二三年
●第32章
『政治的動物』石川義正、河出書房新社、二〇二〇年
●あとがき
『書店と民主主義――言論のアリーナのために』福嶋聡、人文書院、二〇一六年
『本屋という仕事』三砂慶明編、世界思想社、二〇二二年

＊本書は、dZEROサイトの連載コラム「言論のアリーナ」の第1回（二〇二一年一月二十二日公開）〜第32回（二〇二三年十月二十五日公開）に加筆し、再構成した作品です。

［著者略歴］
書店員。1959年、兵庫県に生まれる。京都大学文学部哲学科を卒業後、1982年2月ジュンク堂書店に入社。仙台店店長、池袋本店副店長などを経て難波店に。2022年2月まで難波店店長をつとめる。学生時代は俳優・演出家として演劇活動に没頭した。
著書に、『書店人のしごと』『書店人のこころ』(以上、三一書房)、『劇場としての書店』(新評論)、『紙の本は、滅びない』(ポプラ新書)、『希望の書店論』『書店と民主主義』(以上、人文書院)、『書物の時間』(けやき出版)、共著に『フェイクと憎悪』(大月書店)、『パンデミック下の書店と教室』(新泉社)などがある。

明日《あす》、ぼくは店《みせ》の棚《たな》からヘイト本《ぼん》を
外《はず》せるだろうか

著者 福嶋聡《ふくしまあきら》

2024年2月20日　第1刷発行

装画 ささきえり
装丁 渡邊民人(TYPEFACE)
発行者 松戸さち子
発行所 株式会社dZERO
https://dze.ro/
千葉県千葉市若葉区都賀1-2-5-301 〒264-0025
TEL: 043-376-7396 FAX: 043-231-7067
Email: info@dze.ro

本文DTP 株式会社トライ
印刷・製本 モリモト印刷株式会社

落丁本・乱丁本は購入書店を明記の上、小社までお送りください。
送料は小社負担にてお取り替えいたします。
価格はカバーに表示しています。
978-4-907623-67-8